杨洪峰◎编著

公文写作就看这一本

图书在版编目（CIP）数据

公文写作，就看这一本 / 杨洪峰编著. -- 北京：北京联合出版公司, 2017.8

ISBN 978-7-5596-0636-5

Ⅰ. ①公… Ⅱ. ①杨… Ⅲ. ①公文—写作 Ⅳ. ①H152.3

中国版本图书馆CIP数据核字(2017)第162822号

公文写作，就看这一本

作　　者：杨洪峰

选题策划：北京时代光华图书有限公司

责任编辑：夏应鹏

特约编辑：王芸斐

封面设计：回归线视觉传达

版式设计：新生代设计

北京联合出版公司出版

（北京市西城区德外大街83号楼9层 100088）

北京旱立印刷厂印刷　　新华书店经销

字数320千字　　787毫米×1092毫米　　1/16　　25.75印张

2017年8月第1版　　2017年8月第1次印刷

ISBN 978-7-5596-0636-5

定价：68.00元

未经许可，不得以任何方式复制或抄袭本书部分或全部内容

版权所有，侵权必究

本书若有质量问题，请与本社图书销售中心联系调换。电话：010-82894445

前言

公文，全称公务文书，是指行政机关、企事业单位和社会团体在行政管理活动或处理公务活动的过程中产生的，按照严格的、法定的生效程序和规范的格式制定的，具有传递信息和记录作用的文书载体。公文一般格式正式，内容规范，并且有行政机关赋予的特定的效能和影响力。公文写作是各级领导及文秘日常工作中的重要组成部分，随着党政机关、企事业单位的领导之间的交流活动日益频繁，合作领域不断扩大，公文使用频率也越来越高。看似简单的一纸公文却能显示出各级领导的个人能力和工作水平,好的公文对于提高领导的个人凝聚力，促进下属有效地实施政令措施有着莫大的作用，因此，公文写作已经受到各级领导越来越多的重视。

目录

Contents

第一编　领导性公文

第二编　一般行政性公文

第三编　法规性公文

第四编　计划性公文

第五编　记事性公文

第六编　商洽性公文

第七编　合约性公文

第一编 领导性公文

写作要领

领导性公文是指在工作过程中，针对特定事项，具有隶属关系的上级机关对其下级机关按照规范格式、法定程序制发或者回复的指导下级机关开展工作的公文。领导性公文主要包括命令（令）、决议、决定、意见、批复、通报、通知、讲话稿等。

一、特点

领导性公文要求写作规范、精准。写作领导性公文的作者一般是国家领导干部。领导性公文的写作格式、内容都有别于一般的公文，其特点主要有以下六个方面：

1. 高度的政治性和思想性

领导性公文反映的政治性、思想性与国家性质相一致，直接反映国家的政治意愿和行动意向，与马列主义、毛泽东思想、邓小平理论、“三个代表”重要思想、科学发展观、社会主义核心价值观等紧密联系在一起，集中表现我国公务人员的工作是以广大人民的根本利益为出发点和落脚点的。

2. 权威性

领导性公文属下行公文，即上级机关向下级机关传达会议精神、部署工作的文件，具有指导性作用，因而具有权威性。公文的这一特点可以有力地保障党和国家的路线、方针、政策顺利贯彻实施。

3. 领导性

领导性公文内容反映上级机关对下级机关的工作意见，通过传达上级机关的精神，来指导下级机关进行工作、开展活动，用于领导和指导工作，因此，其领导性很强。

4. 有法定作者

领导性公文的作者是依法成立的、能以自己的能力行使法定权利和承担法定义务的组织，不是任何人都能起草的，所以说领导性公文有法定作者。

5. 广泛适用性

领导性公文是具有广泛适用性的文种，没有行业和地区之分，在需要的情况下，任何机关、单位、团体都可以使用它，而且在某些情况下，是必须使用的。

6. 具有宣传和教育作用

领导性公文尤其是行政机关的公文中往往涉及国家最新政策、方针，是下级机关学习和宣传国家政策及具体落实国家政策的重要理论来源，对下级机关、广大人民群众都具有教育作用。

二、结构

领导性公文写作结构要求严密、清晰，主要有纵向、横向和纵横相结合三种结构。

1. 纵向结构

纵向结构是指按照时间顺序或者递进关系安排公文内容的结构形式，适用于描述时间特点明显的，或者短时间内完成的由具有明显逻辑关系的发展现象所组成的事件。

2. 横向结构

横向结构是指公文的内容不做时间先后区分，以并列的方式安排内容的结构形式，适用于描述没有先后彼此之分的几个事件同时出现的公文。这样的情况下使用并列的方式会使公文清晰明了。

3. 纵横相结合的结构

纵横相结合结构是指在同一篇公文中，纵向结构与横向结构结合使用，或者纵中有横，或者横中有纵，或者先纵后横，或者先横后纵。长篇的公文多采用此结构，根据需要纵横交叉，使得脉络清晰又富于变化。比如一项任务的工作总结，可以在公文前半部分用纵向结构叙述工作展开的过程，后半部分则使用横向结构总结工作过程中的成果和经验。

结构作为公文的骨架要全面，囊括其中所有的要点，涉及问题的说明、提出和解决等方面。根据公文内容合理安排段落，围绕段落要点拟定各小标题，前后照应，使各层次之间联系紧密，照顾到阅读者的接受能力，才能使公文内容更容易被阅读者领会和接受。

三、撰写要求

领导性公文多是国家领导干部撰写的，在写作上主要有以下五个需要注意的地方：

1. 合法

合法即公文的内容及行文过程合乎法律法规，与上级机关或者机关内其他的有效文件保持一致，不可出现相悖的现象。

2. 体例合适

根据公文类型、要传达的会议精神、面向对象的不同，选择不同的结构方式，变换语言风格，锤炼措辞，务必使公文体例合乎公文的要求。

3. 实事求是

公文内容要从实际出发，反映真实的情况，要求针对性强，便于解决实际问题和实施具体措施。

4. 简明准确

公文的行文过程中要尽量少用甚至不用不必要的修饰语，

做到言简意赅。从选择文种到使用概念，甚至行文中符号、字体都必须符合国家规定的格式，做到准确无误。

5. **严谨规范**

公文不是抒情文章，贵在严谨规范。严谨主要是指在措辞上要慎重，突出关键词语，表达周密，没有歧义。公文作为一种特殊的文体，在格式、语言表达、符号使用方面都有相关的规定，须严格按照规范进行写作。

四、写作经验

写作领导性公文最好提前了解规定，最后检查修改。公文写作虽然要求和注意事项比较多，但是这些要求和注意事项都有国家文件明文规定。因此，公文的写作难度并不大，只要提前熟悉要求，写作时细心认真，写一篇规范的公文并不困难。

写作公文可以按照先理清思路，再进行整理写作，最后查漏补缺这三个步骤进行。

首先，总结几句高度概括的话反映出公文的主旨。每一篇公文都是根据工作实际需要拟定的，在明确发文主旨、发文范围、行文对象和发文的特殊要求等内容后，再整理材料、落笔起草，才能在写作中做到有的放矢。

其次，公文语言要庄重朴实，不要使用含糊不清、模棱两可的词语。比如“大约”“可能”等词语都是不宜出现在公文中的。涉及观点时，可以使用实际材料佐证，以增强观点的可信度，不要使公文给人以抽象、空洞之感；但不可堆砌材料，不要让读者在材料之中再提炼观点，做二次工作，这样公文就失去了领导性。

最后，细心检查，查漏补缺。好文章几乎都是改出来的，公文也同样如此，初稿完成后需要写作者认真检查、反复修改。在主题确定的情况下再次对材料进行审视，对公文结构、内容等进行修正。修改时要有耐心，用精益求精的精神斟酌字句，修正不通顺的语句和不规范的标点符号等。

第一章

命令（令）

命令（令），法定行政公文的一个文种。它是指法定的领导机关或领导人对下级发布的一种具有强制执行效力的指挥性公文。

第一节　特点

命令是用于国家机关发布法律、行政法规，采取重大强制性行政措施，或者嘉奖有关人员等事项的公文文种。它具有以下三个突出特点：

1. 有法定的发令机关，作者具有限定性

依照法律规定的授权，中华人民共和国全国人大常委会委员长、国家主席、国务院总理、国务院及其所属各部部长可以发布命令。党的领导机关（军事机关的党组织除外）、企事业单位、社会团体及行政机关基层部门无权使用命令。

2. 具有强制的执行效力

发布命令以法律法规为依据，有些命令本身就是为颁布和执行法律法规而发布的，因而命令有不容抗拒的权威性和指挥性。受令者对其必须绝对服从，不能有丝毫偏差，不得变通处理，更不允许抵制和违反，否则将受到法律的制裁。发布命令必须严肃慎重，不能滥用和错用命令，“令行禁止”“军令如山”都反映了命令的强制性、权威性特征，命令的生效是以国家的强制力作为后盾的。

3. 内容具有稳定性

命令适用于颁布各种法律法规，指挥和处理各种重大事项，宣布实施重大行政措施。因此命令中的主张与措施必须具有相对稳定性，不能朝令夕改，令下级部门无法执行命令。

第二节 行文对象

命令用于依照法律法规公布行政法规和章程，宣布施行重大强制性行政措施及嘉奖有关单位和人员，包括行政令、公布令、嘉奖令和任免令。命令的用途不同，行文的对象也不同。

（1）行政令一般用于戒严、动员、通缉等事项，其行文对象是发令者辖区内的所有人甚至全国人民。

（2）公布令一般用于发布法律、法规、规定和办法等公文，其行文对象的范围根据发令机关的不同而有所不同，比如法律适用于全国，但是规章适用于某个地区或部门。

（3）嘉奖令的对象是作出特殊贡献的特定人员，其行文对象的范围根据嘉奖对象所在的单位部门或者其所做贡献的大小来确定。

（4）任免令一般用于发布人事任免事宜，行文对象是具体的任免人员及其所在的单位、部门。

第三节 格式

命令包括标题、编号、受令机关、正文，以及署名和日期等五个部分。

1. 标题

命令标题有两种写法：

（1）发文机关+文种，比如《中华人民共和国国务院令》等；

（2）发文机关＋事由＋文种，比如《国务院中央军委关于给武警部队抗洪抢险先进单位及个人授予荣誉称号和记功的命令》等。

2. 编号

命令使用流水号编号法，有两种书写方法：

（1）从该届政府选举产生或领导人任职开始编排，至任期届满为止，比如“《中华人民共和国国务院令》第1号”等；

（2）在年度内按照流水号编号，比如“《中华人民共和国交通部令》2007年第2号”等。

3. 受令机关

（1）如果在报纸上公开发布法律法规的普发性质的命令，一般不需标明受令机关。

（2）如果是限定发给某些机关单位的命令，则要标明受令机关，比如《国务院中央军委关于给武警部队抗洪抢险先进单位及个人授予荣誉称号和记功的命令》，受令机关是“公安部、中国人民武装警察部队”。

4. 正文

命令正文的表述方式主要有篇段合一式、二段式和三段式三种形式。

（1）篇段合一式主要用于公布令。公文只有一个段落，基本内容是说明发布什么法律（法规、规章或办法等）和施行日期。

（2）二段式主要用于行政令、任免令。第一段，主要说明发布此令的目的或根据；第二段，写明命令的具体内容，即命令做什么和怎样做。

（3）三段式主要用于嘉奖令。第一段，写嘉奖理由，即嘉奖对象的功勋业绩，包括时间、地点、事件、原因、过程和结果等要素，使人们知道为什么要嘉奖。第二段，写嘉奖目的与嘉奖内容，可以授予荣誉称号，也可以记功、晋级或给予奖金等。一般来讲，嘉奖要既重视精神鼓励，也不忽略物质奖励。第三段，写希望和号召，对嘉奖对象给予勉励，同时更注重号召行文对象，即除嘉奖对象外更多的人向嘉奖对象学习。

5. **署名和日期**

署名要署发文机关名称或机关领导人的职衔、姓名，并根据《党政机关公文格式》写清楚发令的年、月、日。

第四节 语体的特点

命令集中表现为执行上的不可动摇性，没有丝毫商洽的余地，不论在何种情况下，受令者不准在行动上有任何违背命令的地方。因此，在命令正文的写作上，要求表意准确，结构严谨，行文简洁，正确运用禁令语言，以做到要求明确，态度鲜明。令行与禁止相辅相成，前者规定应该做什么，后者规定不准做什么，都要明确没有歧义。

命令具有庄重性，发布命令是要求人们按照命令执行某些行为。因此命令行文务必要简明扼要，把需要人们做什么、不做什么明确表达出来即可，除非在嘉奖令中，否则不需要写明为什么发布这个命令等其他的内容。

命令的结构层次要严谨缜密，环环相扣，层层推进，突出逻辑性。

第五节 遣词造句技巧

命令是最简洁的公文文种之一。命令的词句要求准确精当、斩钉截铁，要体现出一种权威性和强制性，不容许行文对象有丝毫的怀疑。因此，在命令行文中可以使用“亦无不是”“此种”“凡……者”“即可”“尚未”“均须”等文言词语和文言句式，使表达既简洁凝练，又切合命令体公文庄重严肃的语体特征；不能使用“尽可能地”“最好”“最坏”等带有模糊性的词语。

命令的语言气势一定要强。在命令中运用排比辞格很重要，可以使公文语言表达显得严整、有力，富有气势；发令性语句要写得坚决果断，令人感到神圣不可侵犯。

在副词的使用方面，要注意正确使用“坚决”“彻底”“干净”“全部”等表示程度、范围、态度、效果等意义的词语，从不同的方面说明命令所要达到的任务目标和基本要求，用语力求确实精当，严谨缜密。

第六节　范文解析

范文一

中华人民共和国主席令

（第六十六号）

《中华人民共和国民法总则》已由中华人民共和国第十二届全国人民代表大会第五次会议于 2017 年 3 月 15 日通过，现予公布，自 2017 年 10 月 1 日起施行。

中华人民共和国主席　习近平

2017 年 3 月 15 日

点评

范文《中华人民共和国主席令》是典型的公布命令。范文格式正确，命令要素齐全，日期、署名和发令者这些格式要素使用规范，值得所有命令撰写者学习。范文内容上没有任何模糊不清之词，都是准确的词语。范文点明了通过这个法律的机关，更加增强了命令的权威性和说服性，使行文对象能更加自觉地服从这个命令。

范文二

中华人民共和国国务院令

第 646 号

现公布《中华人民共和国保守国家秘密法实施条例》，自 2014 年 3 月 1 日起施行。

总理　李克强

2014 年 1 月 17 日

点评

范文《中华人民共和国国务院令》是典型的行政命令。命令最主要的特点就是用最简明权威的语言，表达清楚下级机关需要执行的内容。范文仅用一句话就表达出全部的内容，简单明了，语气坚决，极具权威性，不容任何人反对。

范文三

××省人民政府嘉奖令

各市、县人民政府：

××××年××月××日，在……的危急关头，×××

同志不顾生命危险，奋力抢救……表现出舍己救人的高尚品质。为了表彰他的先进事迹，特通令嘉奖。

一、决定授予 ××× 同志嘉奖奖章和奖励证书，以及……从批准之日起执行。

二、由 ×× 县政府召开大会颁发奖章和证书，并号召广大干部、工人、农民、学生学习他的高尚品质，为建设社会主义的伟大事业贡献力量！

×× 省人民政府

×××× 年 ×× 月 ×× 日

点评

范文《×× 省人民政府嘉奖令》是一篇典型的嘉奖令。嘉奖令就是为了表彰某个单位或个人作出的杰出贡献而设的，所以嘉奖令中的号召语言要直截了当，突出表扬作用，这样可以鼓励其他人在工作中更加用心，为工作作出更多努力。范文没有多余的渲染气氛的词语，符合命令的权威性、严肃性的特点。

第七节　经验分享

命令的特点就在于具有强大的执行力，极具权威性和强制性，不容许任何人违反。如果有人对命令的内容有异议，在向上级机关反映后，上级机关作出回复前，命令也还是要执行的。命令的写作格式有法律明文的规定，甚至有命令的固定格式可以套用。命令也要求简明扼要，因此命令的写作中最重要的是字斟句酌，力求精准地使用每一个词语，绝不多说一个字，越简明越好。

命令写完之后，需要检查一遍，查看格式、署名、日期等格式要素是否齐备，是否使用正确。

第二章

决议

决议是指党的领导机关就某些重要事项或者重大问题，按照法定程序组织、召开会议，进行讨论、表决通过其决策，并要求与会人员贯彻执行而制发的指令性公文。

第一节　特点

决议是党的领导机关制发的公文，主要有以下三个特点：

1. 权威性

决议是经过党的领导机关的会议讨论通过的，由党的领导机关发布之后生效的，是党的领导机关意志的体现。决议的内容事关重大，一经公布，全党、全国上下都必须坚决执行，不得懈怠。

2. 指导性

决议所表述的观点和对各种事项的评价都具有指导意义，对党政机关和政府部门、机关在以后工作中的决策、方针的制定和执行有指导意义。

3. 程序性

党政机关的会议要严格按照法定程序进行召开、讨论和表决。决议是经会议讨论，并经表决通过之后才能形成的，有严格的程序性。

第二节　行文对象

根据决议内容与功能的不同，决议可以分为审批性决议、专门事项性决议和方针政策性决议三种。

审批性决议主要用于反映会议审议批准文件、机构设置、财务预决算等事项，是对报批的下级机关或者具有领属关系的机关发出的。比如，中国共产党第 ×× 次全国代表大会通过的《中国共产党第 ×× 次全国代表大会关于 ×× 届中央委员会报告的决议》，是针对具有领属关系的机关报批的文件发出的。

专门事项性决议主要用于公布会议针对有关专门问题讨论后形成的决策事项，是对负责此事项的机关发出的。比如《中国共产党第 ×× 届中央委员会第 × 次全体会议关于召开党的 ×× 次全国代表大会的决议》等。

方针政策性决议主要用于从宏观的角度反映会议结果，特别用在路线、方针、政策上要统一思想认识，以确定大政方针的重要事项，是对所有党政机关和政府机关发出的。如中国共产党 ×× 届 × 中全会通过的《中国共产党中央委员会关于 ×× 以来党的若干历史问题的决议》。

第三节　格式

决议主要包括标题、成文日期和正文三个部分。

1. 标题

决议的标题有两种形式：

（1）由发文机关（或会议名称）+ 事由 + 文种构成，比如《中国共产党第 ×× 届中央委员会第 × 次全体会议关于召开党的 ×× 次全国代表大会的决议》等；

（2）由事由 + 文种构成，比如《中国共产党中央委员会关于 ×× 以来党的若干历史问题的决议》等。

2. 成文日期

成文日期也就是决议正式通过的日期，一般放在标题下，在小括号内注明会议名称及通过时间，也可只写日期不标注会议名称。

3. 正文

正文由开头、主体和结语三个部分组成。

（1）开头写决议缘由：简要说明会议审议决议涉及事项的情况，陈述作出决议的原因、根据、背景、目的或意义等。

（2）主体写决议事项：写明会议通过的决议事项，或对有关工作作出的部署安排和要求、措施，或对有关文件、事项作出的评价、决定等。

（3）结语部分：一般针对决议事项有指向性地提出希望、号召和执行要求等。有些决议可以省略此部分。

第四节　语体的特点

决议是经某些机关的法定的会议对某一议题进行集体讨论，由法定多数表决通过后形成正式文件，并以会议的名义公布的指导性文件。因此不宜在行文中表现出强制性，能体现出权威性、指导性即可。

审批性决议、专门事项性决议一般写得比较简要、笼统。方针政策性决议除指出指令性意见外，还要对决议事项本身的有关问题做若干必要的论述或说明，即做一些理论上的阐述，往往写得比较概括，原则性条文多，给下级机关自由理解发挥的空间，使其在贯彻执行时，可以根据决议和地方的实际情况制定相应的办法或实施措施。

如果决议是安排工作的，要写明工作的内容、措施和实施要求。内容复杂时要使用分级标题的方式或者逐条叙述的方式，条理分明地列出。

第五节　遣词造句技巧

决议是会议讨论决策通过的，其语言重在体现决议的权威性、指令性，要多使用具有指导性的语言，比如“要组织 ××× 学习传达 ××× 精神”“全会要求 ×××”等。

决议的语言要体现出庄重性和严肃性，不可使用修辞和感情色彩浓烈的语言，更不可口语化。要多使用专业术语，有一定高度的理论水准，体现出一定的思想高度。

如果决议属于方针政策性决议，主体要多使用议论性语言，采用夹叙夹议的方式，来介绍情况、提供事实和提出观点。结尾处也可使用具有号召性、感染性的语言来表达号召和希望。审批性、专门事项性决议则不需要如此烦琐，语言恰如其分地表现出要求、措施等即可。

第六节　范文解析

范文一

中国共产党第十八次全国代表大会关于《中国共产党章程（修正案）》的决议

（2012 年 11 月 14 日中国共产党第十八次全国代表大会通过）

中国共产党第十八次全国代表大会审议并一致通过十七届中央委员会提出的《中国共产党章程（修正案）》，决定这一修正案自通过之日起生效。

大会认为，十六大以来，以胡锦涛同志为主要代表的中国共产党人，坚持以邓小平理论和“三个代表”重要思想为指导，根据新的发展要求，深刻认识和回答了新形势下实现什么样的发展、怎样发展等重大问题，形成了以人为本、全面协调可持续发展的科学发展观。科学发展观，是同马克思列宁主义、毛泽东思想、邓小平理论、“三个代表”重要思想既一脉相承又与时俱进的科学理论，是马克思主义关于发展的世界观和方法论的集中体现，是马克思主义中国化最新成果，是中国共产党集体智慧的结晶，是党必须长期坚持的指导思想。大会一致同意在党章中把科学发展观同马克思列宁主义、毛泽东思想、邓小平理论、“三个代表”重要思想一道确立为党的行动指南。大会要求全党同志更加深入地学习科学发展观，进一步增强贯彻落实科学发展观的自觉性和坚定性，不断完善贯彻落实科学发展观的体制机制，把科学发展观贯彻到我国现代化建设全过程、体现到党的建设各方面。

大会认为，中国特色社会主义道路，中国特色社会主义理论体系，中国特色社会主义制度，是党和人民长期奋斗、创造、积累的根本成就。全面建成小康社会，加快推进社会主义现代化，实现中华民族伟大复兴，必须坚定不移走中国特色社会主义道路。把中国特色社会主义制度同中国特色社会主义道路、中国特色社会主义理论体系一道写入党章，有利于全党深化对中国特色社会主义的认识、全面把握中国特色社会主义的内涵。大会强调，全党同志要倍加珍惜、长期坚持和不断发展党历经艰辛开创的这条道路、这个理论体系、这个制度，坚定道路自信、理论自信、制度自信，奋力夺取中国特色社会主义新胜利。

大会认为，建设生态文明，是关系人民福祉、关乎民族未来的长远大计。必须把生态文明建设放在突出地位，融入经济建设、政治建设、文化建设、社会建设各方面和全过程，坚持生产发展、生活富裕、生态良好的文明发展道路，努力建设美丽中国，实现中华民族永续发展。大会同意将生态文明建设写入党章并作出阐述，使中国特色社会主义事业总体布局更加完善，使生态文明建设的战略地位更加明确，有利于全面推进中国特色社会主义事业。促进工业化、信息化、城镇化、农业现代化同步发展，是我国经济社会发展面临的重大课题，是全面建成小康社会的一项重大战略举措；发展更加广泛、更加充分、更加健全的人民民主，完善中国特色社会主义法律体系，是坚持走中国特色社会主义政治发展道路、积极稳妥推进政治体制改革、加强社会主义法治国家建设的客观需要；建设社会主义文化强国，加强社会主义核心价值体系建设，是推动社会主义文化大发展大繁荣、提高国家文化软实力的必然要求；构建社会主义和谐社会，必须保障和改善民生，使发展成果更多更公平惠及全体人民，加强和创新社会管理。将这些内容写入党章，丰富了社会主义经济建设、政治建设、文化建设、社会建设的内容，对全党同志更加自觉、更加坚定地贯彻党的基本理论、基本路线、基本纲领、基本经验、基本要求，全面推进社会主义市场经济、社会主义民主政治、社会主义先进文化、社会主义和谐社会、社会主义生态文明建设，团结带领全国各族人民不断夺取中国特色社会主义新胜利具有十分重要的作用。

大会认为，改革开放是强国之路，是新时期最鲜明的特点。我国过去30多年的快速发展靠的是改革开放，未来发展也必须坚定不移依靠改革开放。只有改革开放，才能发展中国、发展社会主义、发展马克思主义。把这方面内容写入党章，有利于全党更加深刻地认识坚持改革开放的重大意义，更加自觉、更加坚定地推进改革开放。

大会认为，十七大以来，随着党的建设实践发展，我们党对马克思主义执政党建设规律的认识不断深化，正视党面临的考验和风险，重视加强党的执政能力建设、先进性和纯洁性建设，整体推进党的思想建设、组织建设、作风建设、反腐倡廉建设、制度建设，全面提高党的建设科学化水平。根据实践发展，党的十八大提出建设学习型、服务型、创新型的马克思主义执政党的新要求。适应新的形势，全党要用邓小平理论、“三个代表”重要思想、科学发展观和党的基本路线统一思想、统一行动，切实做到求真务实，尊重党员主体地位，加强对主要领导干部的监督。大会同意把这些新成果、新认识、新要求充实到党章关于党的建设总体要求中，使党的建设的主线、总体布局、总体目标更加完善，有利于全面推进党的建设新的伟大工程。

大会认为，总结吸收近年来党的建设的成功经验，并与总纲部分的修改相衔接，对党章部分条文作适当修改十分必要。认真学习马克思列宁主义、毛泽东思想、邓小平理论、“三个代表”重要思想和科学发展观，是广大党员应尽的义务；积极创先争优，组织党员认真学习马克思列宁主义、毛泽东思想、邓小平理论、“三个代表”重要思想和科学发展观，是党的基层组织的基本任务；选拔干部要按照德才兼备、以德为先的原则，坚持五湖四海、任人唯贤；党要更加重视监督干部；党的各级领导干部要坚持原则，讲党性、重品行、作表率。把这些内容写入党章，有利于全党同志坚持党的指导思想、增强学习贯彻科学发展观的自觉性和坚定性；有利于更好坚持公道正派的用人作风、树立正确用人导向、提高选人用人公信度，促进干部健康成长；有利于推动干部队伍特别是主要领导干部进一步提高各方面素质，更好发挥表率作用。

大会要求，党的各级组织和全党同志高举中国特色社会主义伟大旗帜，以马克思列宁主义、毛泽东思想、邓小平理论、“三个代表”重要思想和科学发展观为指导，更好学习党章、遵守党章、贯彻党章、维护党章，坚持党要管党、从严治党，进一步加强党的执政能力建设、先进性和纯洁性建设，以改革创新精神全面推进党的建设新的伟大工程，全面提高党的建设科学化水平，坚定不移沿着中国特色社会主义道路前进，为全面建成小康社会而奋斗。

点评

范文《中国共产党第十八次全国代表大会关于〈中国共产党章程（修正案）〉的决议》整体上说是一篇中规中矩的审批性决议。首先，其格式正确，结构完整，语言运用恰当，内容充实、深刻，结尾有力。其次，其内容对修正案的内容做了具体分析，充分肯定了修正案各方面内容，明确地表明大会的态度。最后，对与会者发出号召，使决议具有很好的层次性和整体性。

范文二

全国人民代表大会第四次会议关于死刑案件由最高人民法院判决或者核准的决议

（1957年7月15日第一届全国人民代表大会第四次会议通过）

第一届全国人民代表大会第四次会议决议：今后一切死刑案件，都由最高人民法院判决或者核准。

点评

范文《全国人民代表大会第四次会议关于死刑案件由最高人民法院判决或者核准的决议》是一篇方针政策性决议。范文的最大特点就在于简要明白，仅用一句话就把针对死刑核准机关这一个事项作出的政策性决议清楚明白地表达了出来，完美地体现了决议语言简明的特点。

范文三

第十二届全国人民代表大会第五次会议关于最高人民检察院工作报告的决议

（2017年3月15日第十二届全国人民代表大会第五次会议通过）

第十二届全国人民代表大会第五次会议听取和审议了最高人民检察院检察长曹建明所作的工作报告。会议充分肯定最高人民检察院过去一年的工作，同意报告提出的2017年工作安排，决定批准这个报告。

会议要求，最高人民检察院要全面贯彻党的十八大和十八届三中、四中、五中、六中全会精神，以邓小平理论、“三个代表”重要思想、科学发展观为指导，深入学习贯彻习近平总书记系列重要讲话精神和治国理政新理念新思想新战略，紧紧围绕统筹推进“五位一体”总体布局和协调推进“四个全面”战略布局，忠实履行宪法法律赋予的职责，坚定维护社会公平正义，锲而不舍推进司法体制改革，坚持不懈加强人民检察院队伍建设，进一步提高检察工作质量、效率和公信力，充分发挥检察机关职能作用，为维护国家安全和社会大局稳定、服务经济社会发展、保障人民安居乐业作出更大贡献，以优异成绩迎接党的十九大胜利召开。

点评

范文《第十二届全国人民代表大会第五次会议关于最高人民检查院工作报告的决议》是一篇专门事项性决议。

首先，其内容逻辑严谨，条理清晰。一段围绕一个主题展开，段与段之间的内容没有混杂不清，也没有语焉不详的地方。

其次，其递进式行文，从“会议听取和审议”到“会议要求”一层层深入，逻辑严谨，使行文对象能由浅入深，一层一层地领会深意。最后，升华主旨，使决议的境界更上一层楼。

范文四

××有限公司董事会决议

××有限公司于2016年××月××日，于公司×楼会议室（地点名称）召开××届×次会议。会议由董事长×××主持，公司共有董事××人，实际参加会议董事××人，符合《中华人民共和国公司法》和××有限公司章程规定，会议有效。会议经过讨论以举手表决方式，通过了以下决议：

1. 以××票赞成，××票反对，选举×××为公司董事长。董事长任期为三年，任期届满，可连选连任。

2. 以××票赞成，××票反对，审议通过《2016年度××有限公司年报》。

3. 以××票赞成，××票反对，审议通过了公司与××公司签订的《公司与××公司××购销合同》的议案。

4. 以××票赞成，××票反对，审议通过了《××有限公司2017年公司发展战略规划的报告》。

公司董事全体签名：

××有限公司

2016年××月××日

点评

范文《×× 有限公司董事会决议》是一篇会议决议，包含了企业决议所应包含的所有要素。首先，点明作出决议的会议召开的时间、地点、方式、与会人员、与会人员数量，以及会议按照公司章程规定是否有效。其次，直截了当地说明了决议的内容。在叙述决议内容的时候采用分条列项的方式来写，有详有略，细致地说明了决议的内容。最后，说明“符合《中华人民共和国公司法》的规定”更增加了决议的可信度。范文语言简洁有度，术语使用恰当，完全符合决议写作的要求。

第七节　经验分享

决议是经过与会人员讨论而形成的会议的思想精华，其写作需注意以下三个方面的内容：

第一，一定要内容充实，中心明确，做到言之有物；使用多种表现方法突出中心思想，明确决议的目的、要求等。

第二，决议要语言通顺，结构完整。决议的语言表达要规范、准确、连贯，术语使用要正确、恰当。语言要得体，不同的决议使用不同感情程度的语言，使用指令性、权威性程度不同的语言。

第三，决议格式要规范，标点符号使用要正确。标题、日期的标注要符合公文的要求，不可随意化。

第三章

决定

决定是公文文种之一，用于党政机关对重要事项或重大行动作出安排，奖惩有关单位或人员，变更或者撤销下级机关不适当的决定事项的公文。

第一节　特点

决定在实际工作中应用范围广泛，主要有以下四个特点：

1. 权威性

决定是对重要事项和重大行动所做的安排，是经过会议认真讨论或领导班子反复研究作出的，因此具有绝对的权威性。决定比较严肃、庄重，一经公布，在作出决定的机关的所辖范围或所属系统内具有很强的约束力，任何行文对象，包括机关和个人，甚至包括发布决定的机关在内，都必须遵照执行决定内容，不得违抗、抵制或阳奉阴违，否则会受到惩罚。

2. 决断性

这一特征与权威性是相辅相成的。决定是发文机关在自己的职权范围内根据党和国家的方针政策及社会上的实际情况对有关事项或行动作出的安排，要求切实地贯彻执行。因此决定要有很强的决断性，才能保证执行的彻底性。

3. 内容具有单纯性

决定的内容一般只涉及某一事项或某一具体的问题，内容比较单一、具体、针对性强，便于行文对象贯彻执行。

4. 适用广泛性

决定不是专属于党政机关的公文形式，使用范围比较广泛，不仅党政机关可以使用，基层企事业单位、群众团体也可以使用。

第二节　行文对象

决定属于下行公文，在实际工作中，既可以用于宣布党和国家在某一时期、某一方面采取的重大决策，对某一领域或某项工作作出政策性或法规性的规定；也可以用于宣告重要事项及其处理结果；还可以用于贯彻上级指示精神，安排重要工作，作出有关机构设置及人事安排的决策；或者用于撤销下级机关不适当的决定，以及对重要事件作出贡献的表彰、奖励或批评、惩处等事项。所以它的行文对象一般是本机关内部人员或者下级机关的人员。

第三节　格式

决定一般包括标题、主送机关、正文和落款四个部分。

1. 标题

决定的标题有两种形式：

（1）事由 + 文种，比如《关于严惩严重危害社会治安的犯罪分子的决定》等；

（2）发文机关 + 事由 + 文种，比如《国务院关于进一步推进相对集中行政处罚权工作的决定》等。

2. 主送机关

决定属于下行公文，需简要写明收文机关名称，比如《国务院关于加强节能工作的决定》的主送机关是各省、自治区、直辖市人民政府，国务院各部委、各直属机构等。如果没有特定的收文对象，则不需要标明主送机关。

3. 正文

根据所写决定种类的不同，决定的正文可以采用基本型、三段型、直叙型三种不同的结构模式。

（1）基本型。

正文由原因和决定事项两个部分组成。首先，简要说明决定的原因、目的或根据；然后，陈述决定内容。比如从行文原因写起，"因我市城镇待业人员的管理工作水平亟待提高，遂决定……"；从根据写起，"根据省人民政府第十八次常务会议研究，决定……"。凡是内容简单的决定，可以紧接原因写出决定事项，前后两个部分，基本属于因果关系，简单明了又不失结构完整。内容较多的决定，为了确保条理清楚，以便阅读和执行，可以采用分条列项的方法阐明决定事项。

（2）三段型。

正文由原因、决定事项和号召三个部分组成。即在基本型的基础上，增加发出号召或提出实施要求的部分。知照性决定、指挥性决定在写作正文时，大都采用三段型的结构方式。

（3）直叙型。

正文采用开门见山的方法，开篇直接阐明决定事项。指挥性决定常用这种叙述方式，最能体现出决定的决断性、权威性。

以上三种正文结构模式，只是基本的参考模式。在决定的实际写作中，正文如何安排，要根据具体需要来确定。

4. 落款

一般决定在落款处注明发文机关和成文日期。如果是经会议讨论通过的决定，发文机关和成文日期可以采用"题注"的形式，在公文标题之下使用括号注明，那么落款处的这两项内容就可以省略了。

第四节　语体的特点

决定是以文本的形式发布的，首先，内容上要强调语言的书面性，不能使用口语化的语言。其次，决定是党政领导机关发布的，语体必须得体，注重使用专业术语，整篇公文要很好地体现出发文者的知识理论水平和思想高度。最后，语言力求平实、明确，要结合实际情况提出要求、倡议措施，使行文对象可以直接把决定作为行动的准则，不能脱离实际空谈高度。

决定在语体结构上要程式化，用法律法规规定的形式起草、完成，在简明的框架内，用准确的语言表达出要求或者措施，做到逻辑严谨、结构完整。

第五节　遣词造句技巧

决定的语言文字重在传达上级对工作的具体安排，重在表现出决定的传达性和指挥性，因此不需要使用感情色彩浓重的语句，用平实的语句、明确的词语表达出要求、措施即可。

决定中应多使用陈述句来阐明理论、决定原因或根据、决定措施和决定要求等，这样有利于表现出决定的决断性。行文中恰当地使用长句，可以显示撰者的语言水平；恰当地使用文言文词语，一方面可以表现出撰文者对中华文明的传承，另一方面可以使决定内容更加简单明了。

第六节　范文解析

国务院关于加强节能工作的决定

国发〔2006〕28号

各省、自治区、直辖市人民政府，国务院各部委、各直属机构：

为深入贯彻科学发展观，落实节约资源基本国策，调动社会各方面力量进一步加强节能工作，加快建设节约型社会，实现“十一五”规划纲要提出的节能目标，促进经济社会发展切实转入全面协调可持续发展的轨道，特作如下决定：

一、充分认识加强节能工作的重要性和紧迫性

（一）必须把节能摆在更加突出的战略位置。我国人口众多，能源资源相对不足，人均拥有量远低于世界平均水平。由于我国正处在工业化和城镇化加快发展阶段，能源消耗强度较高，消费规模不断扩大，特别是高投入、高消耗、高污染的粗放型经济增长方式，加剧了能源供求矛盾和环境污染状况。能源问题已经成为制约经济和社会发展的重要因素，要从战略和全局的高度，充分认识做好能源工作的重要性，高度重视能源安全，实现能源的可持续发展。解决我国能源问题，根本出路是坚持开发与节约并举、节约优先的方针，大力推进节能降耗，提高能源利用效率。节能是缓解能源约束，减轻环境压力，保障经济安全，实现全面建设小康社会目标和可持续发展的必然选择，体现了科学发展观的本质要求，是一项长期的战略任务，必须摆在更加突出的战略位置。

（二）必须把节能工作作为当前的紧迫任务。（略）

二、用科学发展观统领节能工作

（三）指导思想。（略）

（四）基本原则。（略）

（五）主要目标。（略）

三、加快构建节能型产业体系（略）

四、着力抓好重点领域节能（略）

五、大力推进节能技术进步（略）

六、加大节能监督管理力度（略）

七、建立健全节能保障机制（略）

八、加强节能管理队伍建设和基础工作（略）

九、加强组织领导

（三十八）切实加强节能工作的组织领导。各省、自治区、直辖市人民政府和各有关部门要按照本决定的精神，努力抓好落实。

省级人民政府要对本地区节能工作负总责，把节能工作纳入政府重要议事日程，主要领导要亲自抓，并建立相应的协调机制，明确相关部门的责任和分工，确保责任到位、措施到位、投入到位。

省级人民政府、国务院有关部门要在本决定下发后2个月内提出本地区、本行业节能工作实施方案报国务院；中央企业要在本决定下发后2个月内提出本企业节能工作实施方案，由国资委汇总报国务院。发展改革委要会同有关部门，加强指导和协调，认真监督检查本决定的贯彻执行情况，并向国务院报告。

国务院

2006年8月6日

点评

范文《国务院关于加强节能工作的决定》是一篇指挥性决

定。范文围绕加强节能工作作出各种具体的部署，制定了一系列具体可行的政策，主题突出，内容丰富。

范文开门见山提出要达到的目的，直接阐明为什么要节能，增强了针对性，是直叙型的典型代表。范文使用并列方式安排主体内容，将涉及加强节能工作的各方面因素梳理清楚，合理安排，很好地表达了主题思想。范文采用分条列项的方式，围绕着加强节能工作这个主题，从思想认识、节能观念、重点领域、产业体系、技术进步、监督管理、保障机制、队伍建设、组织领导等九个方面展开阐述。范文条理分明，简明易懂，逻辑严谨，值得学习。

范文二

全国人民代表大会常务委员会关于批准《中华人民共和国香港特别行政区基本法附件一香港特别行政区行政长官的产生办法修正案》的决定

(2010 年 8 月 28 日第十一届全国人民代表大会常务委员会第十六次会议通过)

第十一届全国人民代表大会常务委员会第十六次会议决定：

根据《中华人民共和国香港特别行政区基本法》附件一《全国人民代表大会常务委员会关于〈中华人民共和国香港特别行政区基本法〉附件一第七条和附件二第三条的解释》和《全国人民代表大会常务委员会关于香港特别行政区 2012 年行政长官和立法会产生办法及有关普选问题的决定》，批准香港特别行政区提出的《中华人民共和国香港特别行政区基本法附件一香港特别行政区行政长官的产生办法修正案》。

《中华人民共和国香港特别行政区基本法附件一香港特别

行政区行政长官的产生办法修正案》自批准之日起生效。

点评

范文《全国人民代表大会常务委员会关于批准〈中华人民共和国香港特别行政区基本法附件一香港特别行政区行政长官的产生办法修正案〉的决定》是一篇知照性决定，其特色在于简短扼要而又明确具体。范文开篇，点明决定是根据哪些文件而来，为决定的出台奠定了政治基础；接着，直接过渡到“批准”此修正案，直截了当而又在情理之中，简洁而又不失其权威性。

范文三

××股份有限公司关于开除×××的决定

×××在工作中，收受贿赂，利用职务之便，窃取公司核心技术机密，并于××××年××月××日，高价将此机密售予公司的竞争对手××公司。经公司专门小组调查研究决定解除×××的职务，将其开除出我公司，并且禁止×××以后在我公司担任任何职务。

××股份有限公司董事会

××××年××月××日

点评

范文《××股份有限公司关于开除×××的决定》是一篇简洁明了、语言清楚明白的知照性决定。

范文只有百余字，却把×××何时何地所犯何错，以及公司给予何种处分一一说清，充分表明了决定的决断性和单纯性。最后一句话更是警示作用极强，不但说明了处罚的严厉程度，还给行文对象，即公司其他员工以警示，使他们在今后的工作中，能够更好地规范自己的行为。

第七节　经验分享

决定在很多方面和决议很相似，有一部分决定也是通过会议讨论、表决而形成的，但是相对于决议而言，决定的决断性更强，具有更强的执行力。因此，在决定的写作中，首先，要做到字斟句酌，使用明确没有歧义的语言来表达内容，保证准确地体现决定的决断性；其次，要根据决定的不同性质，恰当地使用表达不同效果的表示时间、数量、程度和范围的副词。

决定一般篇幅较长，所以初稿完成后，要认真检查修改，确保其语言规范准确，主题思想明确，中心突出，强调其指挥作用或知照作用。

第四章

意见

意见，既可以是上行公文，也可以是下行公文或者平行公文；是上级领导机关、同级机关之间或主管部门，针对当前或者将来要进行的主要工作和亟待解决的重大问题提出原则性的要求和具体的处理办法的，直接发至下级机关或转发到有关机关要求其遵照执行的，具有指示作用的公文；适用于对重要问题提出见解和处理办法。

第一节　特点

意见的制发单位既可以是党政机关,也可以是企事业单位、社会团体。它主要具有以下四个特点：

1. 意见内容具有参考性

意见，本意就是人们对新事物的看法或者见解、主张，因此意见强调建议性，不具有权威性和强制性。只要针对特定的问题或者事项，在国家的方针政策下或者自己的专业知识范围内，提出具有专业水准的主张或者切实可行的办法，能够给受意见机关的工作带去益处即可。

2. 意见行文方向具有多样性

意见既可以是上级机关对下级机关的工作中遇到的问题和新情况提出的意见；也可以作为平行级机关之间对一些问题和事项进行看法交流，以寻找解决问题的途径；还可以是下级机关在工作中遇到新情况对上级机关发出的建议性的意见。

3. 意见在使用上具有广泛性

无论是对工作中遇到的新情况还是对原有政策中指示不明的地方，都可以使用意见来征询相关机关的看法和主张。各种政府机关、企事业单位、社会团体和党的机关也都可以使用。

4. 意见的作用性质具有多变性

在上行意见中，如果下级机关的建议被上级机关采纳，那么这个意见就有可能成为决议、决定甚至命令被公布，不再是单纯的意见，而是转变为其他的具有强制性的公文。在下行意见中，如果上级机关的意见符合下级机关的实际工作情况，那么下级机关可能会经过会议讨论，将意见内容转化为决定。

第二节　行文对象

根据意见提交的对象不同，可以将意见分为指导性意见（下行性意见）、建议性意见（上行性意见）和征询性意见（平行性意见）。

指导性意见作为下行文的意见，是上级机关对下级机关发出的，具有指导和指示的功能，向下级机关提出一定的工作要求和指导性原则，以便下级机关遵照执行或者参照执行。所以它的行文对象一般是具有领导关系或者所属关系的下级机关及其工作人员。

建议性意见是作为上行文的意见，是下级机关就工作中遇到的新情况，根据实际情况提出自己的解决办法，对上级机关发出建议处理办法或者看法的意见。它的行文对象是具有领导关系或者所属关系的上级机关。

征询性意见是作为平行文的意见，内容是同级机关或部门对某些重大问题和新出现的现象、情况所提出的看法或者解决办法。这种意见是以集思广益解决实际问题为出发点的，行文对象是同级机关。

第三节　格式

意见一般包括标题、正文和落款三个部分。

1. 标题

（1）由发文机关名称＋事由＋文种三个部分组成标题，比如《教育部关于进一步加强高等学校学生公寓管理的若干意见》等。

（2）由事由＋文种组成标题，这种标题常见于县团级以下的机关公文。

2. 正文

正文是意见写作的主体，包括开头、主体和结尾三个部分，一般采用分条的方式安排结构。开头，用简明扼要的文字，说明意见的行文目的、背景、依据或者缘由，以便收文者理解或贯彻执行意见内容；主体，明确、详尽地写出意见的具体内容，比如阐明对收文机关一方工作的基本主张、原则性要求、政策性措施或者是其工作中应当注意的事项等；结尾，一般的意见以提出号召、希望、要求为结尾，但是有的局部性意见也可以不专设结尾，在正文结束时，有的意见可以用“以上意见如无不妥请……”作为结尾。

3. 落款

直发性意见，一般都在公文结束后署名和标注成文日期。转发性意见，通常将发文机关名称置于标题之下，落款处不再标明。

第四节　语体的特点

意见主要用于推动、指导有关工作，并为改进某些机关的工作提供参考。一般情况下，它没有指令性作用，但是有很强的参考作用。因此，在写作意见时，首先，要注意见解、主张明确，体现出意见语体的简明性。涉及一些专业知识的时候，解释清楚主张什么、不主张什么，保证意见语体的明确性特征得到体现。

其次，意见不是强制性文件也不是鼓舞性文件，而是参考性文件，因此，语言运用上强调便于理解、执行，层次清晰，使行文对象能快速掌握意见的主要观点；不要在文中使用强制性、鼓舞性等语言，以免出现接受意见的机关产生抵触情绪或者盲目同意意见的情况，导致其不能根据实际情况来有区别地采纳意见。

第五节 遣词造句技巧

意见的语言文字重在体现出提出意见者对某些问题的看法，表达提出意见者的诚恳态度，所以，意见在选词造句上要强调出诚恳和参考的性质，语气要相对缓和，不能使用带有命令性和强制性口吻的词语。

要注意使用具有概括性的语言，使意见精练简洁；要注意恰当使用成分共用句式，使意见的语句结构紧凑、表意丰富、句式简洁明快；在词语的选择上多使用单义的、本义的、稳定的、不带感情色彩的词语，使意见清楚明了、一目了然。

第六节　范文解析

范文一

国务院关于建立粮食生产功能区和重要农产品生产保护区的指导意见

国发〔2017〕24号

各省、自治区、直辖市人民政府，国务院各部委、各直属机构：

近年来，国家出台了一系列强农惠农富农政策，实现了粮食连年丰收，重要农产品生产能力不断增强。但是，我国农业生产基础还不牢固，工业化、城镇化发展和农业生产用地矛盾不断凸显，保障粮食和重要农产品供给任务仍然艰巨。为优化农业生产布局，聚焦主要品种和优势产区，实行精准化管理，现就建立粮食生产功能区和重要农产品生产保护区（以下统称“两区”）提出如下意见。

一、总体要求

（一）指导思想。全面贯彻党的十八大和十八届三中、四中、五中、六中全会精神，深入贯彻习近平总书记系列重要讲话精神和治国理政新理念新思想新战略，认真落实党中央、国务院决策部署，统筹推进“五位一体”总体布局和协调推进“四个全面”战略布局，牢固树立和贯彻落实创新、协调、绿色、开放、共享的发展理念，实施藏粮于地、藏粮于技战略，以确保国家粮食安全和保障重要农产品有效供给为目标，以深入推进农业供给侧结构性改革为主线，以主体功能区规划和优势农产品布局规划为依托，以永久基本农田为基础，将“两区”细化落实到具体地块，优化区域布局和要素组合，促进农业结构调整，提升农产品质量效益和市场竞争力，为推进农业现代化建设、全面建成小康社会奠定坚实基础。

（二）基本原则。

——坚持底线思维、科学划定。按照“确保谷物基本自给、口粮绝对安全”的要求和重要农产品自给保障水平，综合考虑消费需求、生产现状、水土资源条件等因素，科学合理划定水稻、小麦、玉米生产功能区和大豆、棉花、油菜籽、糖料蔗、天然橡胶生产保护区，落实到田头地块。

——坚持统筹兼顾、持续发展。围绕保核心产能、保产业安全，正确处理中央与地方、当前与长远、生产与生态之间的关系，充分调动各方面积极性，形成建设合力，确保农业可持续发展和生态改善。

——坚持政策引导、农民参与。完善支持政策和制度保障体系，充分尊重农民自主经营的意愿和保护农民土地的承包经营权，积极引导农民参与“两区”划定、建设和管护，鼓励农民发展粮食和重要农产品生产。

——坚持完善机制、建管并重。建立健全激励和约束机制，加强“两区”建设和管护工作，稳定粮食和重要农产品种植面积，保持种植收益在合理水平，确保“两区”建得好、管得住，能够长久发挥作用。

（三）主要目标。力争用3年时间完成10.58亿亩“两区”地块的划定任务，做到全部建档立卡、上图入库，实现信息化和精准化管理；力争用5年时间基本完成“两区”建设任务，形成布局合理、数量充足、设施完善、产能提升、管护到位、生产现代化的“两区”，国家粮食安全的基础更加稳固，重要农产品自给水平保持稳定，农业产业安全显著增强。

1.粮食生产功能区。划定粮食生产功能区9亿亩，其中6亿亩用于稻麦生产。以东北平原、长江流域、东南沿海优势区为重点，划定水稻生产功能区3.4亿亩；以黄淮海地区、长江中下游、西北及西南优势区为重点，划定小麦生产功能区3.2

亿亩（含水稻和小麦复种区6000万亩）；以松嫩平原、三江平原、辽河平原、黄淮海地区以及汾河和渭河流域等优势区为重点，划定玉米生产功能区4.5亿亩（含小麦和玉米复种区1.5亿亩）。

2. 重要农产品生产保护区。划定重要农产品生产保护区2.38亿亩（与粮食生产功能区重叠8000万亩）。以东北地区为重点，黄淮海地区为补充，划定大豆生产保护区1亿亩（含小麦和大豆复种区2000万亩）；以新疆为重点，黄河流域、长江流域主产区为补充，划定棉花生产保护区3500万亩；以长江流域为重点，划定油菜籽生产保护区7000万亩（含水稻和油菜籽复种区6000万亩）；以广西、云南为重点，划定糖料蔗生产保护区1500万亩；以海南、云南、广东为重点，划定天然橡胶生产保护区1800万亩。

二、科学合理划定“两区”

（四）科学确定划定标准。（略）

（五）自上而下分解任务。（略）

（六）以县为基础精准落地。（略）

（七）审核和汇总划定成果。（略）

三、大力推进“两区”建设

（八）强化综合生产能力建设。（略）

（九）发展适度规模经营。（略）

（十）提高农业社会化服务水平。（略）

四、切实强化“两区”监管

（十一）依法保护“两区”。（略）

（十二）落实管护责任。（略）

（十三）加强动态监测和信息共享。（略）

（十四）强化监督考核。（略）

五、加大对“两区”的政策支持

（十五）增加基础设施建设投入。（略）

（十六）完善财政支持政策。（略）

（十七）创新金融支持政策。（略）

六、加强组织领导

（十八）明确部门分工。（略）

（十九）落实地方责任。（略）

国务院

2017 年 3 月 31 日

点评

范文《国务院关于建立粮食生产功能区和重要农产品生产保护区的指导意见》主题突出，结构严谨，语言应用规范得体。

范文开头高屋建瓴地介绍了意见出台的背景，肯定了国家强农惠农富农政策的骄人成果，同时也指出了农业生产与管理中存在的必须解决的问题，从而增强了意见的层次性和行文的针对性。主体围绕建立粮食生产功能区和重要农产品生产保护区展开，陈述了国务院的指导性意见，为以后农业生产与管理的方向给予指导，要求明确而肯定，为建立“两区”指出了方向。

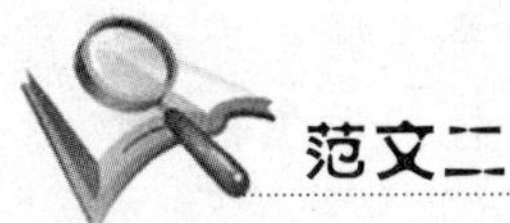

范文二

×× 市农业委员会
关于发展我市观光旅游农业的意见

×× 市人民政府：

我市农业产业结构调整步伐不断加快，人民生活水平不断提高，发展观光旅游农业已成为我市农村新的经济增长点。为指导各级部门科学有效地开发利用农业资源，促进农村经济的再发展，本委员会现就发展我市观光旅游农业的有关问题，提出如下意见：

一、指导思想、任务目标与原则

（一）指导思想

贯彻落实科学发展观，把综合开发利用和保护农业资源作为基础，逐步把观光旅游农业培育成具有一定生机和活力的新兴产业，保证经济效益和社会效益协调发展，以促进农村经济全面发展。

（二）任务目标

力争经过××年的努力，在旅游景区周围、交通干线两侧和主要农副产品生产基地，构筑起点、线、面相结合的全市观光旅游农业新格局；建立起一批不同特色、不同层次和规模，具有观光、休闲、体验和科普等多功能的观光旅游农业基地；通过发展观光旅游农业，进一步优化农村经济结构，增加农民收入，加快农村城镇化发展步伐。

（三）遵循原则

1. 注重实效、循序渐进

观光旅游农业是需要大量人力、物力和资金投入的产业。各县（市）区要抓住机遇，因势利导，坚持速度、规模和效益相统一的原则，优先开发生产基地，逐步扩展规模、完善基础设施和交通设施，不断开发新的观光旅游项目，积累经验，逐步做大做强。

2. 全面规划、突出特色

各地要从实际出发，实事求是地制订科学的发展观光旅游农业规划；要适应游客回归自然和观光休闲的心理，注重基地体现的文化品位，突出地方特色，体现乡土风情，展示农业高科技成果。

3. 用市场机制开发建设

发展观光旅游农业，要按照市场经济的要求来进行项目建设、资金投入和经营管理，鼓励多种经济成分参与开发建设，保证基地的经营符合价值规律。

4. 开发与保护相结合

发展观光旅游农业要正确处理资源开发和环境保护的关系，防止滥占耕地，加强环境保护，实现观光旅游农业与农村经济的协调发展。

二、区域布局与重点项目

全市发展观光旅游农业，按照由近及远，功能配套，点线面连接，依托农业资源，结合旅游景区建设的构思进行布局。

近期抓好以下重点项目：（略）

三、几项政策措施

（一）观光旅游农业享受农业税收的有关政策，利用“××”资源兴建的项目，执行“××”开发的相关政策。

（二）加大对观光旅游农业建设项目的投入。观光旅游农业是农业发展和农民增收的新增长点。市、县（市）区要作为扶持的重点，分别列出专项资金，用于项目基础设施的扶持投入或贷款贴息，各级计委、农业、林业、水利、交通、供电、电信等部门，要根据职责分工，对市里规划建设的重点给予积极支持。

（三）搞好观光旅游农业的服务设施建设。景区建设是观光旅游农业的基础，必须高起点、高品位规划，高标准、高质量建设，并与农田水利、农村小城镇、旅游景区、农业科技园区及农业结构调整结合起来。根据项目进展情况，适时开辟观光旅游专线，为市民出游提供方便。加强导游人员的业务培训，搞好餐饮、娱乐和住宿等服务业的配套项目建设，并尽快开发观光农业产品、生态旅游商品，不断丰富观光旅游农业的内涵。

以上意见如无不妥，请批转各县（市）、区及市各部门执行。

××市农业委员会

××××年××月××日

点评

范文《××市农业委员会关于发展我市观光旅游农业的意见》是一篇下级机关报送上级机关的建议性意见。

范文标题包含发文机关、发文事由和文种三个要素，属于典型的完全式标题。正文开头就点明了发展观光旅游业已成为该市农村的新的经济增长点，为下面的行文做好铺垫。交代完行文目的之后，接着以“提出如下意见”为过渡语引出公文主体。主体详细阐述了下级机关对如何发展我市观光旅游农业的见解，包括了“指导思想、任务目标与原则”“区域布局与重点项目”和“几项政策措施”三方面内容，内容周全，逻辑严谨，措施可操作性强。结尾以呈转类建议意见的习惯用语作结，又一次点明了公文的性质。范文格式规范、思路清晰、语言明晰，值得学习借鉴。

范文三

××关于2016年度精神文明建设实施意见

××为进一步加强内部精神文明建设，带动全集团公司本单位又好又快建设与发展，从工作现阶段实际情况出发，现就今年精神文明建设工作安排如下。

一、加强政治思想教育，提高思想道德和政治觉悟

全体干部职工要坚持以毛泽东思想、邓小平理论、“三个代表”重要思想和科学发展观为指导，全面贯彻落实社会主义核心价值观，以十八大精神为指导，切实增强精神文明建设，坚持以全心全意为人民服务为核心，从实际出发，加强党风廉

政工作建设，深入开展反腐倡廉教育，要增强领导干部的忧患意识、危机意识，提高单位内部的凝聚力和向心力，使我单位全面提高精神文明建设水平，工作能力迈上新的台阶。

二、工作目标

各职能部门要在工作中不断创新工作方法，落实工作责任。要以“争先进，保优良”为工作目标，以争取“国家级文明单位”为己任，全面落实中央和省、市委确定的精神文明建设奋斗目标和主要任务，建立学习型领导团队，不断提高自身思想道德素质和科学文化素质，开展多种多样的干部、职工的文化活动，丰富干部职工业余文化生活，推动本单位的精神文明建设迈上新的台阶。

三、主要内容

（一）开展好形式多样的学习活动

深化理论学习。坚持在周末加强学习，要开展多种形式的学习活动，创新学习方法，制订学习计划，检查学习成果，在学习业务理论的同时，学习金融、法律、市场经济及现代科技知识，真正建立一支学习型、知识型、创新型的干部职工队伍。并鼓励和支持职工业余时间从事文学、艺术、书法、美术、摄影、球类等修身养性、锻炼体魄的各种文体活动。

（二）开展好深入学习实践社会主义核心价值观活动

在工作中要自觉履行社会主义核心价值观思想，使其成为工作中的指导思想，不断在实践中思考出现的问题，提出解决问题的方法，坚持解放思想、实事求是的工作作风。

（三）加强社会主义民主法制教育

现阶段社会主义市场经济的建设对机关工作人员的民主法治素质提出了更高的要求，本单位要进一步加强干部职工的社会主义民主法制教育，在单位上下深入学习基本法律法规和社会主义市场经济法律法规的宣传教育，提高干部、职工民主法制意识，不断提高依法办事、依法行政、依法管理的水平和能力。

（四）持续深入开展廉政建设与反腐工作

切实加强党风廉政建设。各处室要始终保持和发扬党的优良传统和作风，始终保持共产党员先进性。共产党员在工作中要以身作则。今年，本单位要开展多种形式的警示教育活动，通过观看反腐题材的影视节目、录像资料，召开辩论会等形式，深化党风党纪教育。以正面典型的示范教育和反面典型的警示教育，加强干部职工的清正廉洁、克己奉公的工作作风，增强拒腐防变能力。对出现的违法腐败案件要严格惩处，保证机关精神文明建设沿着健康轨道发展。

四、组织领导

本单位成立精神文明建设工作领导小组，由××主任担任组长，全面领导小组工作。小组对各处室开展的精神文明建设工作进行定期检查，抓好精神文明建设工作的落实，并制定精神文明建设的方案。同时要处理好精神文明建设与其他工作的关系，做到互相促进，共同提高。

××公司党委

2016年××月××日

点评

范文《××关于2016年度精神文明建设实施意见》是一篇知照建议的意见，其最大亮点是内容丰富。

首先，正文并不只是就意见本身进行阐述，而是在阐述意见之前先阐述了进行这次活动、提出意见的意义，使得意见的提出有了深层次的原因。

其次，对活动的主要内容和目标、要求都做了进一步的详细阐述。这样可使行文对象能很好地领会活动的本质和要求，针对意见中不足的地方或者不合理的地方提出改进的意见。

第七节　经验分享

写作意见时要注意以下四个方面的内容：

第一，对收到意见的机关的工作见解要兼顾各方面内容，使意见中涉及的各个机关，都能明确地领会意见对本机关所提出的工作原则和要求，以便收到意见的机关改善自己的工作。

第二，意见中所提出的处理问题的措施和办法要具体、明确，便于收文单位理解或执行。

第三，写作意见时内容要层次分明，对工作的基本原则、具体的政策措施，要分层叙述，切忌交织叙述，以免引起收文机关理解上的困难和错误。

第四，意见的内容要能够体现国家的最新政策或者精神。意见力求全面深刻地领会和掌握近期党和国家的有关方针、政策，并以此作为意见的指导思想和写作基础。这样可以使意见的指导性更强，说服力更强。

第五章

批复

批复是答复下级机关请示事项的请示公文时使用的公文。先有请示，后有批复。根据批复的不同性质，可以将批复分为指示性批复和批准性批复两种。指示性批复用于对下级机关请示中所涉及的政策上、认识上不清楚的问题作出指示性的答复。批准性批复用于对下级机关请示中涉及的人、事和机构的设置等方面的具体问题作出是否允许的答复。如果是否定的答复，还可以针对请示内容另外提出解决意见；如果是肯定的答复，可以针对请示内容提出原则要求。

第一节　特点

批复主要有以下四个特点：

1. 被动性

批复的行文具有被动性。撰写批复是以下级的请示为前提的，它是专门用于答复下级机关请示事项的公文。先有上报的请示，针对请示内容才有批复的内容。

2. 权威性

批复的效用具有权威性。批复表示的是上级机关的结论性意见，下级机关对上级机关的答复必须认真贯彻执行，不得违背。批复在效用方面类似命令、决定，带有很强的权威性。

3. 针对性

批复的内容具有针对性。批复要针对请示事项表明是否同意或是否可行的态度，必须针对请示内容来答复，而不能写与请示不相关的内容。

4. 明确性

批复表示的态度具有明确性。批复的内容要具体，态度明确，不能模棱两可，使得请示单位不知道如何处理。

第二节　行文对象

批复是下行文，批复的行文对象是特定的提交请示的下级机关。批复是一对一的一种公文，下级机关提交请示请求批复，上级机关则对请示事项进行了解和调查，然后根据国家的政策方针和实际情况决定是否同意；或者对下级机关不明确的认识问题作出更加详细的说明。

在行文中要注意针对行文对象所请示事项的重点内容提出解决办法。批复既是上级机关指示性、政策性较强的公文，又是对下级单位请求指示、批准的答复性公文，因此，撰写批复要慎重及时，根据现行政策法规及办事准则，给予答复。在批复中明确指出行文对象可以怎样做，不可以怎样做；要针对行文对象的理论水平，对一些最新政策术语做相应的解释。

第三节　格式

批复主要包括标题、主送机关、正文和落款四个部分。

1. 标题

（1）标题的写法最常见的是发文机关 + 事由 + 文种。在事由中一般将下级机关及请示的事由和问题写进去。

（2）由发文机关 + 表态词 + 请示事项 + 文种四个部分构成的完全式的标题，形式较为简明、全面和常用。

（3）只写事由＋文种两项内容。

2. 主送机关

主送机关一般只有一个，是报送请示的下级机关，一般写于标题之下，正文之前，左起顶格。批复不能越级行文。当所请示的上级机关不能答复下级机关的问题而需要向更上一级机关转报“请示”时，更上一级机关所做批复的主送机关不应是原请示机关， 而是“转报机关”。如果批复的内容同时涉及其他的机关和单位，则要采用抄送的形式送达。

3. 正文

正文包括批复引语、批复意见和批复要求三个部分。

批复引语要点出批复对象，一般称“收到某文”或“某文收悉”，要写明是对于何时、何号、关于何事的请示的答复，时间和文号可省略。

批复意见是针对请示中提出的问题所做的答复和指示，意思要明确，语气要适当。什么同意，什么不同意，为什么某些条款不同意，注意事项等都要写清楚。

批复要求（在一些不需要落款的批复中可以单独算做结尾），是从上级机关的角度提出的一些补充性意见，或是表明希望，提出号召。如果同意，可写要求；如果不同意，亦可提供其他解决办法。

4. 落款

这部分写在批复正文右下方，署成文日期并加盖公章。

第四节 语体的特点

批复是上级机关对下级机关请示事项的回复，行文中语体主要有得体、规范、明确和平实的特点。

语言运用要得体，要根据公文性质的不同选用不同的词语。

批复中要多使用概括性、论断性的语言，不宜使用叙述性的语言。语气运用要得体，不同的文种使用的语气也不同，虽然是答复下级请示，但是也要郑重严肃，平等为怀，不倨不傲。

公文的标题用语、开头用语、表述用语、结束用语都带有模式化的色彩；行政公文的标题一般由发文机关、发文事由和文种组成，并且发文事由多由“关于”引起；开头用语常用“为了”“根据”“依照”“按照”等，说明发文的目的、依据；表述用语常用“特此批复”来表述批复态度。

行文中语言要求表达得准确无误、清楚明白，做到不晦涩，不含混，不模棱两可；用词造句妥帖稳当，行文舒展流畅；要表意准确周密，无错误，无疏漏。

第五节　遣词造句技巧

批复的语言重在解释下级不明白的地方或者表明是否批准的态度。因此，行文中要侧重使用清楚明白、不会产生歧义的词语；或者能够鲜明地表明态度的词语，不能使用“可以同意”“最好不要”等语气不果决的词语。

在句式安排上，要多使用短句——短句容易理解，清楚明白；少使用长句，如果必须使用则要确定句子结构完整，句意表达清楚。

在修辞的运用方面，批复注重的是平实性，不需要大量使用修辞，但可以用些修辞来增加公文的美感和语言的丰富性。

第六节　范文解析

范文一

国务院关于东北振兴“十三五”规划的批复

国函〔2016〕177号

国家发展改革委：

你委《关于报送〈东北振兴“十三五”规划（修改稿）〉的请示》（发改振兴〔2016〕2139号）收悉。现批复如下：

一、原则同意《东北振兴“十三五”规划》（以下简称《规划》），请认真组织实施。

二、《规划》实施要全面贯彻党的十八大和十八届三中、四中、五中、六中全会精神，深入学习贯彻习近平总书记系列重要讲话精神，认真落实党中央、国务院决策部署，紧紧围绕统筹推进“五位一体”总体布局和协调推进“四个全面”战略布局，牢固树立和贯彻落实创新、协调、绿色、开放、共享的发展理念，适应、把握和引领经济发展新常态，以提高发展质量和效益为中心，以供给侧结构性改革为主线，着力完善体制机制，着力推进结构调整，着力鼓励创新创业，着力保障和改善民生，协同推进新型工业化、信息化、城镇化和农业现代化，因地制宜、分类施策，扬长避短、扬长克短、扬长补短，有效提升老工业基地的发展活力、内生动力和整体竞争力，努力走出一条质量更高、效益更好、结构更优、优势充分释放的振兴发展新路，与全国同步全面建成小康社会。

三、辽宁省、吉林省、黑龙江省和内蒙古自治区人民政府要深化对全面振兴东北老工业基地重要性、紧迫性的认识，增强政治意识、大局意识、核心意识、看齐意识，将《规划》确定的重大工程、重大项目、重大政策、重要改革任务与本地区经济社会发展紧密衔接起来，完善推进机制，强化政策保障，分解落实各项工作，确保《规划》提出的目标任务如期完成。

四、国务院振兴东北地区等老工业基地领导小组各成员单位、各有关部门和单位要围绕东北振兴重点领域研究制定具体政策，在有关规划编制、体制创新、项目安排等方面给予积极支持，为《规划》顺利实施创造良好的政策环境。

五、国家发展改革委要加强综合协调与服务，会同有关部门对《规划》实施进行跟踪分析和督促检查，注意研究新情况、解决新问题、总结新经验，适时组织开展《规划》实施中期评估，推动《规划》各项目标任务落实。重大问题及时向国务院报告。

国务院

2016 年 11 月 1 日

点评

范文《国务院关于东北振兴“十三五”规划的批复》是一篇规范的指示性批复。

范文态度明确，即“原则同意”。范文详细地分析了东北振兴“十三五”规划的必要性和可行性，并给出了具体的工作意见。这从侧面表明上级机关在作出批复之前对东北地区相关工作情况做了充分的调查和研究，体现出对该报批文件的重视和谨慎的态度。范文明显地体现了批复的明确性和针对性，值得学习。

范文二

国务院关于汕头市城市总体规划的批复

国函〔2017〕39号

广东省人民政府：

你省关于报请审批汕头市城市总体规划的请示收悉。现批复如下：

一、原则同意《汕头市城市总体规划（2002—2020年）（2017年修订）》（以下简称《总体规划》）。

汕头是我国经济特区，海上丝绸之路重要门户，粤东中心城市。《总体规划》实施要深入贯彻党的十八大和十八届三中、四中、五中、六中全会及中央城镇化工作会议、中央城市工作会议精神，认真落实创新、协调、绿色、开放、共享的发展理念，认识、尊重和顺应城市发展规律，坚持经济、社会、人口、环境和资源相协调的可持续发展战略，提高新型城镇化质量和水平，统筹做好汕头市城乡规划、建设和管理的各项工作，逐步把汕头市建设成为经济繁荣、和谐宜居、生态良好、富有活力、特色鲜明的现代化城市。

二、重视城乡区域统筹发展。在《总体规划》确定的2245平方公里城市规划区范围内，实行城乡统一规划管理。加强城中村和城乡结合部地区的规划建设管理，城镇基础设施、公共服务设施的建设应当统筹考虑为周边农村提供服务。根据市域内不同地区的条件，重点发展县城和基础条件好、发展潜力大的重点镇，优化村镇布局，加强对村镇建设的指导，促进城乡一体化和基础设施共建共享。加强与潮州、揭阳分工合作，推进汕潮揭一体化发展。

三、合理控制城市规模。到2020年，中心城区常住人口控制在222万人以内，城市建设用地控制在205平方公里以内。

要贯彻落实城乡规划法关于先规划后建设的原则，禁止在《总体规划》确定的建设用地范围之外设立各类开发区和城市新区。要根据汕头市资源、环境的实际条件以及《总体规划》确定的城市空间布局，划定城市开发边界，加强边界管控，促进城市紧凑布局。增强城市内部布局的合理性，提升城市的通透性和微循环能力。坚持节约和集约利用土地，严格控制新增建设用地，加大存量用地挖潜力度，合理开发利用城市地下空间资源，提高土地利用效率，切实保护好耕地特别是基本农田。

四、完善城市基础设施体系。要按照绿色循环低碳的理念规划建设城市基础设施。进一步完善公路、铁路、机场、港口等交通基础设施，改善城市与周边地区交通运输条件，加强城市内外交通衔接。发展轨道交通，建立以公共交通为主体，各种交通方式相结合的多层次、多类型的城市综合交通体系，方便不同交通方式的换乘。做好停车场规划布局，推动城市停车场建设。坚持先地下、后地上的原则，统筹规划建设城市供水水源和给排水、垃圾处理等基础设施，积极有序地开展地下综合管廊建设。划定基础设施黄线保护范围，加强对各类设施用地的规划控制和预留。高度重视城市防灾减灾工作，加强灾害监测预警系统和重点防灾设施的建设，建立健全包括消防、人防、防洪、防震和防地质灾害等在内的城市综合防灾体系。

五、建设资源节约型和环境友好型城市。要按照促进生产空间集约高效、生活空间宜居适度、生态空间山清水秀的总体要求，形成合理的城市空间结构，促进经济建设、城乡建设和环境建设同步发展。要切实做好节能减排工作，加快淘汰落后产能，严格控制污染物排放总量，积极发展绿色建筑。加强城市环境综合治理，提高污水处理率和垃圾无害化处理率，限期达到《总体规划》提出的各类环境保护目标。划定城市蓝线保护范围，结合水域自然形态进行保护和整治，提高水资源利用效率和效益，建设节水型城市。积极推行低影响开发模式，推进海绵城市建设。加强绿化工作，划定城市绿地系统的绿线保护范围。要加强对莲花峰等风景名胜区、自然保护区以及湿地、水源地等特殊生态功能区的保护，制定并严格实施有关保护措施。

六、创造优良的人居环境。要坚持以人为本，统筹安排关系人民群众切身利益的教育、医疗、市政等公共服务设施的规划布局和建设。将城市保障性住房的建设目标纳入近期建设规划，确保保障性住房用地的分期供给规模、区位布局和相关资金投入。加快棚户区、城中村、城乡危房改造及配套基础设施建设，根据城市的实际需要与可能，稳步推进城市有机更新。不断完善城市管理和服务，提高城市发展的宜居性，努力把城市建设成为人与人、人与自然和谐共处的美丽家园。

七、重视历史文化和风貌特色保护。要统筹协调发展与保护的关系，按照整体保护的原则，切实保护好城市传统风貌和格局。要落实历史文化遗产保护和紫线管理要求，重点保护好达濠古城、新兴街等历史文化街区和文光塔、崎碌炮台等各级文物保护单位及其周围环境。要加强对重要地段建筑高度、体量和样式的规划引导和控制，做好城市整体设计，延续城市文脉，突出山城相拥、陆海交融的岭南滨海城市风貌特色。

八、严格实施《总体规划》。城市建设要实现经济社会协调发展，物质文明和精神文明共同进步。城市管理要健全民主法治，坚持依法治市，构建和谐社会。《总体规划》是汕头市城市发展、建设和管理的基本依据，城市规划区内的一切建设活动都必须符合《总体规划》的要求。要结合国民经济和社会发展规划，明确实施《总体规划》的重点和建设时序。城市规划行政主管部门要依法对城市规划区范围内（包括各类开发区）的一切建设用地与建设活动实行统一、严格的规划管理，市级城市规划管理权不得下放，切实保障规划的实施。要加强公众和社会监督，提高全社会遵守城市规划的意识。驻汕头市各单位都要遵守有关法规及《总体规划》，支持汕头市人民政府的工作，共同努力，把汕头市规划好、建设好、管理好。

汕头市人民政府要根据本批复精神，认真组织实施《总体规划》，任何单位和个人不得随意改变。你省和住房城乡建设部要加强对《总体规划》实施工作的指导、监督和检查。

国务院

2017 年 3 月 20 日

点评

范文《国务院关于汕头市城市总体规划的批复》是一篇格式规范、内容丰富的批准性批复。范文开篇点出批复的文件是广东省《关于报请审批汕头市城市总体规划的请示》，充分体现了批复的针对性。在批复中除了同意广东省的请示外，还对工作的注意事项做了指示和要求，充分体现了国务院对实际情况的了解和掌握的程度，给请示机关的工作指明了方向和重点。

范文三

保监会关于中国 ×× 养老保险股份有限公司申请进入养老保险业的批复

保监会公告〔××××〕×× 号

中国 ×× 养老保险股份有限公司：

你公司上报的《关于申请中国 ×× 养老保险股份有限公司开业的请示》（×× 集团发〔××××〕×× 号）收悉。经研究，现批复如下：

一、同意中国 ×× 养老保险股份有限公司开业。

二、核准中国 ×× 养老保险股份有限公司章程（见附件）。

三、公司注册资本为人民币 × 亿元。

四、公司住所为 ×× 市 ×× 区 ×× 路 ×× 号。

五、公司的法定代表人为 ×××。

六、公司业务范围：……；……；……；经中国保监会批准的其他业务。

请你公司凭此文件和我会颁发的《保险机构法人许可证》到工商管理部门办理注册登记等有关手续。

附件：中国 ×× 养老保险股份有限公司章程

中国保险监督管理委员会

×××× 年 ×× 月 ×× 日

点评

范文《保监会关于中国 ×× 养老保险股份有限公司申请进入养老保险业的批复》是一篇针对企业的批准性批复，其内容非常简洁明了。开篇点出收悉何文件，接着就直接过渡到批复。批复的内容采用列项的方式表述，重点说明了需要收文公司注意的几点内容；对公司的业务范围做了详细的说明，从侧面表明了国家对经营养老保险业务的公司的要求之高。

批复中对篇幅过长、自成一体的文件采用附件的方式附于文下，使批复的整体结构更加和谐，这也是值得学习的。

第七节　经验分享

撰写时要注意以下三个方面的内容：

首先，撰写批复的具体要求是：第一，在批复第一行写明所答复的请示的日期、标题或发文字号，如“你局 ×××× 年

××月××日关于××问题的请示收悉”，以便收文单位查找办理。第二，批复要针对下级机关的请示表明意见，因此，在内容上要有具体的针对性，即有问有答，问什么答什么，避免泛泛而谈、答非所问。第三，尾语常用“此复”“特此批复”等，来引起收文机关注意，及时查收批复。

其次，所有请示都必须予以批复，并且答复要简明扼要，措辞肯定，观点明确，绝不能含糊其辞。此外，批复的意见要具体可行，以便下级机关按文办理。

最后，批复问题时应当慎重，要提前进行调查研究与磋商，而不宜轻率定夺。有的批复如需要其他所属机关周知时，亦可批转给有关的下属机关或在文件公报上刊登。

第六章

通报

通报是宣传教育、通报信息的下行公文文种。一般用于国家机关、企事业单位、社会团体表彰先进，批评错误，传达重要精神或通报有关需要行文对象周知的情况。通报分为表彰性通报、批评性通报和情况通报三种。表彰性通报是表彰具有典型意义的先进事迹和好人好事的通报。批评性通报是批评能产生普遍警戒作用的单位或个人的通报。情况通报是相关部门之间传达重要精神或重要情况，沟通信息，以促进工作顺利开展的通报。

第一节　特点

通报是一种广泛适用的公文，主要具有以下三个特点：

1. 真实性

真实是通报的生命，通报的内容具有真实性。写作通报之前，对正反两方面的事实都要认真核实，使得通报内容准确无误，没有水分。通报的任何情况、事实都必须是真实的，不能有差错，更不能编造假情况。比如，对违法乱纪单位的通报批评，要实事求是地反映，不要贬低，更不能捏造事实来打击通报对象。

2. 教育性

教育性是通报要达到的目的。表彰先进的通报，既是对被表彰单位或个人的一种鼓舞、激励；也是对其他单位或个人的一种教育，引导其找差距，学先进，靠先进；更是对后进单位或个人的一种鞭策，激励他们学习先进，迎头赶上。批评性通报的目的则是让行文对象知道错误，认识错误，改正错误，然后吸取教训，引以为戒，在思想上得到教益。交流情况的通报，是让行文对象了解通报的事项，以达到上情下达，加强上下级之间、部门之间的相互交流，信息共享，促进工作的目的。

3. 时效性

通报的行文要具有时效性，通报所涉及的事实一般比较具体，是在特定的时间、地点发生的，与当时的情况或普遍存在的问题和现象是有密切联系的。对于先进事迹、重要情况、典型经验，只有及时通报才能更好地推广，让更多的人学习，更好地发挥其作用；对于反面典型，坏人坏事，只有及时通报，才能及时地起到警示作用，以杜绝再次发生类似事件。因此通报必须及时制发，才能达到行文目的。

第二节　行文对象

通报虽属下行文种，但是根据通报的作用和应用范围来分析，通报的行文对象并不是确定的所属下级机关。有些通报直接下达给相关机关，行文对象明确具体；但是有些通报则是直接登载在报纸上，行文对象十分广泛。具体到每一份通报的行文对象都会因为通报内容的性质和影响的不同而有所区别。

表彰通报用于在一定范围内表扬好人好事，它的下行性不是很强。比如《×××人民政府、军区关于表彰全省国防教育先进单位和先进个人的通报》，它如果登载在报纸上，那么它的行文对象就是所有人；如果是送达到某些机关，那么它的行文对象就是收文机关的工作人员。

批评通报用于在一定范围内批评某个单位或某个人的错误，纠正不良倾向，它的下行性就比表彰通报强，行文对象也明显。

比如《国务院关于一份国务院文件周转情况的批评通报》，它的行文对象就是收到国务院文件的单位。

情况通报多用于向有关机关或部门知照其应该掌握和了解的信息、动态，以供工作参考，多作下行文，但也兼作平行文；行文对象根据通报的内容所涉及的机关或部门数量的不同而有所区别。比如《×××人民政府办公厅关于全省企业基本养老保险工作情况的通报》既会送达下级机关，也会送达同级其他机关。

第三节　格式

通报一般包括标题、正文和落款（有的通报没有）三个部分。

1. 标题

通报的标题通常由发文机关＋事由＋文种三个部分构成。有些通报可省略发文机关＋事由，只写“通报”二字，但比较重要的通报则不能省略。

通报的发文机关和发文时间也可以写在标题下方，这样则不再落款；若写落款，发文时间则写在发文机关下面。

2. 正文

由于通报的种类比较多，内容写法比较灵活，不同的通报正文的写法是不一样的。

（1）表彰通报正文。

首先，具体叙述先进事迹，写明时间、地点、人物、事迹、怎么做、结果等；其次，用简明概括的语言对上述事件进行分析、评议，概括其主要经验或者指出其典型意义等；最后，提出表彰或发出号召等。

需要注意的是，通报如果是转发式的，正文部分应当先对下级机关所发的材料进行评价，加上批语，即对被表彰者进行评议等，再发出号召或提出要求。

（2）批评通报正文。

首先，交代清楚通报缘由，即事故或错误事实的经过情况、时间、地点、事故、后果等；其次，对事故进行分析评议，重点分析事故发生的原因，指出事故的性质及其危害，并提出处分决定等；最后，写明防止此类事故发生的有效措施，对症下药，提出告诫；或重申某一方面的法律法规和纪律等。

（3）情况通报正文。

情况通报的正文，关键在于要确实、全面、充分地阐述清楚要通报的情况。首先，叙述真实情况；其次，分析情况，阐明通报意义；最后，提出指导性意见或者要求。

3. 落款

落款处写发文机关和发文时间。

第四节　语体的特点

无论是表彰性通报、批评性通报还是情况通报都是为了教育当事人，更是为了教育更多的相关人员，指导和推动有关工作顺利展开。因此，通报的语体特点主要有明确、政治性强和生动三个方面。

首先，表意明确。介绍说明错误事实时要概括而精练，以能引出结论为度；表彰先进时要用词准确，特别注意不能拔高；通报情况时引用数字要准确，对情况的内容要表述清楚。

其次，体现政治性。无论是哪种通报，教育性和指引性都是寓于其目的之中的，那么体现在语体中，就是多使用政治性语言，比如“诠释了 ×× 会议的 ×× 精神”“有利于我国建设特色社会主义国家”等，运用政治色彩鲜明的语言，调动起行文对象的相应情绪。

最后，多使用生动的词语。在符合前两项语体特点的原则下，通过运用修辞方式、群众语言、外来语等方法，来增添公文的生动性，提高语言的感染力是值得提倡的。特别是在表彰性通报中，在倡导人们学习先进时使用生动的、具有鼓舞性的语言，可以很好地鼓舞受表彰者和其他行文对象。

第五节　遣词造句技巧

通报重在说明一些具体事件，然后表明批评、表彰或者要求引起下级注意的态度。所以，在遣词造句方面要选用表意明确没有歧义的词语，使用“根据 ××× 调查 ×××× 年 ×× 月 ×× 地方”“下降 ×%”“上缴企业所得税 ×× 万元，解决 ×× 人就业”等确定性很强的语言；切忌使用“大约 ××”“可能提高 ××”“应该会 ××”等模糊的词语。

在通报中，可以适当地运用群众性语句和形象化语句，增加通报的平易性，易于行文对象接受，也可以更好地达到鼓舞或者警戒的作用。

行文语言要精练。在文中多用短句、单句，可以显得对事件的介绍简明扼要。

第六节　范文解析

范文一

关于 2003 年上半年全国建筑施工事故情况的通报

建办质〔2003〕44 号

各省、自治区建设厅，直辖市建委，江苏省、山东省建管局，新疆生产建设兵团建设局：

据31个省、自治区、直辖市和新疆生产建设兵团报告，2003年上半年，全国共发生建筑施工事故519起，死亡582人，重伤68人，与去年同期相比，事故起数、死亡人数分别上升24.5％和20.7％，重伤人数下降41.9％。其中发生建筑施工一次死亡3人以上事故15起，死亡66人，重伤5人，与去年同期相比，事故起数、死亡人数和重伤人数分别下降21.1％、2.9％和37.5％。这15起事故中：××4起，××、××各2起，××、××、××、××、××、××、××各1起。2003年上半年全国建筑施工事故统计表见附件。

按照《关于加强建设系统重大质量安全事故快报工作的通知》（建办质〔2003〕23号）要求，自2003年4月20日起，各地应通过建设系统重大质量安全事故快报系统及时报告工程建设、城市市政公用行业运行（营）、房屋安全重大事故。从报告情况看，××、××、××、××、××、××等地能够认真、及时、规范地通过快报系统报送事故。但也有部分地区未能按时限要求和规定内容报告，在一定程度上影响了我部对全国建设系统重大质量安全事故的全面掌握和统计分析。

各地要高度重视重大事故报告工作，落实分管领导和有关工作人员责任，严格报送时限、报送程序，及时、准确、规范地通过建设系统重大质量安全事故快报系统向建设部报告事故。同时，要进一步完善本地区重大事故报告制度，加快建立和完善本地区建设系统质量安全事故报送系统，培训有关工作人员，进一步推动重大事故报告工作的制度化和规范化。

附件：2003年上半年全国建筑施工事故统计表

中华人民共和国建设部办公厅

2003年8月8日

点评

范文《关于2003年上半年全国建筑施工事故情况的通报》是一份写作规范的情况通报。范文正文第一段，使用数字说明法和比较说明法说明了上半年全国施工事故的情况，清晰明白；第二段，分别表扬和批评了及时和未按时限要求报告事故的地区；第三段，针对当前出现的施工事故情况，对今后的工作有针对性地提出了意见和要求。范文最大的亮点是语言明确清晰，比如对伤亡情况的叙述中既有百分比描写，又有具体数字描写，使行文对象可以清晰地掌握事故的具体情况。

范文二

关于表扬×××同志拾金不昧的通报

今年以来，我公司全力宣传构建和谐厂区的理念，全体同事在该理念的感召下，不断完善自身的道德素质修养。近来，公司里更是好人好事层出不穷，使我们的公司生活变得亮点频闪，更加和谐了！

2016年××月××日，工程部第二组员工×××同志在测试工程部十二楼测试车间拾到两千元不记名支票一张，但是她没有把支票据为己有，而是上交行政部。后行政部公布告示，经认领，失主测试工程部三组员×××非常惊喜地找回了自己丢失的支票。

×××同志的这种拾金不昧的品质充分体现了她高尚的道德情操和良好的精神风貌，丰富了公司和谐厂区建设活动的内涵。×××同志值得我们每一个同事学习！公司为表彰×××

同志高尚的品质，鼓励大家弘扬这种美德，根据我公司《员工手册》的有关规定，现对 ××× 同志予以通报表扬。希望全体同事以她为榜样，将这种传统的良好道德品质发扬光大，为我公司建设更加良好的企业文化作出更多的贡献！

××公司人事部

2016 年 ×× 月 ×× 日

点评

范文《关于表扬 ××× 同志拾金不昧的通报》是一则公司内部对好人好事的表彰性通报。范文语言非常简洁、平实地叙述出表扬的原因，然后点明了通报的目的和意义，最后号召行文对象，即公司其他的员工学习这种美德。范文中没有过度的渲染和鼓舞性的语句，始终是平实的语言，使得表彰性通报更能为行文对象接受。

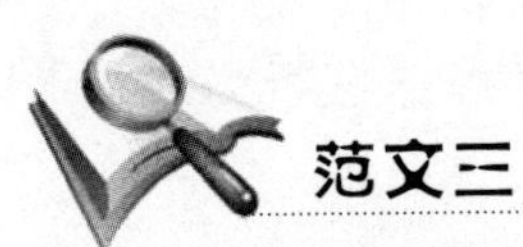

范文三

关于 6 家企业监理工程师注册中弄虚作假行为通报

各省、自治区建设厅，直辖市建委，新疆生产建设兵团建设局，国务院各有关部门建设司，总后基建营房部：

经查，×× 建设监理有限责任公司等 6 家企业在办理监理工程师注册过程中，提供并使用了虚假证明材料。经研究，决定对提供并使用虚假材料的有关企业给予通报批评：

一、对 ×× 建设监理有限责任公司为已故人员办理换发注册监理工程师执业资格证书的行为，给予通报批评。

二、对 ×× 工程管理有限公司为 ××× 提供虚假社保证明办理换发注册监理工程师执业资格证书的行为，给予通报批评。

三、对××建设咨询监理有限公司为×××提供虚假社保证明办理注册监理工程师初始注册的行为，给予通报批评。

四、对××工程咨询监理有限责任公司为已离职人员×××办理注册监理工程师初始注册的行为，给予通报批评。

五、对××监理有限公司为已调离人员×××、×××办理换发注册监理工程师执业资格证书的行为，给予通报批评。

六、对××建设监理有限公司为×××、×××提供虚假社保证明办理换发注册监理工程师执业资格证书的行为，给予通报批评。

中华人民共和国建设部办公厅

××××年××月××日

点评

范文《关于6家企业监理工程师注册中弃虚作假行为通报》是一则典型的批评通报。

文章开头点明了通报须知的各部门，接着开门见山地点出有6家企业在办证过程中弄虚作假，使用精确的数字表示通报内容的准确度。行文干净利索，用简练的语言精恰地点明了通报的原因、对象。

在通报批评对象的过程中，使用了分条的方式，使人看的时候可以对内容一目了然，清晰而明确。

第七节　经验分享

写作通报要注意以下三个方面的内容：

首先，写作通报要注意保持通报内容的真实性。通报中所涉及的事例，必须是经过反复调查后确认客观存在的、真实可靠的，绝不允许捏造虚构。同时，在确有其事的基础上要准确反映事例，不能夸大或缩小，特别是涉及数据时，要保证数据准确无误。通报前一定要做好调查研究工作，包括所涉及事件的每一个细节都必须反复核实，实事求是，以免发文后造成发文机关被动、失信的局面。

其次，对事项的“分析”“评议”部分，是最能体现通报撰写者思想水平和写作水平的部分，写作时一定要注意将典型的人和事上升到较高的层面来认识、评价，切忌就事论事。同时要注意通报内容的指导性，不能事无巨细都发通报，要选择对工作有普遍指导意义的典型事项来发通报。先进的典型要能反映事物的本质特征，能揭示时代的本质，体现时代的精神；反面的典型，应有一定的代表性，能体现警戒的作用。所以，只有选准、选好典型，通报才能起到激励教育、推动工作和批评警戒的作用。

最后，通报的决定事项不能与法律法规、政策等相抵触，这就需要撰写者事前对通报事项所涉及的领域的法律法规、政策等有所了解。

第七章

通知

通知是上级机关向下级机关传达指示或批转下级机关的公文或转发上级机关和不相隶属机关的公文，以布置工作与周知事项时所用的一种下行公文，有时也是告知有关单位需要周知或共同执行的事项的平行公文。

通知按内容和功用的不同，可以划分为指示性通知、批示性通知、告知性通知、事项性（工作）通知和会议通知五大类。

1. 指示性通知

不宜用命令发布的一些行政法规等，可使用指示性通知发文。

2. 批示性通知

发布某些行政法规，转发上级、同级或不相隶属机关的公文以及批转下级机关的公文时使用的公文。这类通知包括批转性和转发性两种。批转性通知适用于上级机关对下级部门的文件加批语下发，需在标题中加“批转”两字。转发性通知是“转发”有关文件的通知，同样需在标题中注明“转发”字样。

3. 告知性通知

告知某一事项或某些信息时使用的通知，在庆祝节日，成立、调整、合并、撤销机构，人事任免，启用新印章，更改电话，更正文件差错等情况下，可以用告知性通知行文。

4. 事项性（工作）通知

通知的内容是要求下级机关办理某些事项，一般用于交代任务，除此之外还用于提出收文单位贯彻执行的工作原则和要求，具有强制性和行政约束力。有些工作任务，不宜采用命令和意见的方式对相关部门提出时，可使用这种通知来提出。

5. **会议通知**

会议通知即告知有关单位或个人参加会议的通知。

第一节 特点

虽然通知的种类繁多，但是其特点主要有三个方面：

1. **广泛性**

通知在使用范围上具有广泛性。通知的制发不受发文机关的级别限制，任何机关都可以使用。通知的行文路线没有严格限制，一般是作为上级机关对下级机关的下行文；但平行机关之间、不相隶属的机关之间，也可以使用通知知照相关事项。通知内容写作时灵活自由，使用起来比较方便，所以被很多机关单位在公务活动中广泛使用。

2. **指导性**

无论何种用途的通知，一般都具有指导性。上级机关向下级机关发通知时，其指导性可以明显地体现出来。特别是部署和指导工作、批转和转发文件等，都需明确阐述处理某些问题的原则和方法，说明需要做什么，怎样做，达到什么要求等。有的通知对下级机关具有约束力，起指挥、指导作用。有的通知则主要起告知作用，但有的告知内容本身也是具有指导作用的。

3. **时效性**

通知事项一般是要求立即知晓、执行或办理的，不能拖延。有些通知只在指定的一段时期内有效，特别是会议通知，过期之后，通知也就随之失去了相应的效力。

第二节　行文对象

批示性通知是上级机关批转下级机关的公文，转发上级机关、同级机关和不相隶属机关的公文时使用的通知。其行文对象明显，就是上级机关所辖的下级机关。一般要对所批转、转发的公文提出意见或评价，并分情况写明批转、转发的目的，使得行文对象能准确地把握上级机关的发文意图。

指示性通知是上级机关对下级机关就某项工作有所指示和安排。它的行文对象也是下级机关。告知性通知所告知的内容一般具有广泛适用性，所以它的行文对象不是单独的发文机关的下级机关，而是所有可以阅读到这个通知的人。

事项性（工作）通知的行文对象也是特定的执行所述事项的下级机关。会议通知的行文对象则是所有应参加会议的人员。

第三节　格式

通知一般采用条款式格式行文，简明扼要，使被通知者能一目了然，便于遵照执行。通知一般包括标题、称呼、正文和落款四个部分。

1. 标题

标题一般写在第一行正中。可以只写“通知”二字，但是遇到重要或紧急事情时，也可写“重要通知”或“紧急通知”，以引起收文者注意；也可以在“通知”前面写上发通知的单位名称，或者写上通知的主要内容。

2. 称呼

称呼在第二行左侧顶格处书写，一般是被通知者的姓名或职称或单位名称。如果是机关内部发文通知机关内人员，或者一些情况下因通知事项简短，内容单一，被通知者明确，也可在书写时略去称呼，直起正文。

3. 正文

正文应当在称呼下方另起一行，空两格书写。正文因通知的性质不同内容也有所不同。会议通知除写清会议时间、地点、参加会议的对象及会议主题外，还要写清对与会者参加会议时的要求。事项性（工作）通知，既要写清所通知事件的具体要求和做法，还要写清楚执行该事项的目的和意义。

4. 落款

落款一般分两行书写，写在正文右下方；第一行署名，第二行写日期。

第四节　语体的特点

通知的行文比较灵活、自由，既没有指示那么抽象、宏观，也没有决定那么严肃、庄重；但它们的法定效力是一样的，都是要收文者贯彻执行的。所以在通知的写作过程中，形式和格式上要具有规范性；在行文过程中，观点要具有严谨性，态度要具有鲜明性。

由于通知种类众多，所以在写作时既可以是事务性语体，也就是重点使用明确的语言来表达出通知中的要求及态度的语体；也可以是政论性语体，也就是表达中多采用社会政治词汇，并对其他各种词汇成分加以协调运用的语体。特别是在告知性通知中，政论性语体使用得较多。

在通知的具体写作中，要根据通知的不同行文对象，恰当地选择合适的语体风格，灵活运用修辞、句式搭配。比如，指示性和事项性通知就要求权威性强，要求下级机关严格遵守和执行；而告知性通知和会议通知就要求语言平易、简洁，使行文对象容易理解。

通知的内容往往长短不一，但是无论长短，都要做到层次分明，条理清晰，使行文对象可以很快地抓住中心和重点，以便掌握通知的主题思想。

第五节　遣词造句技巧

通知的语言重在表达“知”性，阐明有关机关就某些事项作出的安排，要求下级机关或者相关人员知道并执行，因此，它的遣词造句的技巧相对简单。

首先，要用词准确。汉语词汇丰富，特别是同义词和近义词众多，都可表达精确的含义，其词义只有细微的差别，所以在起草和审核通知时，要根据其具体内容，准确地选用词语，使其重点恰如其分地表达出来。

其次，要适当地运用修辞。通知适当运用对偶、对比、排比等修辞方式，既可以使其内容层层展开，层次清晰，结构完整，也可以使其文采斐然，血肉丰满。

第六节　范文解析

范文一

国家发展改革委 国家能源局
关于有序放开发用电计划的通知

发改运行〔2017〕294号

各省、自治区、直辖市发展改革委、经信委（工信委、工信厅）、能源局、物价局，国家能源局各派出能源监管机构，中国电力企业联合会，国家电网公司、中国南方电网有限责任公司，中国华能集团公司、中国大唐集团公司、中国华电集团公司、中国国电集团公司、国家电力投资集团公司、中国长江三峡集团公司、神华集团公司、国家开发投资公司、中国核工业集团公司、中国广核集团有限公司、华润集团有限公司：

为贯彻《中共中央 国务院关于进一步深化电力体制改革的若干意见》（中发[2015]9号）文件精神，落实《国家发展改革委 国家能源局关于印发电力体制改革配套文件的通知》（发改经体[2015]2752号）要求，现就有序放开发用电计划工作有关事项通知如下：

一、加快组织发电企业与购电主体签订发购电协议（合同）。各地要加快推进电力体制改革，逐步扩大市场化交易电量规模，自文件下发之日起，尽快组织发电企业特别是燃煤发电企业与售电企业、用户及电网企业签订三方发购电协议（合同）。签订的发购电协议（合同）由电力交易机构根据相关规定汇总和确认，电力调度机构进行安全校核，燃煤发电企业只要不超过当地省域年度燃煤机组发电小时数最高上限，由电网企业保障执行。各地年度燃煤机组发电小时数的最高上限，综合考虑可再生能源消纳、电网安全、公平竞争和行业健康发展等情况统筹测算，由调度机构商省级政府相关部门确定，并报国家发展改革委和国家能源局备案。

二、逐年减少既有燃煤发电企业计划电量。2017年，在优先支持已实行市场交易电量的基础上，其他煤电机组安排计划电量不高于上年火电计划小时的80%，属于节能环保机组及自行签订发购电协议（合同）超出上年火电计划利用小时数50%的企业，比例可适当上调，但不超过85%。2018年以后计划发电量比例，配合用电量放开进展逐年减小。上年度计划利用小时数不宜作为基数的地区，可由省级政府相关部门根据电力体制改革相关精神适当调整确定基数。可再生能源调峰机组计划电量按照《可再生能源调峰机组优先发电试行办法》（发改运行[2016]1558号）有关要求安排。除优先发电计划外，其他电量均通过市场化交易实现，如因发用电计划放开不同步产生电费结算盈亏，计入本地输配电价平衡账户，可用于政策性交叉补贴、辅助服务费用等。

三、新核准发电机组积极参与市场交易。对中发[2015]9号文颁布实施后核准的煤电机组，原则上不再安排发电计划，不再执行政府定价，投产后一律纳入市场化交易和由市场形成价格，但签约交易电量亦不应超过当地年度燃煤机组发电小时数最高上限。新核准的水电、核电等机组除根据相关政策安排一定优先发电计划外，应积极参与电力市场交易，由市场形成价格。

四、规范和完善市场化交易电量价格调整机制。发电企业与售电企业、用户及电网企业签订市场化发购电协议（合同），鼓励签订中长期合同，并在合同中约定价格调整机制。燃煤发电企业的协议（合同）期限应与电煤中长期合同挂钩，发售电价格建立与电煤价格联动的调整机制，调整周期充分考虑电煤中长期合同的调整周期；有集中竞价的地区鼓励建立价格调整机制，具体调整方法由双方在协议（合同）中明确。煤电以外的市场化电量也应建立价格调整机制，鼓励建立与集中竞价相衔接的调整机制。

五、有序放开跨省跨区送受电计划。跨省跨区送受电逐步过渡到优先发电计划和有序实现直接交易相结合，根据电源规划、电源类别和核准投运时间，分类推进送受电计划改革。

国家规划内的既有大型水电、核电、风电、太阳能发电等清洁能源发电，以及网对网送受清洁能源的地方政府协议，通过优先发电计划予以重点保障。优先发电计划电量不低于上年实际水平或多年平均水平，价格按照《国家发展改革委关于完善跨省跨区电能交易价格形成机制有关问题的通知》（发改价格[2015]962号）有关精神，由送电、受电市场主体双方在自愿平等基础上，在贯彻落实国家能源战略的前提下，按照“风险共担、利益共享”原则协商或通过市场化交易方式确定送受电价格，鼓励通过签订中长期合同的方式予以落实；优先发电计划电量以外部分参加受电地区市场化竞价。

国家规划内的既有煤电机组，鼓励签订中长期协议（合同）。采取点对网或类似点对网专线输电方式送（分）电的，视同受电地区发电机组，参与电力电量平衡，根据受电地区煤电机组发用电计划放开情况同步推进市场化。历史形成统一分配电量的煤电机组，发电计划放开比例为受电地区放开比例的一半。

国家规划内且在中发[2015]9号文颁布实施后核准的清洁能源发电机组，在落实优先发电计划过程中，市场化方式形成价格部分的比例应逐步扩大。

国家规划内且在中发[2015]9号文颁布实施后核准的煤电机组，不再保留现有的电力电量或分电比例，发电计划放开比例为受电地区放开比例的一半。

六、认真制定优先发电计划。各地按照中发[2015]9号文及配套文件精神制定优先发电计划，以落实国家能源战略，确保清洁能源、调峰机组等保障性电源发电需要。省（区、市）内消纳的规划内风电、太阳能发电、核电等机组在保障性收购小时以内的电量，水电兼顾资源等条件、历史均值和综合利用要求的优先发电量，热电联产机组供热期以热定电的发电量，以及调峰调频电量，由省级政府相关部门按照《关于有序放开发用电计划的实施意见》要求，依据国家制定的相关办法，确定为优先发电计划，由电网企业保障执行。优先发电计划可以执行政府定价，也可通过市场化方式形成价格，根据电源特性和供需形势等因素确定比例。落实可再生能源保障性收购政策确实存在困难的地区，商国家发展改革委、国家能源局同意后，研究制定合理的解决措施，确保可再生能源发电保障小时数逐年增加，直至达到国家制定的保障性收购年利用小时数标准。

跨省跨区送受电的优先发电计划在受电地区优先消纳。

七、允许优先发电计划指标有条件市场化转让。属于市场化方式形成价格的优先发电计划，如不能实现签约，指标可市场化转让给其他优先发电机组。优先发电计划指标市场化转让可在本地进行，也可以跨省跨区开展。如指标无法转让，则由电网企业参考本地区同类型机组平均购电价格购买，产生的结算盈余计入本地输配电价平衡账户。对规划以外或不符合国家规定程序的风电、太阳能发电等可再生能源，按规定不允许并网运行。风电、太阳能发电等可再生能源是否符合规划、符合国家规定程序，由地方能源主管部门会同能源局派出机构进行核查。核查确定为违规机组，还要纳入电力行业信用监管黑名单。

八、在保障无议价能力用户正常用电基础上引导其他购电主体参与市场交易。各地要按照中发[2015]9号文及配套文件精神明确优先购电范围，制定优先购电计划，确保无议价能力用户用电需要。优先购电计划执行政府定价，由电网公司予以保障。各地要加快放开无议价能力用户以外的电力用户等购电主体参与市场交易，引导发电侧放开规模与需求侧相匹配。参与直接交易的购电主体，原则上应全部电量参与市场交易，市场化交易的电量，政府相关部门将不再下达用电计划。具备条件的地区可扩大电力用户放开范围，不受电压等级限制。积极培育售电市场主体，售电公司可视同大用户与发电企业开展电力直接交易。中小用户无法参与电力直接交易的，可由售电公司代理参与。新增大工业用户原则上应通过签订电力直接交易协议（合同）保障供电，鼓励其他新增用户参与电力直接交易，签订中长期协议（合同）。要加强对电力用户参与市场意识的培育，大力发展电能服务产业，帮助用户了解用电曲线，提高市场化意识。争取在两年内，初步实现电力直接交易双方发用电曲线实时对应。

九、参与市场交易的电力用户不再执行目录电价。凡是参加电力市场交易的电力用户，均不再执行对应的目录电价。除优先购电、优先发电对应的电量外，发电企业其他上网电量价格主要由用户、售电主体与发电企业通过自主协商、市场竞价等方式确定。电力市场体系比较健全时，全部放开上网电价和公益性电量以外的销售电价。已参加市场交易的用户又退出的，在通过售电公司购电或再次参与市场交易前，由电网企业承担保底供电责任。电网企业与电力用户交易的保底价格在电力用户缴纳输配电价的基础上，按照政府核定的居民电价的1.2—2倍执行。保底价格具体水平由各省（区、市）价格主管部门按照国家确定的上述原则确定。

十、采取切实措施落实优先发电、优先购电制度。2017年起，各地上年末要按照要求，结合电力生产和消费实际，测算本地区本年度优先发电、优先购电保障范围，向国家发展改革委上报本地区本年度优先发电、优先购电计划建议；国家电网公司、南方电网公司按照要求，每年底向国家发展改革委上报次年度跨省跨区送受电优先发电计划建议。国家发展改革委根据上报情况，与有关部门、地方和电力企业协商，确定各地及跨省跨区送受电年度优先发电、优先购电计划，纳入年度基础产业、新兴产业和部分重点领域发展计划，并根据实际供需适当调整。国家发展改革委、国家能源局会同有关部门不断完善优先发电、优先购电管理办法。

国家发展改革委

国家能源局

2017 年 3 月 29 日

点评

范文《国家发展改革委　国家能源局关于有序放开发用电计

划的通知》是一篇标准的指示性通知，其语言表达具体准确。比如，对逐年减少既有燃煤发电企业计划电量有明确的说明，体现了通知的事务语体特征。

范文条理分明，层次清晰。首先，指出今后工作中要有序放开发用电；其次，指出要怎样放开，即要加快组织发电企业与购电主体签订发购电协议（合同），逐年减少既有燃煤发电企业计划电量，加快保障性电源发电建设和加强市场监管等；最后，指出要积极配合、不断调整和完善相关管理办法。

范文采用等级序号的方式来展开内容，层次分明，重点突出；每一层都围绕一个固定的中心来写，使行文对象都能针对自己所面临的具体情况，采取相应的措施。

范文二

关于印发××省气象局气象灾害应急预案的通知

×气发〔××××〕××号

各市气象局，各直属单位，各内设机构：

现将《××省气象局气象灾害应急预案》印发给你们，请遵照执行。××××年××月××日印发的《××省气象部门重大气象灾害预警应急预案》（×气发〔××××〕××号）同时废止。

附件：气象灾害应急预案响应标准

××省气象局

××××年××月××日

点评

范文《关于印发××省气象局气象灾害应急预案的通知》是一篇典型的批示性通知，其最大的特色就是语言简单，内容简约。正文只用一句话就交代清楚了需要行文对象即下级机关执行的文件，没有多余啰唆的话语。但是美中不足的地方在于“印发给你们”中的“你们”一词，流于口语化，削弱了通知的严肃性。如果能把“你们”改为“各相关部门”，就可以使通知更加严肃、完美。

范文三

××省人力资源和社会保障厅关于建立人力资源和社会保障统计分析工作制度的通知

×人社字〔××××〕××号

各设区市人力资源和社会保障局，厅各处室、事业单位：

为了适应人力资源和社会保障事业发展，应对新形势下不断出现的新情况和新问题，加强统计分析能力建设，切实做好统计分析宏观决策的前瞻性和决策性研究，充分发挥统计工作服务决策的作用，特建立统计分析工作制度。

一、指导思想

以社会主义核心价值观为指导，以《统计法》为依据，从深度和广度上，从理论性和实践性上，分析人力资源和社会保障工作情况，提升统计分析的整体能力，为领导决策提供支持服务。

二、主要任务

（一）组建统计分析咨询专家库。以人力资源和社会保障系统相关专家为主，聘请省直有关部门、高等院校、科研所的专家学者，组建统计分析咨询专家组。专家要熟悉人力资源和社会保障政策，有较新的观点和思路，有较强的研究能力、写作水平，能够保证参与统计分析研究工作的时间。

受聘的专家库成员，由人力资源和社会保障厅发给聘书，并签订保密协议，规定双方的权利和义务。统计分析课题择优纳入省人力资源社会保障厅年度课题研究计划，实行项目管理，研究成果采用后，适当支付课题研究费。

（二）确定年度统计分析决策咨询的方向。围绕中心工作，在调查研究的基础上，由统计分析咨询专家组共同研究，提出年度统计分析决策咨询的重点参考专题，经厅领导审定后，向统计分析咨询专家库成员和全省各级人力资源和社会保障系统发布年度统计分析专题，明确年度统计分析决策咨询的重点研究方向。

（三）定期开展统计分析研讨、交流活动。依据统计指标走势、统计数据，对人力资源社会保障事业发展的宏观形势作出研判，对领导关心关注的重点问题进行研讨，对事业发展中的重大问题进行预测展望，提出对策建议，形成人力资源社会保障宏观形势分析报告。

（四）评选优秀统计分析成果。各市、各处室、事业单位要认真做好数据分析工作，所报送的统计分析要有情况反映、问题分析和建议，要对人力资源社会保障事业的发展形势作出恰当的评估和预测。各市每年报送统计分析报告不少于5篇，各机关处室、厅属单位每年报送统计分析报告不少于1篇。每年底由统计咨询专家组对全省报送的统计分析报告进行评选，对优秀成果给予表彰奖励。同时根据报送的成果数量和质量评选出优秀组织单位，给予适当表彰。

（五）发布统计分析决策咨询成果。统计分析决策咨询成果将以《××省人力资源和社会保障统计分析》形式刊载。主要刊载优秀统计分析材料和信息，报送厅领导、各处室、事业单位，发全省各级人力资源和社会保障部门，为各级领导提供决策参考。

三、组织保障

成立统计分析决策咨询工作领导小组，组建统计分析决策咨询专家库。分管厅领导任组长，厅内相关处室、事业单位主要负责人为小组成员，办公室设在厅基金和财务处，由基金和财务处处长兼任办公室主任。构建厅内各处室、事业单位统计分析交流平台，建立统计分析工作机制，将各处室、单位的统计调查和统计分析逐步纳入到统计分析决策咨询体系中。建立统计分析决策咨询奖励制度，争取统计分析决策咨询专项经费，保障统计分析决策咨询工作运转，并对优秀成果进行表彰奖励。

××省人力资源和社会保障厅

××××年××月××日

点评

范文《××省人力资源和社会保障厅关于建立人力资源和社会保障统计分析工作制度的通知》是一篇兼具告知性和事项性的通知，其内涵丰富，结构严谨。

开篇点明建立分析统计工作制度的必要性。接着从指导思想、主要任务和组织保障三个方面论述如何建立工作制度。论述的过程中有繁有简，重点论述主要任务，并采用列项的方式对工作任务进行分块阐述，使行文对象，即下级机关可以有重点地展开工作。开篇的指导思想和篇尾的组织保障都用简约的语言概括说明，使行文对象在工作中可以根据自己的具体情况自由发挥主观能动性，选择适合自己的规章制度。

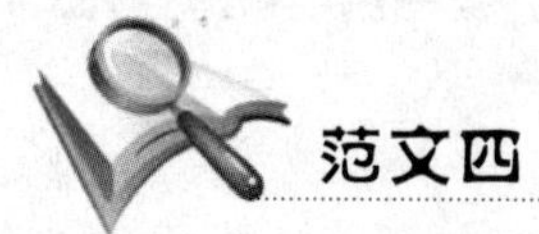

范文四

关于××有限责任公司召开座谈会的通知

为了加强落实公司××××年的销售目标，扩大产品的市场占有率，保证合同履约率维持在较高的水平，提高我公司各部门技术、生产、质量、管理水平，公司定于××××年××月××日（星期×）召开市场开发、经营管理和产品生产、安全管理两个主题的座谈会。具体事宜通知如下：

一、市场开发、经营管理座谈会

（一）与会人员

分部门总经理、市场开发、经营主管。

（二）会议议题

1.市场开发

（1）落实公司下达的市场销售目标，拟定实施措施和保证计划。

（2）××××年市场开发工作的趋势分析和前景预测。

（3）提出关于市场开发工作的建议和经验分享。

（4）现阶段的业务跟踪及开发落实情况。

2.经营和合同履行管理

（1）投标报价的编制，投标方案及投标技巧。

（2）货物合同的起草、谈判及修订。

（3）货物总成本计划、月成本计划的编制、审核及实施。

（4）劳务合同及专业分包合同的核准签订。

（5）采取何种措施保证成本降低×%，利润提高×%的工作目标。

（6）工作过程中洽商、变更及索赔管理。

（7）货款结算的编制、核准、报送、核对、定案。

（8）签订还款协议、保修合同。

（9）合同履约跟踪。

二、产品生产、安全管理座谈会

（一）与会人员

分部门总经理，生产和质量监控员。

（二）会议议题

1. 技术工作的组织实施和管理

（1）生产方案的可行性、针对性及深化细化。

（2）生产方案的彻底贯彻及实施过程中的指导、检查或调整。

2. 落实生产计划的组织、措施

（1）组织人员编订××××年生产计划。

（2）明确分工，实施生产计划。

3. 质量保障方面的推行计划及措施

（1）详细制定质量保障计划。

（2）明确分工，监督产品质量。

三、会议地点和时间

地点：公司总部三层和四层会议室

时间：××××年××月××日10：00—17：00

四、会议要求

1. 两个座谈会于不同会场同时召开，请各部门认真组织相关专业人员参会。

2. 发言内容和参会人员名单形成书面材料，于××月××日（星期×）17：00前交到总部人事部。

3. 联系人：×××电话：××××××××传真：××××××××

××有限责任公司

点评

范文《关于 ×× 有限责任公司召开座谈会的通知》是一篇规范的会议通知，其最大特色在于使用国家规定的格式行文，包含所有会议通知必备的要素。

开篇叙述了会议召开的背景及原因，使行文对象都能清楚会议召开的目的；接着，用“具体事宜通知如下”一句话过渡到对会议的具体安排，话题转换、过渡自然。在正文中，对会议的主要内容，与会人员，会议的时间、地点，座谈会的内容侧重点做了详细的介绍，内容非常全面，使行文对象都能对会议的情况有大致的了解。

范文五

××× 公司关于 2017 年春节放假安排的通知

各部门：

又是一年春节将至时，为使所有员工过上一个祥和、快乐的春节，保证春节放假期间公司进行正常的生产经营，现将春节放假有关事项通知如下：

一、2017 年春节公司放假时间为：1 月 23 日（农历腊月二十六）至 2 月 5 日（正月初九），共 13 天，2 月 6 日正式上班。

二、生产部门的放假事宜请生产部根据实际的生产任务妥善安排。

三、外地员工以及需要特殊照顾的员工需要提前返乡的，应提前办理请假手续，并报送综合管理部备案。

四、各部门应于 1 月 22 日前对各自部门的办公场所、车间、仓库等所有所属地进行一次卫生扫除和安全检查。重点做好防火、防盗工作，落实“三防”措施，保证用电安全（员工在离开岗位前请关闭所有电器的电源），杜绝事故隐患，确保假期内公司公共财产的安全。

五、放假期间各部门应根据部门实际需要安排好本部门人员的轮流值班，值班人员名单请于1月22日前报给综合管理部备案。

×××公司行政部

2017年1月20日

点评

范文《×××公司关于2017年春节放假安排的通知》是一篇关于单位节日安排的事项性通知。范文最大的亮点在于对春节放假期间的事项安排非常具体细致。在第一条中书写放假时间时，不仅使用了公历计时法，还用了农历计时法，充分考虑了行文对象，即公司员工使用历法的习惯，可以表现出公司注重人性化管理的理念。接着对公司各部门在放假期间应该注意的地方做了指导，使通知内容丰富完整。

第七节　经验分享

有很多通知涉及的内容广泛，写作者在炼辞与炼意方面稍有不慎，就会使通知的内容烦冗并且表意不清。所以，在通知的写作中，首先，要明确通知的中心思想，明确其重点是指导下级机关工作，还是知照某些新的政策方针。然后，在锤炼词语方面多下功夫，一方面提高自己的语言丰富度，多读一些公文类文章和文学方面的书籍，增加自己的词汇量；另一方面，在写作中恰当地运用自己所掌握的语言，力求用简约的语言表达丰富复杂的思想内容，提高自己的写作水平。

在通知写就后，写作者还要进行检查，对词语仔细推敲，斟酌删改。虽然有些文章可以一挥而就，但是未必都浑然天成，妙手佳作。即使是李白、杜甫这种天才型文人，他们的诗文也有疏漏之处，更不用说我们一般人写作的通知了。通知不但要求准确、明确、生动、鲜明，还必须简洁、精练。因此，复查通知中的词语使用得是否恰当这一环节，是写作通知的必修课。

俗话说“熟能生巧”，唯有多写多练，才能在写作通知时既表达清楚意思，又显示出高超的写作水平。

第八章

讲话稿

讲话稿有广义和狭义两种。广义的讲话稿泛指人们在特定的场合发表讲话的稿件；狭义的讲话稿一般是指各级领导在会议上发表讲话的文本，具有宣传性、指示性和总结性的特点。

本章讲到的讲话稿属狭义讲话稿的范畴，仅指领导的讲话稿。领导讲话稿有正式和非正式讲话稿两类，前者多与会议相关，如工作会议讲话稿、政治会议讲话稿、纪念会议讲话稿等；后者多在各种活动中发表，如礼仪活动、文体活动等。

第一节　特点

领导讲话稿在内容、篇幅和语言方面都有自己的特点，主要有以下三个方面：

1. 有的而发，内容针对性强

讲话稿通常用在会议、庆典等活动中，内容针对会议或活动的主题而确定，有强烈的针对性。因此，在拟定讲话稿时，首要的就是确定主题、有的放矢，不可随意发散，同时，行文风格也要考虑到讲话者的身份、会议或活动的性质和场合，以及听者的身份、心理需求、接收能力等。

2. 逻辑清楚，语言精练不芜杂

讲话稿是一种公共性演说文体，需要清楚明白地向听众传达讲话者的思想，所以需要非常注重内容的逻辑性和层次的分明，做到言简意赅、深入浅出。

3. 注重时效，篇幅有规定性

除非特殊情况，讲话稿一般有明确的时间要求，需要根据会议或活动的具体时间背景来撰写，注重时效、突出重点，剔除无关的话题和说辞。一般情况下，主要或主管领导人讲话的时间要长一些，次要领导或嘉宾讲话的时间则比较短。

第二节 行文对象

领导讲话稿属下行性公文，一般用于领导传达会议精神和部署工作，行文对象，即听众一般为下级机关或部门的领导和工作人员。

“与贵者言，依于势，与辩者言，依于要。”语言表达要根据对象而定，了解听众的情况是起草讲话稿的基础性工作。根据听众情况确定讲话的内容和讲话的方式，可以增强讲话的针对性和有效性。

讲话稿的作用效果取决于听众的理解接受程度，所以需要事前了解其实际情况，认真分析其身份、文化程度和接受特点，考虑其特定的需求，根据具体情况确定讲话基调。比如，听众职位级别和理论修养素质较高，讲话就要有一定的理论高度和高超的语言水平，措辞可以严肃些；相反，如果听众的素质不是很高，就应该深入浅出地阐明理论或者会议精神，多加一些例证以帮助听众理解。再比如，如果听众涉及多个机关或部门，讲话稿就要内容清晰，严格区分对不同机关或部门的要求。

第三节 格式

讲话稿因为不是正式文件，所以没有固定的写作格式。一般来说，讲话稿大体上分标题、正文和结尾三个部分。

1. **标题**

讲话稿的标题有直接式和复式两种。直接式开宗明义表明讲话的内容（如：关于 ×× 的讲话）或场合（如：在 ×× 的讲话）。复式标题根据讲话内容提炼一个中心思想做主标题，讲话人和场合做副标题（如：继往开来，努力奋斗——××× 在新春团拜会上的讲话）。

2. **正文**

正文分为开头和主体。

（1）开头。

开头部分先对列席的领导人员和在座听众进行礼貌性的问候，然后引出讲话的主题，说明讲话的意图。

（2）主体。

主体部分围绕讲话的中心内容展开论述，论述要做到层次分明，逻辑清楚，重点突出。

3. **结尾**

讲话稿的结尾部分一般是对讲话内容的总体归纳，并对以后的工作提出要求、希望和祝愿。

第四节　语体的特点

讲话稿是在现场讲述，需要把握现场气氛和场合，表述应符合行文对象，即听众的认知习惯和思维模式。讲话稿在传达事实或者思想的同时要有具体的行动指导性，表意要直接，情节简单，前后内容的转换和衔接要明显，平铺直叙，忌用曲笔。

领导讲话稿要具有内在逻辑性，外在结构安排要体现秩序性，内在文字的表达要符合由先到后、由上到下的顺序。讲话稿依照重则详、轻则略的原则来写作，不必面面俱到，注重分析能够说明观点和问题的典型材料，在此基础上摆事实讲道理。

讲话稿不可以死气沉沉，要与演讲词相仿，用语幽默风趣、活泼生动，用令人信服的实例来打动听众。

用语规范严谨是所有讲话稿的共性，在共性要求之下，语言、文风有自己突出的个性是讲话稿获得好评的不二之举。比如，适时地运用一些新的概念、新术语、新词汇可以增加讲话稿的幽默性，带动全场的气氛。

第五节　遣词造句技巧

讲话稿的语言文字重在造势，强调发挥语言的鼓舞性和感召力，体现思想、鼓舞斗志，因此必须注意遣词造句中活用修辞。

首先，讲话是一种靠声音传递感情、要求和希望的表达方式。语言稍纵即逝，因此，讲话稿中需要以通俗易懂的话语来帮助行文对象，即听众在最短的时间内消化理解最多的内容。这就要求在讲话中尽量将书面语口语化，多使用短句，多使用通俗简明的词语，不要为了追求讲话稿华丽使用生僻词语，多使用便于听众理解的双音词。

其次，语言的使用要注意形象化，这也是显示演讲者演讲水平的地方。形象化的语言可以激发听众的想象力，能更加有力地吸引其注意力，从而使讲话深入人心，讲话效果更佳。恰当运用形象化语言是一种语言艺术，可以化深奥为浅显，化枯燥为有趣。使语言形象化的方法很多，比如举例子、打比方、运用拟人和使用格言等。

最后，使用感情色彩浓烈的语句，有助于更生动地表达思想感情，增加讲话的感染力；此外，那些来源于生活的、朴实无华又真实反映实际生活情况的语言一般能引起听众的情感共鸣，很容易感染他们。

第六节　范文解析

范文一

市委常委、副市长 ××× 同志在全市防汛防旱工作会议上的讲话

(2009 年 ×× 月 ×× 日)

今天市委、市政府召开全市防汛防旱工作会议，全市防汛防旱工作会议的主要任务是传达贯彻落实全省防汛防旱工作会议精神，总结我市去年防汛防旱工作情况，研究部署今年的工作任务，分析我市今年防汛防旱形势，部署今年防汛防旱工作任务，动员全市各级、各相关部门和广大群众积极投入到防汛防旱工作中来，提高认识，完善措施，落实责任，通力协作，扎实做好防汛防旱各项工作。为全市保增长、保民生、保稳定大局提供坚强有力的保障，作出更大的贡献。下面，我就做好今年防汛防旱工作提几个方面的意见。

一、要深刻认识防汛防旱工作的现实意义和重要作用

全市各级政府部门、领导干部要集中精神、深化认识、积极主动地应对防汛防旱工作。希望大家在严谨务实、全力以赴的基础上从以下几点继续提高认知，打好防汛防旱这一场硬仗。

第一点，大家要切实认识到防汛防旱工作对我市社会经济建设的重大意义。防汛防旱事关民生，对社会稳定、群众生活有着直接的影响。我市一直以来都在为创建经济强市、文化大市而努力，人民生活幸福与否则是能否成为经济强市、文化大市的首要指标。要全面贯彻十七届三中全会精神，加快社会经济体制改革与发展，努力迈进小康社会，就必须把百姓安危时

刻放在心头，当成第一要务来落实，是任何事发生也不能延搁的民生之本。所以，做好防汛防旱工作，对保障我市加快社会经济改革和发展，促进民生改善有着非凡的重要意义。

第二点，大家要明确防汛防旱工作的紧迫性和危机性，摒弃麻痹心理。当今世界，气候的改变正在以越来越快、越来越极端的方式进行着，灾害频发，给防汛防旱工作带来了极大的挑战。我们必须正视全球气候改变带来的影响，以高昂的斗志、必胜的信心和严谨的心态来保证全市防汛防旱工作的顺利进行。除了世界气候的变化，我们还要正视自身的不足。对短处和错误不避讳、不掩盖，用最踏实的工作作风来完成党和人民交付给我们的事业。首先，我们的技术手段还很落后，监测、预警系统还很不完善，不能很好地掌握汛情、旱情。其次，应急处理系统还不完善，在台风、暴雨等突发性灾害发生时不能采取有力的手段来很好地应对。这些都是我们要重视的不足。大家要严标准、高要求，在困难当中创造条件，全力做好防汛防旱工作。

第三点，我们要以强大的信心应对防汛防旱的紧迫形势。虽然前面我谈到了我们在防汛防旱工作方面的不足，但是这不代表着我们在汛情、旱情面前全无优势。首先，我们的基础建设扎实，近年来市财政不断加大对防汛防旱工作的基础建设投入，使得我们在灾情面前有了稳固的基础。其次，应急指挥系统日趋完善，信息化建设日渐普及，这使得我们的指挥和抗灾能力有了大步的提升。最后，党中央、国务院对水利及防灾工作的重视，为我们的防汛防旱工作提供了有力的政策保障。

二、抓住重点，杜绝疏漏，全方位地落实好防汛抗旱工作的各项任务

我市在开展防汛防旱工作时要注重细节、周密安排，确保每个步骤、每个环节都能够经得起考验、经得住推敲，做好工程检查、修整工作，确保能够在灾害来临时应对得力，阵脚不乱。

要在科学发展观的指导下，坚持“××、××、××”的工作方针，建立起严格的防汛防旱工作体系，提高应对灾害的能力，保护好人民利益。在实际工作中，要注重“安全第一，严谨务实，防灾于前”，全面做好灾害预警、防御工作，为我市社会经济又好又快发展提供切实有力的保障。要达到工作目标，做好以下几个方面的工作非常重要。

第一，要着力做好堤防及河道维护建设工作。各地政府要在汛情来临之前，按照工作目标和防灾要求，全力做好堤防工程的检修和建设工作，保证堤防的顺利使用和效能的正常发挥。各地政府要切实抓紧河道清污工作，保证河道畅通，以便涝时排洪，旱时引灌。要加强灾害应急处置机制，做到灾害应急的科学化、规范化、制度化、日常化、专业化，力争把旱涝灾害带来的损失减少到最低。

第二，要重视水库、闸、站以及城镇的防洪排涝工作。我市要在国家防总专题会议精神的指导下，吸取某些水坝垮塌的沉痛教训，严格执行调度方案，派遣专人负责看守，确保蓄水在汛线以下，第一时间改正错误，加强防洪应急能力。在城镇防洪排涝方面，我市过去有着很多惨痛的教训，也让广大城镇居民承受了很大的不便，所以，我市在今后的防洪排涝工作中要把城镇防洪排涝工作作为一项重点来抓紧落实，要科学统筹城镇防洪排涝体系，高标准、严要求，全面提升城镇防洪排涝工作水平；要落实责任，确保指挥体系通畅，政令落实准确；要加强宣传教育，发动广大城镇居民一起，群策群力，共同为城镇防洪排涝工作贡献力量。

第三，防汛防旱工作要两手抓两手硬，不可偏废。要加强对水源的管理与维护，在确保防洪工作的前提下，动用所有能力增加蓄水量，为抗旱工作提供切实保障。要抓牢主动权，提高监测水平，力争在旱情来临之前就可以采取措施应对。要加强对生态环境的保护，改善水文环境，不可让人祸导致天灾。

防洪防旱工作具有长期性、突发性，我们在从事防汛防旱工作时绝不能麻痹大意，必须时刻谨慎，处处留心，防患于未然，为我市人民的幸福生活，为我市社会经济的又好又快发展贡献自己的力量。

三、全面落实领导责任制，层层监督，确保防汛防旱工作的彻底胜利

防汛防旱工作涉及单位众多，时间久，任务重，工作环节琐碎复杂，必须全面落实领导责任制，谁的工作环节出问题就找谁的责任，不可有一丝一毫的疏忽，各部门要充分发挥职能，保障我市防汛防旱工作能够顺利有序进行，维护人民群众生命财产安全。

第一，要全面落实领导责任制。防汛防旱工作量大，事务繁多，确保指挥系统通畅，指令下达顺利且落实是关键，各地各级领导干部是防汛防旱工作中的关键节点，必须明白自己身上的重担和责任，不疏忽、不逃避，扎实肯干，努力做好防汛防旱工作。如果出现问题，地方负责同志作为第一负责人，要承担法律责任，严重者将受到法律的严惩。各级责任人要亲临一线，做好指挥协调工作，统筹安排抗灾及受灾群众救护工作。

第二，各部门要注重协调，互相配合，确保防汛防旱工作的顺利进行。防汛防旱指挥部要保证对各级各地防汛防旱工作的统筹指挥，及时发现问题并解决问题。各级各地防汛防旱部门要听从指挥，做好本职工作，担起自身职责，与其他部门协调好工作关系，合力面对旱涝灾情。要注重发动群众，广泛开展宣传教育，发动面对旱涝灾害的人民战争。各部门之间要建立完善协商机制，针对特事、急事的应急机制，不可延误抗灾工作。

第三，要严肃工作纪律，确保各司其职。本次会议后，各级领导同志要立即到岗，安排指挥本地的防汛防旱工作。要做到岗不离人，专人负责，及时应对灾情。要做到情报准确及时，

命令落实准确无误，不可贻误战机。要严格执行本次会议的工作要求，落实巡检、调度、组织等工作安排。对于玩忽职守、不负责任的，我们将依据法律严格追究其责任。

各位同志，我市的防汛防旱工作重于泰山，事关人民生命财产安全，影响我市社会经济改革发展局面，社会各界十分关注。我们一定要严格执行市委、市政府下达的工作方针，切实担负起工作责任，为我市防汛防旱工作的全面胜利，为保护我市人民群众的生命财产安全，为我市社会经济的又好又快发展作出最大的贡献！

点评

范文《市委常委、副市长 ××× 同志在全市防汛防旱工作会议上的讲话》是一篇比较规范的讲话稿。

首先，其格式正确，以横向结构安排正文，具体陈述了以后工作中需要注意的几个方面，然后总结各方面工作中的小问题，把工作具体化，最后针对这些问题安排下一年的工作。其次，其外部结构清晰，主体层次分明，用多种分层的方式，层内有层地把工作都具体化了。

范文内容平实，语言朴素，所用理论也通俗易懂，比较适用市级干部对下级工作人员的讲话。

范文二

校长 ××× 在校庆三十周年大会上的讲话

（×××× 年 ×× 月 ×× 日）

尊敬的各位领导、各位来宾、各位校友，老师们、同学们：

今天，我们满怀无比激动和喜悦的心情，迎来了 ×× 学校建校三十周年庆典。在此，我谨代表全院师生员工，向百忙中抽时间光临我校庆典的各位领导、各位来宾、各位校友表示最热烈的欢迎和诚挚的感谢！

三十年时光恍如白驹过隙，弹指一挥。三十年前，凭借我国改革开放的东风，××学校正式成立，拉开了蓬勃发展的序幕。三十年来，我们走过了白手起家的艰苦，战胜了艰苦创业的困难，终于迎来了如今欣欣向荣的崭新发展局面。三十年来，学院始终认真贯彻落实党和国家相关的教育方针，依靠广大教职工的共同努力，从合格技校、省级重点技校，逐步发展壮大成为今天的国家重点、高级技校。

三十年来，我们不懈奋斗，拼搏奋进，在××学校几代同人的共同努力下，我们的办学规模不断扩大，条件不断改善，层次不断提高，成绩稳步上升。目前，我校已初具规模，占地×××余亩，建筑面积×××××平方米，最新的教学、实训、体育场所和生活配套设施建设业已完成，使得我校绿树掩映，花香沁人，布局合理，宜教宜学。在完成基础设施建设的同时，我校积极筹措资金，改善教学硬件设施，以求进一步改善我校实训教学条件，打造现代化的一体化教学模式。（略）

三十年勤耕不辍，硕果丰盈。三十年来，广大教职工为学校的发展建设辛勤耕耘，刻苦钻研，争做理念创新的先行者，技能教育的实践者，用一丝不苟的态度，严谨求实的作风，为学校教学水平的提升、规模的扩大发挥了无可替代的作用。（略）

今天，在这样一个继往开来的日子里，我们衷心感谢各级领导和社会各界朋友——是你们多年来的关心和支持，为我校的发展提供了良好的精神支持和物质环境；衷心感谢学校的历任领导——是你们以远大的目标、执着的精神和卓有成效的工作，为学校的发展打好了基础；衷心感谢曾经在学校工作过的所有教职员工——是你们以无私奉献的敬业精神培养了一代又一代××学校人才，为提高学校的成绩和声誉立下了汗马功劳；

衷心感谢学校的历届校友——你们无论身处何方，从事何种工作，担任何种职务，都以你们的良好素质、过硬技能得到了社会各界的认可与欢迎，为母校赢得了声誉和好评；衷心感谢学校现在的各位教职员工——学校的发展壮大，离不开你们辛勤的耕耘，是你们的辛勤和忠诚推动着学校不断地发展前进；衷心希望在校学生——愿你们牢记“××，××”的校训精神，崇尚“××，××”的良好学风，把握好人生最佳的学习时光，扎实走好人生的每一步，植根学校沃土，茁壮成长，早日成为国之栋梁！

三十年，一段春华与秋实、播种与收获的闪光历史；三十年，一个继往开来、催人奋进的崭新起点。在以后的日子里，我们要继续发扬“××，××，××，××”的××学校精神，围绕我校新定的发展目标，共同努力奋进，谱写新的辉煌。

让我们共同期待银杏繁茂、白果飘香的明天，期待学校更加发展壮大的明天，期待四十年、五十年学校华诞的再次聚首和团圆。

最后，衷心祝愿各位领导、各位来宾、各位校友、老师们和同学身体健康，万事如意！

谢谢大家！

点评

范文《校长×××在校庆三十周年大会上的讲话》是一篇比较生动的讲话稿，内容饱含着真挚的情感，能够感染在座的听众。范文格式虽然比较自由，没有明确的层次，但条理依然清晰，纵向地介绍了学校的发展脉络，非常鼓舞人心。范文也运用了大量排比句，增强了气势。

范文适用于学校、企业、工厂、社团等单位的周年庆典、纪念××事件、纪念×××人等活动上的讲话。

范文三

某总经理在企业举办的国庆节晚会上的讲话

（2010 年 10 月 1 日）

各位领导、各位来宾、同志们：

大家好！

今天，我们欢聚一堂，欢庆中华人民共和国成立 61 周年。回顾我国社会主义现代化建设事业所取得的辉煌成就，为表达 ×× 企业全体员工对我们伟大祖国的良好祝愿特举办此次联欢晚会。我谨代表企业领导班子和企业党委，向来到晚会现场的各位领导、各位来宾以及观众同志们致以节日的问候，向晚会的组织者和全体演职人员表示深深的谢意！

回顾中国现代史，那是一部中华民族备受欺凌压迫，受尽屈辱，但是依然顽强斗争的血泪史。中国人民为反对帝国主义和封建势力的压迫而奋起抗争，艰苦奋斗。先是轰轰烈烈的太平天国运动席卷了长江中下游地区；太平天国起义被中外反动势力联合镇压后，资产阶级改良派又为了中华民族的觉醒而发起了维新改良运动；改良运动失败后，资产阶级革命派又领导了资产阶级革命运动，辛亥革命推翻了中国延续两千多年的封建帝制，但是胜利果实却被反革命派窃取了；最后，中国共产党崛起，开始领导中国的反帝反封建斗争和民族独立运动，并取得了最后的胜利。历史证明：只有马克思主义思想和中国共产党才能使中国走上民族独立、民族复兴的道路。

让我们再一次回顾一下中国共产党的奋斗史。俄国十月革命以后，马克思主义思想开始在中国传播，1919 年五四运动后，我国先进知识分子在各地成立共产主义小组，积极宣传马克思主义思想，并与工人运动相结合。1921 年中国共产党成立，使中国反帝反封建的革命进入了走向胜利的新时期。中国共产党领导中国人民接连进行了国民革命、土地革命、八年抗战和三年解放战争，最终成功驱逐日寇，推翻了国民党的反动统治，完成了反帝反封建、民族解放的事业，最终建立了中华人民共和国。

中华人民共和国成立61年来，中华民族在中国共产党的领导下，医治好了中国的战争创伤，不断领导国民经济恢复与发展，在建设新中国的道路上探索出建设中国特色社会主义的道路。中华民族在中国共产党的领导下，克服了我国建设路上一个又一个的障碍与险阻，切实做到了解放思想，实事求是。改革开放，科学发展——不断提出新的建设目标，使我国在61年间取得了举世瞩目的伟大成就，成功地走出了一条中国特色的社会主义道路。

从孙中山的道路到毛泽东的道路，从毛泽东的道路再到邓小平的道路，中国人民在前进的道路上经历了三次历史性的巨变，中国社会实现了三次历史性的飞跃，终于有了今天繁荣昌盛的景象。从中国百年巨变中我们可以得出这样的结论：只有中国共产党才能领导中国人民取得民族解放、民族独立和社会主义革命的胜利，才能带领中华民族创建中国特色的社会主义道路，才能实现中华民族的伟大复兴、国家富强和人民幸福。

我们企业同样经历了从无到有、从小到大、从弱到强的历程。多年来，在企业领导班子的多项正确决策和企业所有员工的辛勤努力下，把我们公司从年产值几十万元的小加工厂，不断发展壮大成为现在年产值×亿多元、年创利税几千万元业内大型企业。近年来，行业内竞争日益激烈、同行企业不断崛起，但是我们企业却能在市场竞争中站稳脚跟，不断提升企业的业绩，连续多年跻身全国百强企业之列，确属难能可贵。企业现在的成绩凝结着企业内几代人的汗水与心血，承载着千千万万消费者对我们企业的信任与支持。今天，我们重温企业的发展历程，只是希望让大家牢记，企业前进道路上的每一次成功都是企业所有员工齐心协力战胜发展道路上的困难、坎坷的结果，我们要努力保持企业现在良好发展势头，更要加倍地努力工作以回报消费者的信任、回报社会、回报祖国。

国富民强显龙威，彩旗飘扬迎国庆。同志们，让我们衷心地祝愿伟大的祖国更加繁荣富强，祝愿祖国的明天更加美好，祝愿我们企业在安定的祖国得到更好的发展！

最后，预祝今天的晚会能够圆满成功，大家可以在这里度过一个欢乐的夜晚！

谢谢大家！

点评

范文《某总经理在企业举办的国庆节晚会上的讲话》是一篇很精彩的国庆节晚会上的领导讲话稿。

范文中的企业领导使用类比的方式，首先，通过回顾中国走过的艰难路程来引出本企业的艰苦发展历程，使企业发展与国家发展命运相连，以引起行文对象，即企业员工的共鸣，这是一招很高明的讲话方式。其次，在讲话中肯定了广大员工的努力是企业发展的根本动力，也顺带点出企业决策层不可或缺的重要地位。最后，点出企业要回报社会、回报祖国，表明了企业勇于承担社会责任的诚恳态度，更可以激起员工们的爱国热情，增强每一位员工的社会责任感，使这篇讲话稿的境界上升了一个层次。

范文适用于企业领导在企业总结大会、成立周年纪念大会或晚会上的讲话。

第七节　经验分享

“操千曲而知音，观千剑而识器。”写好领导讲话稿，其实没有捷径，多学习，多思考，多请教，唯有长期笔耕不辍，才能最终修成正果。

一篇好的讲话稿是不能只靠冷冰冰的权威性取胜的，而是要把权威性、理论性与平易性相结合。权威是原则的把握，平易是近人收心的必要。一味地炫耀身份，居高临下发号施令或堆砌理论、名词只会拉大讲话者与听众的距离，无法与他们产生情感上的共鸣。讲话稿要把部署工作任务渗透到自然亲切的语言当中才能达到良好的号召效果。

讲话稿要把握好度，一方面坚持原则保持语言平稳扎实；另一方面可以适当插入风趣的词语，不仅能增强讲话者的个人魅力，还能使讲话丰富多彩，使会议现场气氛热烈。

讲话都发生在一个开放的会场或者活动场，在讲话过程中各种情况都有可能出现，这就需要讲话人有很强的应变能力和灵活性。如果可以在现场和听众辩论也会取得意想不到的效果。

第二编 一般行政性公文

写作要领

行政公文是国家行政机关制发的公务文书的简称，是行政机关在治理社会、管理国家的公务实践中使用的、具有法定权威和规范格式的文书，是行政机关依法行政和进行公务活动的工具。比如用于对重大行动和重要事项作出工作安排等的决定，对上级机关进行工作汇报的请示、报告，在工作中带指示性质的公告、议案、通告、公报、会议纪要，都属于行政性公文。

一、特点

行政公文是特殊的规范化公文，具有其特定的权威性、法定的制作权限和确定的读者、特定的行文格式。它主要具有以下三个特点：

1. 公文的制发者是法定作者

依法成立并能以自己的名义行使职权和担负义务的机关或组织是行政公文的法定制发者。一些特殊情况下，行政机关领导人也可以个人名义制发公文，但其所行使的仍然是单位职权，不属于处理私人事务的性质。《中华人民共和国刑法》第280条明确规定："伪造、变造、买卖或者盗窃、抢夺、毁灭国家机关的公文、证件、印章的，处三年以下有期徒刑、拘役、管制或者剥夺政治权利，并处罚金；情节严重的，处三年以上十年以下有期徒刑，并处罚金。”这表明行政公文的作者有严格的法定性，对于伪造公文的人是要依法治罪的。

2. 公文的制发具有严格的程序性

我国行政公文一律按照2012年4月16日中共中央办公厅、国务院办公厅印发的《党政机关公文处理工作条例》（简称《条例》）和《党政机关公文格式》）（简称《格式》）来写作和办理，在撰写和制发过程中要受《条例》和《格式》规定的处理程序的严格制约。公文的草拟、审核、签发、复核、缮印、用印、登记、分发等环节之间的先后次序是固定的，不能随意颠倒或错乱。

3. 公文具有权威性和约束性

行政公文是行政机关或组织在行使职能的活动中形成的，是职能活动的直接产物，直接代表制发机关的形象，传达制发机关的决策意图，体现制发机关的权力意志，所以具有极强的权威性和约束性。但需要注意的是，行政公文的权威性和约束性是受时空条件限制的，其法定效力也是具有时效性的，任何行政公文都不是永远有效的。

二、结构

行政公文的结构要求结构完整，层次分明。

首先，写作行政公文要做到结构完整。行文中结构上注意开头结尾的呼应契合，正文内容的过渡照应合理；内容上有详有略，主次分明。开头要迅速切入主题，点名制发公文的原因或者目的；公文的过渡不需要多么圆滑美观，做到过渡明确，能让收文机关明白即可；结尾要能收束全文。在公文内容上，要有记叙、有说明、有议论，使用多种方式来突出中心思想、陈述依据和阐述要求，使其观点明确，有理有据，内容充实。

其次，写作行政公文要做到层次分明。一方面要合理地安排段落，段落之间的内容不能相互包含，纠缠不清；在段内最好不要使用“三段论”结构和“一句一段”的结构，这样容易使公文没有整体感，显得支离破碎。另一方面正文段落之间的逻辑规律要合理，段落之间有明显的先后顺序或者轻重侧重等逻辑关系；段落的安排还要与公文开头遥相呼应，增加其逻辑严谨感。

结构作为公文的骨架，包括的内容要全面，在安排内容上又要有轻有重，有繁有简，使收文机关在看到公文后就能很快地理解工作中应该侧重哪些方面的工作；哪些工作需要尽快完成，哪些工作可以推迟实施；什么工作该怎样着手进行布置等。

三、撰写要求

行政公文作为特殊的文种，有国家规定的写作标准，因此，在其写作过程中最重要的是做到公文合法、规范、简约和一文一事。

第一，合法指公文在制发过程中无论是写作格式、发布机关、收文机关，还是公文包含的内容都必须与我国现行法律法规、规章制度和方针政策相符合。

第二，规范指行文过程中，公文的每一部分都必须符合《条例》和《格式》的规定，无论是页眉页脚、发文字号，还是正文结构都必须按照《条例》和《格式》的规定书写，不能自由发挥，搞创新。

第三，简约主要是指内容的写作方面。文体风格要简明扼要，做到文辞简洁洗练，辞少意多，使公文精练有力。简约不是简单，而是文辞在经过去粗取精、恰当取舍后形成的精约简省，达到文短意丰的效果。

第四，一文一事，指公文中涉及具体事项或者问题时，应当一篇公文只针对一个事项或者问题展开叙述，不能在一篇公文中同时阐述几个事项或者问题。

四、写作经验

行政公文写作的要求很高，尤其是要求公文撰写者具备实践工作的基础，理解工作中的微妙关节，而且要求公文撰写者具有良好的语言文字功底。行政公文的语言风格总体要求包括庄重、平实、概括三方面，因此，公文撰写者要在平时多写、多练习才能把握此类公文的风格。

公文语言功夫的核心是选词，在选词过程中要做到：第一，根据公文所反映的客观实际需要选词；第二，所选用的词语符合明晰、确切、简练的标准；第三，根据具体的语言环境，在为避免上下文重复而选择使用同意异形词的时候，注意考虑行文对象的知识文化水平和理解认知能力，不要使用过于生僻、晦涩的词语；第四，多用书面语，少用形象和描绘性词语和口语，不用方言土语，做到用语规范。

制发行政公文要做到确有必要，注重实际效用。公文的行文对象根据隶属关系和职权范围来确定。

在行文规则方面，在同级政府机关、同级政府机关各部门、上级政府机关各部门与下一级政府机关各部门之间可以联合行文；政府机关与同级党委和军队机关之间也可以联合行文；政府机关部门与相应的党组织和军队机关也可以联合行文；政府机关部门与同级人民团体和具有行政职能的事业单位也可以联合行文。因此，在写作中要明确自己所作公文是否属于联合行文，如果属于联合行文，那么是属于哪种类型的联合行文，以便恰当地选用语言和《条例》规则。

行政公文的写作格式、规则，因为有《条例》明确规定，所以不用花费过多的精力去思考，只要套用格式即可。写作过程中最难的就是行文中怎样正确地使用语言、结构。这就需要撰写者多练多看，增加自己的写作经验，不断提高行政公文写作能力。

第九章

请示

请示是下级机关请求上级机关对某项工作作出指示，对某项政策界限给予明确，对某事予以审核批准时使用的一种请求性公文。根据请示的行文目的和适用范围来划分，请示可以分为指示性请示和批准性请示两种。

指示性请示，主要用于下级机关在涉及政策、认识的问题上向上级机关进行请示。如对上级机关有关方针、政策、指示或法规中不够明确的地方，或者对其存在着不同理解；再比如在工作中遇到了新情况、新问题需要处理而现行法律法规和规章制度中又没有相关的规定，需要上级机关的指导。下级机关在面对诸如此类的政策、认识的问题时，都需要请示上级机关作出明确指示，以便继续开展工作。比如《××省人民政府法制办公室关于2015年征地、2016年发生的补偿标准争议能否适用裁决程序的请示》即属于一篇指示性请示公文。

批准性请示，又包含请求批准的请示和请求转批的请示。请求批准的请示是下级机关为了解决某些实际困难和具体问题，针对某些具体事宜向上级机关请求批准的请示。请求批转的请示是下级机关就某一涉及面广的事项提出处理意见和办法，需各有关方面协同办理，但按照规定又不能指令平级机关或不相隶属部门协同办理，需上级机关审定这些意见和办法后批转其他部门共同执行时，向上级机关发出的请示。下级机关由于权限能力的限制，对于有些事项是无权自行处理的，比如在人事权、机构设置、重大决策和安排等方面，或者在工作中遇到人力、物力、财力等方面的困难，需请求上级机关批准或者予以帮助、支持的时候，都需要采用制发请示的方式来解决问题。比如《关于在国家版图意识教育宣传画上使用国徽、国旗图案的请示》即属于一篇批准性请示。

第一节　特点

请示是下级机关向上级机关请求指示、批准的公文，主要具有以下四个特点：

1. 祈请性

请示是下级机关向上级机关请求指示和批准的公文，内容和行文语气、态度上都有祈请性。

2. 呈批性

请示的行文目的是请求上级批准请示事项，以便解决某个具体问题；或者要求上级机关就相关事项作出明确答复。上级机关对于呈报的请示事项，无论同意与否，都必须给予明确的“批复”回文，作出答复。

3. 时效性

请示行文具有时效性，内容必须是针对本单位当前工作中出现的情况和问题，为及时解决问题而行文，上级机关作出答复之后及时付诸实施。

4. 单一性

请示事项具有单一性，一文一事。一般只有一个收文机关，如果需要同时呈送其他上级机关，也只能用抄送形式。

第二节　行文对象

请示是下级机关向上级机关请求决断、指示或批准事项所使用的呈批性公文，属于上行文。因此请示的行文对象是具有直属关系或者领导关系的上级机关，而且请示必须是机关对机关的行文，除了上级机关负责人直接交办的事项外，不能以本机关的名义向上级机关负责人报送请示。另外，有些请示需要同时送达其他机关（也必须是上级机关，不能是下级机关）的，应当使用抄送的形式。

针对不同的行文对象，在请示的行文过程中，首先，要根据请示是送达到哪个或者哪几个机关来相应地变化请示开头的称呼，以符合行文对象的身份。其次，要保证请示语言的准确性。由于请示的内容涉及新出现的情况、事项或者下级机关不明白的方针政策，需要使用准确的语言向上级机关作出说明，以便其查明真实情况，作出答复。

第三节　格式

请示的格式在《条例》中有明确的规定，它包括首部、正文和尾部三个部分。

1. 首部

首部包括标题和主送机关两个部分。

（1）标题。

请示的标题一般有两种写作方式：一种是由发文机关名称+事由+文种构成，如《××市中国共产党委员会关于××的请示》等；另一种是由事由+文种构成，如《关于展开××工作的请示》等。

（2）主送机关。

请示的主送机关指负责受理和答复该请示文件的机关。每份请示文件只能写一个主送机关，不能多方请示。需要送达其他机关的，采用抄送形式。

2. **正文**

正文一般包括开头、主体和结语三个部分。

（1）开头。

开头主要交代请示的缘由，这是请示事项能否成立的前提条件，也是上级机关批复的依据。原因要写得客观、具体，理由要写得充分、合理，这样上级机关才能及时决断，予以有针对性的批复。

（2）主体。

主体主要说明请求事项，这是向上级机关提出的具体请求，也是陈述缘由的目的。这部分内容力求单一，只能请求一件事。此外请示事项要写得具体、明确、条理清晰，以便上级机关给予明确批复。

（3）结语。

结语应另起一段，习惯用语一般有“当否，请批示”；“妥否，请批复”；“以上请示，请予审批”；“以上请示如无不妥，请批转各地区、各部门研究执行”等，可根据具体请示内容自定使用其中一种。

3. **尾部**

尾部一般就是落款，包括署名和成文时间两个项目。署名就是写明发文机关，标题已经写明发文机关的，落款处可不再署名，但需加盖单位公章；成文时间的数字要用汉字标注。

第四节　语体的特点

请示是下级机关送往上级机关请求批复的文件，语体上要注意突出请示性、程式化、简约和明确的特点。

无论是指示性请示还是批准性请示，虽然是下级机关就某些事项请求上级机关的批示，但是在行文中语气要平实、恳切，做到不卑不亢；切忌客套、低声下气，更不能语气生硬。这样才能引起上级机关的足够重视。

在长期的公文写作实践中，请示已经形成了相对固定的框架结构，无论是标题用语、文首用语还是结束用语都带有模式化的色彩。因此，实际写作中要十分注意恰当地使用这些语言。

请示往往是就如何解决新情况、新问题或者上级文件中下级机关不清楚的地方发文请示上级机关作出指示，因此，在行文中特别要注意用语明确、简约。清楚明白地指出新问题、新情况是怎样发生的，现在状况如何，请示的目的是什么；简单扼要地指出上级文件中不清楚的地方在哪里，有什么疑问。这些都能让上级机关抓住请示的重点，便于及时作出批复。

第五节　遣词造句技巧

请示语言重在清楚明白地表明请示事项，表达请求指示的态度。因此，在遣词造句方面重在构建请示的语气和清晰的请示目的。

在开头，重点使用表达行文目的、依据或者原因的词语，比如“为了”“关于”“由于”“对于”之类的词语，明确表达目的。特别是在请求物资帮助的请示中，对于请求数额要有理有据，比如“请求省政府每年解决我市小型水利建设补助资金×××万元”这样的句子，能使上级一目了然地明白所请求的事项。在文中涉及需要上级机关予以回复的地方，使用“请求回复”等词语，可以使上级机关尽快作出工作安排。不要在文中使用生僻字和不常用的词语，以保证内容通俗易懂。

在句子的使用上，要多使用短句；切忌使用结构不完整、表达不清楚的长句。请示是讲求时效性的公文，所以文辞不能过于繁冗，力求简洁明了，使上级机关以最快的速度掌握请示的事项。

第六节　范文解析

范文一

关于召开中国共产主义青年团 ×× 区第 × 次代表大会的请示

共青团 ×× 市 ×× 区委员会：

共青团 ×× 区第 ×× 届委员会自 ×××× 年 ×× 月选举产生至 ×××× 年 ×× 月任期已满 ×× 年，根据《中国共产主义青年团章程》的规定，经区团委委员会议讨论，拟定于今年五月上旬召开共青团 ×× 区第 × 次代表大会。有关事项请示如下：

一、大会时间

×××× 年 ×× 月 ×× 日 8:00—18:00

二、大会地点

×× 区 ×× 礼堂

三、大会主要内容

1. 听取和审议共青团 ×× 市 ×× 区委员会工作报告。

2. 选举产生共青团 ×× 市 ×× 区第 × 届委员会。

3. 选举产生出席共青团 ×× 市 ×× 区第 × 次代表大会的代表。

四、代表名额和分配原则

根据《中国共产主义青年团地方各级代表大会组织选举规则（暂行）》和《中国共产主义青年团章程》的有关规定，结合 ×× 区的实际情况，拟定正式代表 ×× 名。

代表的分配原则是以各基层团组织的团员总数为基础，以代表总名额与团员总数之比为测算基数，考虑各区内团员分布不平衡的状况，在分配上合理调整各区团员数量；其中，团干部不超过代表总额的 ×%，党员不超过 ×%，女代表不少于代表总额的 ×%。

另外，大会设列席代表 ×× 名，根据工作需要确定部分特邀代表。

五、代表的条件

1. 拥护和支持党的基本路线和方针政策，遵纪守法，思想作风正派，政治素养高。

2. 热爱本职工作，有强烈的事业心和责任感，奋发进取，在精神文明建设中作出过突出贡献。

3. 受到广大团员青年拥护和信任、具有选举权的共青团员，或在团内担任职务的共产党员。

六、代表产生的办法

根据《中国共产主义青年团地方各级代表大会组织选举规则（暂行）》，按照民主集中制原则，在充分发扬民主的基础上，各基层单位根据名额分配，研究制定出本单位代表分配意见，召开团员大会或团员代表大会，选举出共青团 ×× 区第 × 次代表大会代表，经单位党组织同意后，报区代会代表资格审查委员会审核。

七、委员的组成和产生办法

共青团 ×× 区第 ×× 届委员会委员必须具有较高的政治素养，具有强烈的事业心和创新意识，有一定的组织、协调、活动能力。根据区团委代表数量情况，拟设委员 ×× 人，其中党员比例不少于 ×%，女同志比例不少于 ×%。

区第 × 届委员会委员候选人预备人选，由区团委 ×× 届委员会广泛征求所属团组织和团员的意见，酝酿推荐产生。在报区党委和区团委同意后，提请大会主席团确认，提交各代表团（小组）讨论研究，大会主席团根据讨论研究情况确定候选人名单，提交代表大会选举。选举将采取无记名差额选举的方式（差额率为 ×%）。

以上请示，如无不当，请批复。

共青团 ×× 市 ×× 区委员会

×××× 年 ×× 月 ×× 日

点评

范文《关于召开中国共产主义青年团 ×× 区第 × 次代表大会的请示》是一篇批准性请示。范文严格按照请示的格式行文，在正文中清楚明白地陈述了请示的内容，把会议时间，地点，主要内容，代表的分配名额、条件、产生办法和委员的组成都做了具体的阐述，使上级机关可以对所请示的会议有一个清楚的掌握。

范文条理清晰，每一个事项下面又分出来若干小层次，显得层次分明，轻重有度，很好地体现了撰写者的公文写作能力。结尾“以上请示，如无不当，请批复”的请求简单有力，不卑不亢。

范文二

×× 省 ××500 千伏输变电工程项目的请示

国电发〔××××〕×× 号

国家发展与改革委员会：

为满足 ×× 地区用电的需求，加强 ×× 电网结构，×××× 年开工 500 千伏 ×× 输变电工程是必要的。

工程的建设规模为：

1. 新建 ××500 千伏变电站，安装 2 组 100 万千伏安主变，建设 500 千伏出线间隔 4 个。

2. 500 千伏 ×× 变电站扩建 500 千伏出线间隔 2 个。

3. 新建 ××—××1、2 回 500 千伏线路 2×99 千米，按同塔双回架设，导线截面采用 4×630 平方毫米。

4. 建设相应的无功补偿装置和二次系统工程。

本工程系统方案合理，导线截面选择合理，无功装置配置合理，可优化全电网电能损耗。线路采用钢芯铝绞线，优化了导线结构、分裂根数和分裂间距；地线采用分段绝缘，切实消除了地线上的电能损耗；采用铝合金线夹等节能金具，有效地降低了金具的电磁能量损耗。本工程主变压器、站用变压器均选用了低损耗设备，站内主要建筑平面布置、墙体和窗体保温、建筑物采暖均按照节能要求设计。经中国电力工程顾问集团公司评审，本工程符合国家产业政策，满足节能要求。

本工程静态投资为 ×× 亿元，其中工程本体投资 × 亿元，场地征用及清理费用 × 亿元，动态投资为 × 亿元。×× 省电力公司作为项目法人，以自有资金出资 ×× 亿元，其余 × 亿元由中国 ×× 银行贷款解决，已取得贷款承诺。×× 省电力公司负责工程的建设、经营和贷款偿还。

以上请示当否，请批示。

国家电网公司

×××× 年 ×× 月 ×× 日

点评

范文《×× 省 ××500 千伏输变电工程项目的请示》是一篇典型的指示性请示。范文语言准确简洁，态度诚恳，提出的请示目的明确、事项清楚，并对事项的可操作性做了说明，有利于作为上级机关的国家发展与改革委员会明白请求的事项并作出批复。

范文三

×× 有限责任公司工会关于增加活动经费的请示

×× 有限责任公司董事会：

为丰富我公司职工的业余生活，促进公司的精神文明建设，我工会拟组织职工于下周游香山，本次活动预计花费 ××× 元。因工会近来活动频繁、经费紧张，特申请补助经费 ××× 元。

以上请示，如无不妥，请批准。

×× 有限责任公司工会

×××× 年 ×× 月 ×× 日

点评

范文《×× 有限责任公司工会关于增加活动经费的请示》是一篇申请经费时常用的请示。范文最主要的是做到将申请原因、用途和数额都写清楚明白，没有过多的铺垫和赘余的陈述。

第七节　经验分享

请示和其他的行政公文一样，有自己特殊的功能和意义，特别是在今天的中国，随着经济全球化和网络技术迅速发展，在行政过程中会遇到许多从来不曾遇到的新情况、新问题，社会工作过程中也面对更多政策明确规定以外的情况。在实际工作中，下级单位遇到超出自己部门职权以外的事务，需要上级批准；或涉及多个部门和地区的事情，需要上级协调的情形变得日益频繁。这使得请示公文的写作与运用，得到了更多的认可与重视。

首先，在请示写作中应该注意，不要因为追求个性化而使其失去规范性。在新媒介容易得到人们认同的情况下，任何写作都开始都趋于个性化，而个性化正是请示写作的大忌。规范性写作能删减公文内容中的细枝末节，使收文机关将注意力集中到公文的核心部分。所以规范而格式化的公文内容与形式，是不能轻易改变的，否则可能会影响公务处理的速度。另外，写作者往往由于追求语言个性化和新颖性而赘文累辞，使得请示变得繁冗、艰涩，难以让行文对象，即上级机关明白请示内容。

其次，在请示写作中，不要为了体现主观认识而忽略客观表述。所有的公文都是由特定的人写就的，请示也不例外，所以行文中必然有一些写作者的主观认识夹杂其中。但是，请示最重要的任务之一就是把问题、情况和看法叙述清楚，使上级机关可以客观地掌握新的情况，作出决策。因此，写作中保持请示内容的客观性就显得尤为重要。

第十章

报告

报告是下级机关向上级机关反映情况、汇报工作、答复上级机关询问时使用的公文文种。在实际情况中，报告可以做多种分类：根据报告的时间期限不同，可分为定期报告和不定期报告；根据报告性质的不同，可分为综合性报告和专题性报告。综合性报告是综合反映某一特定时间段内全局工作状况、经验教训和未来趋势的报告；专题性报告是专门就某一问题、情况等向上级机关所做的报告。

根据报告行文目的不同，可分为呈报性报告和呈转性报告。呈报性报告是汇报性报告，其行文目的在于让上级机关了解情况。呈转性报告是建议性报告，其行文目的不仅仅在于让上级机关了解有关情况，还希望上级机关将其建议或要求批转给各有关单位贯彻执行。

根据报告内容和适用范围的不同，可以分为工作报告、情况报告和答复报告。这种分类是在实际中最为人们熟知的报告分类。工作报告是下级机关向上级机关汇报一定时期内全局工作或专项工作的报告；从报告性质来看，工作报告往往侧重于常规性工作的汇报。情况报告主要用于汇报下级机关所发生的重大紧急情况，如重大事故、严重灾害、各种重大突发性事件、社会上出现的新倾向等情况，以便上级机关准确、及时掌握事态发展动向，作出正确的处理。所以，情况报告往往侧重于突发性重大情况的报告。答复报告是答复上级机关询问的报告，是一种被动行文的报告。

在此需要说明的是，有些专业部门使用的报告文书，如“调查报告”“审计报告”“咨询报告”“立案报告”“评估报告”等，虽然带有“报告”二字，但其概念、性质和写作要求与行政公文中的报告是有区别的，不属于行政公文范畴，不能与行政报告混淆。

第一节　特点

报告用于向上级机关汇报工作，反映情况，答复上级机关询问。它的主要特点就是客观性、政策性和陈述性。

1. 客观性

报告中汇报的工作，是下级机关一段时间内的全局或某项工作的回顾或总结。报告所反映的情况，只能是下级机关在实际工作中所碰到的情况或问题。答复上级机关询问的报告，也只能依据下级机关实际了解的情况和实践情况进行答复。报告的内容须真实，符合客观实际，不能弄虚作假。

2. 政策性

报告中要反映出下级机关在实际工作中对国家方针政策的认识与落实情况，描述在工作实践中为落实国家政策都进行哪些方面的努力，并且报告取得的成果。

3. 陈述性

报告的表达方式必须是概括陈述式的，也就是以叙述和说明为主，而且叙述和说明必须是概括性的，只要求做粗线条的勾勒，而不要求详述事件或工作的过程，更不要求铺排大量的细节。

第二节 行文对象

在行文关系上，报告属于上行文，是下级机关对上级机关进行报告。其行文对象就是下级机关所对应的上级机关。

因为报告的主要功能是汇报工作、反映情况，或者答复询问，所以多运用叙述的手法来叙述工作事实、说明情况，以便上级机关及时、准确地了解下情。又因为报告的种类繁多，性质不同，篇幅一般较长，在撰写报告时，要求下级机关根据报告的性质、目的的不同，有侧重地安排报告内容，使上级机关能够很快地抓住报告重点，理清报告的目的。

报告的行文对象是上级机关，而上级机关往往不能完全掌握下级机关工作实践中的全局，因此，报告行文中力求对工作的各方面的汇报内容全面、重点突出。

第三节 格式

报告主要包括标题、正文和落款三个部分。

1. 标题

报告的标题有两种常见形式：一种是由发文机关 + 事由 + 文种三个部分构成，比如《××供电局年中工作总结》等；另一种是由事由 + 文种两个部分构成，比如《答复×××事项询问的报告》等。

2. 正文

报告的正文一般由开头、主体和结语三个部分构成。

（1）开头。

开头主要交代报告的缘由，概括说明报告的目的、意义或根据，然后用“现将××情况报告如下”的过渡方式转入下文。

（2）主体。

主体是报告的核心部分，用来说明报告的具体事项。它一般包括两部分内容：一是工作情况及问题；二是进一步开展工作的意见。不同类型的报告中，正文中报告事项的内容有不同的侧重。比如：建议报告的重点放在建议的内容上，也可以采用标序列述的方法；工作报告在总结情况的基础上，重点提出下一步工作安排意见，一般使用序号、小标题区分层次；答复报告则根据真实、全面的情况，按照上级机关的询问和要求回答问题，陈述理由；递送报告只需要写清楚报送的材料（文件、物件）的名称、数量即可。

（3）结语。

根据报告种类的不同，报告结语一般都有不同的程式化用语，一般在主体下方另起一段来写。建议报告常用“以上报告，如无不妥，请批转 ×× 执行”；工作报告和情况报告的结束语常用“特此报告”；答复报告多用“专此报告”；递送报告则用“请审阅”“请收阅”等。

3. 落款

一般情况下，要求在正文右下方署上机关单位或主要负责人姓名，并于其下写清楚年、月、日，加盖单位公章或主要负责人印章。如果标题中有发文机关名称，这里可以不再署名。

第四节　语体的特点

报告的语体特点主要是表现书面语体特征的汇报性、陈述性、严谨性等，但有的报告是有关机关领导人在某些会议上作出的以政论性为主的讲话文稿，因而又具有表达口语语体特征的通俗性、形象性、简洁性等。换句话说，报告的语体特征是兼具书面语体和口语语体、应用语体和政论语体等多重风格语体特征的。

首先，语体准确规范，具有严谨性，又富有鲜明的时代气息。报告是对过去工作的总结叙述，所以要写得十分明确，句词稳妥，让行文对象，即上级机关不折不扣地了解下级机关说的是什么。由于报告中又多是政论性语言，因此要体现出当下时代的特色，符合国家的大政方针和政策。

其次，报告的结构要精巧，布局要独特。特别是工作报告，头绪繁多，内容庞杂，既要总结过去一段时间内的工作得失，又要部署接下来的工作计划，而且工作中可能涉及的方方面面的事项都不可或缺。这就要求报告结构精巧、详略得当、布局独特；既要表达全面，又要适可而止，不能就某一方面的工作无休止地长篇大论；既要体现宏观的总体部署，又要体现微观的具体措施。

第五节　遣词造句技巧

报告作为详细向上级机关汇报工作情况或者答复询问的文种，在词语运用上要求准确、明白、形象、有表现力，同时又要简洁。

写作报告时选用词语讲究分寸恰当。“监督”与“监管”、“查处”与“惩治”“整治”与“整顿”“加强”与“强化”等都是利用同义关系的词语中细微的区别来准确规范地表达不同的含义的。如“监督”是指察看并督促，而“监管”指监督并加以管理；“加强”是指使之更坚强或更有效，“强化”则是指使之更坚持巩固；“整顿”仅指使紊乱的变为整齐，使无序的成为有序，而“整治”则是指整顿并加以管束，使之规范化。上述几组动词，或语意轻重不同，或所指范围各异，但如能在报告中恰当使用它们，却可以恰如其分、各得其所、无懈可击地表达不同的意思。报告中对诸如此类词语的准确选用，不仅可以避免简单重复地用词,而且可以使语言表达富有变化,层次鲜明。

在报告中使用语言成分共用的表达方式，减缩规范化的词语也很重要。如“有步骤地退耕还林、还草、还湖”中，成分共用的则有“有步骤地”和“退耕”两个词语；“过度开垦、围垦”中“过度”一词为共用成分,既修饰“开垦”，又限制“围垦”。这种成分共用的表达方式不仅可以大大增强语言的表现力，而且可以使语言表达更趋简洁精练。报告中还经常使用插说成分句，可以增强语言表达的准确性和明确性。

报告在句式安排上需要灵活多变，错落有致。从句类的角度看，报告主要使用陈述句和祈使句。从句型的角度看，报告应以使用单句为主，少用复句特别是多重复句；在单句的使用上，又以省略相同主语的无主句居多，完整句偏少。

第六节　范文解析

范文一

政府工作报告

——2017 年 3 月 5 日

在第十二届全国人民代表大会第五次会议上

各位代表：

现在，我代表国务院，向大会报告政府工作，请予审议，并请全国政协各位委员提出意见。

一、2016 年工作回顾

过去一年，我国发展面临国内外诸多矛盾叠加、风险隐患交汇的严峻挑战。在以习近平同志为核心的党中央坚强领导下，全国各族人民迎难而上，砥砺前行，推动经济社会持续健康发展。党的十八届六中全会正式明确习近平总书记的核心地位，体现了党和人民的根本利益，对保证党和国家兴旺发达、长治久安，具有十分重大而深远的意义。各地区、各部门不断增强政治意识、大局意识、核心意识、看齐意识，推动全面建成小康社会取得新的重要进展，全面深化改革迈出重大步伐，全面依法治国深入实施，全面从严治党纵深推进，全年经济社会发展主要目标任务圆满完成，“十三五”实现了良好开局。

—经济运行缓中趋稳、稳中向好。（略）

—就业增长超出预期。（略）

—改革开放深入推进。（略）

—经济结构加快调整。（略）

—发展新动能不断增强。（略）

—基础设施支撑能力持续提升。（略）

—人民生活继续改善。（略）

回顾过去一年，走过的路很不寻常。我们面对的是世界经济和贸易增速七年来最低、国际金融市场波动加剧、地区和全球性挑战突发多发的外部环境，面对的是国内结构性问题突出、风险隐患显现、经济下行压力加大的多重困难，面对的是改革进入攻坚期、利益关系深刻调整、影响社会稳定因素增多的复杂局面。在这种情况下，经济能够稳住很不容易，出现诸多向好变化更为难得。这再次表明，中国人民有勇气、有智慧、有能力战胜任何艰难险阻，中国经济有潜力、有韧性、有优势，中国的发展前景一定会更好。

一年来，我们主要做了以下工作。

一是继续创新和加强宏观调控，经济运行保持在合理区间。（略）

二是着力抓好“三去一降一补”，供给结构有所改善。（略）

三是大力深化改革开放，发展活力进一步增强。（略）

四是强化创新引领，新动能快速成长。（略）

五是促进区域城乡协调发展，新的增长极增长带加快形成。（略）

六是加强生态文明建设，绿色发展取得新进展。（略）

七是注重保障和改善民生，人民群众获得感增强。（略）

八是推进政府建设和治理创新，社会保持和谐稳定。（略）

过去一年，中国特色大国外交卓有成效。习近平主席等国家领导人出访多国，出席亚太经合组织领导人非正式会议、上海合作组织峰会、金砖国家领导人会晤、核安全峰会、联大系列高级别会议、亚欧首脑会议、东亚合作领导人系列会议等重大活动。成功举办澜沧江－湄公河合作首次领导人会议。同主要大国协调合作得到加强，同周边国家全面合作持续推进，同发展中国家友好合作不断深化，同联合国等国际组织联系更加密切。积极促进全球治理体系改革与完善。推动《巴黎协定》生效。经济外交、人文交流成果丰硕。坚定维护国家领土主权和海洋权益。中国作为负责任大国，在国际和地区事务中发挥了建设性作用，为世界和平与发展作出了重要贡献。

隆重庆祝中国共产党成立95周年，隆重纪念中国工农红军长征胜利80周年，宣示了我们不忘初心、继续前进、战胜一切困难的坚强意志，彰显了全国人民走好新的长征路、不断夺取新胜利的坚定决心！

各位代表！

过去一年取得的成绩，是以习近平同志为核心的党中央正确领导的结果，是全党全军全国各族人民团结奋斗的结果。我代表国务院，向全国各族人民，向各民主党派、各人民团体和各界人士，表示诚挚感谢！向香港特别行政区同胞、澳门特别行政区同胞、台湾同胞和海外侨胞，表示诚挚感谢！向关心和支持中国现代化建设事业的各国政府、国际组织和各国朋友，表示诚挚感谢！

我们也清醒看到，经济社会发展中还存在不少困难和问题。经济增长内生动力仍需增强，部分行业产能过剩严重，一些企业生产经营困难较多，地区经济走势分化，财政收支矛盾较大，经济金融风险隐患不容忽视。环境污染形势依然严峻，特别是一些地区严重雾霾频发，治理措施需要进一步加强。在住房、教育、医疗、养老、食品药品安全、收入分配等方面，人民群众还有不少不满意的地方。煤矿、建筑、交通等领域发生了一些重大安全事故，令人痛心。政府工作存在不足，有些改革举措和政策落实不到位，涉企收费多、群众办事难等问题仍较突出，行政执法中存在不规范不公正不文明现象，少数干部懒政怠政、推诿扯皮，一些领域腐败问题时有发生。我们一定要直面挑战，敢于担当，全力以赴做好政府工作，不辱历史使命，不负人民重托。

二、2017年工作总体部署

今年将召开中国共产党第十九次全国代表大会，是党和国家事业发展中具有重大意义的一年。做好政府工作，要在以习近平同志为核心的党中央领导下，高举中国特色社会主义伟大旗帜，全面贯彻党的十八大和十八届三中、四中、五中、六中全会精神，以邓小平理论、“三个代表”重要思想、科学发展观为指导，深入贯彻习近平总书记系列重要讲话精神和治国理政新理念新思想新战略，统筹推进“五位一体”总体布局和协调推进“四个全面”战略布局，坚持稳中求进工作总基调，牢固树立和贯彻落实新发展理念，适应把握引领经济发展新常态，坚持以提高发展质量和效益为中心，坚持宏观政策要稳、产业政策要准、微观政策要活、改革政策要实、社会政策要托底的政策思路，坚持以推进供给侧结构性改革为主线，适度扩大总需求，加强预期引导，深化创新驱动，全面做好稳增长、促改革、调结构、惠民生、防风险各项工作，保持经济平稳健康发展和社会和谐稳定，以优异成绩迎接党的十九大胜利召开。

综合分析国内外形势，我们要做好应对更加复杂严峻局面的充分准备。世界经济增长低迷态势仍在延续，“逆全球化”思潮和保护主义倾向抬头，主要经济体政策走向及外溢效应变数较大，不稳定不确定因素明显增加。我国发展处在爬坡过坎的关键阶段，经济运行存在不少突出矛盾和问题。困难不容低估，信心不可动摇。我国物质基础雄厚、人力资源充裕、市场规模庞大、产业配套齐全、科技进步加快、基础设施比较完善，经济发展具有良好支撑条件，宏观调控还有不少创新手段和政策储备。我们坚信，有党的坚强领导，坚持党的基本路线，坚定不移走中国特色社会主义道路，依靠人民群众的无穷创造力，万众一心、奋力拼搏，我国发展一定能够创造新的辉煌。

今年发展的主要预期目标是：国内生产总值增长6.5%左右，在实际工作中争取更好结果；居民消费价格涨幅3%左右；城镇新增就业1100万人以上，城镇登记失业率4.5%以内；进出口回稳向好，国际收支基本平衡；居民收入和经济增长基本同步；单位国内生产总值能耗下降3.4%以上，主要污染物排放量继续下降。

今年的经济增长预期目标，符合经济规律和客观实际，有利于引导和稳定预期、调整结构，也同全面建成小康社会要求相衔接。稳增长的重要目的是为了保就业、惠民生。今年就业压力加大，要坚持就业优先战略，实施更加积极的就业政策。城镇新增就业预期目标比去年多100万人，突出了更加重视就业的导向。从经济基本面和就业吸纳能力看，这一目标通过努力是能够实现的。

今年要继续实施积极的财政政策和稳健的货币政策，在区间调控基础上加强定向调控、相机调控，提高预见性、精准性和有效性，注重消费、投资、区域、产业、环保等政策的协调配合，确保经济运行在合理区间。

财政政策要更加积极有效。今年赤字率拟按3%安排，财政赤字2.38万亿元，比去年增加2000亿元。其中，中央财政赤字1.55万亿元，地方财政赤字8300亿元。安排地方专项债券8000亿元，继续发行地方政府置换债券。今年赤字率保持不变，主要是为了进一步减税降费，全年再减少企业税负3500亿元左右、涉企收费约2000亿元，一定要让市场主体有切身感受。财政预算安排要突出重点、有保有压，加大力度补短板、惠民生。对地方一般性转移支付规模增长9.5%，重点增加均衡性转移支付和困难地区财力补助。压缩非重点支出，减少对绩效不高项目的预算安排。各级政府要坚持过紧日子，中央部门要带头，一律按不低于5%的幅度压减一般性支出，决不允许增加“三公”经费，挤出更多资金用于减税降费，坚守节用裕民的正道。

货币政策要保持稳健中性。今年广义货币M2和社会融资规模余额预期增长均为12%左右。要综合运用货币政策工具，维护流动性基本稳定，合理引导市场利率水平，疏通传导机制，促进金融资源更多流向实体经济，特别是支持“三农”和小微企业。坚持汇率市场化改革方向，保持人民币在全球货币体系中的稳定地位。

做好今年政府工作，要把握好以下几点。

一是贯彻稳中求进工作总基调，保持战略定力。（略）

二是坚持以推进供给侧结构性改革为主线。（略）

三是适度扩大总需求并提高有效性。（略）

四是依靠创新推动新旧动能转换和结构优化升级。（略）

五是着力解决人民群众普遍关心的突出问题。（略）

三、2017年重点工作任务

面对今年艰巨繁重的改革发展稳定任务，我们要通观全局、统筹兼顾，突出重点、把握关键，正确处理好各方面关系，着重抓好以下几个方面工作。

（一）用改革的办法深入推进“三去一降一补”。（略）

（二）深化重要领域和关键环节改革。（略）

（三）进一步释放国内需求潜力。（略）

（四）以创新引领实体经济转型升级。（略）

（五）促进农业稳定发展和农民持续增收。（略）

（六）积极主动扩大对外开放。（略）

（七）加大生态环境保护治理力度。（略）

（八）推进以保障和改善民生为重点的社会建设。（略）

（九）全面加强政府自身建设。（略）

各位代表！

我国是统一的多民族国家。要坚持和完善民族区域自治制度，认真贯彻党的民族政策，深入开展民族团结进步创建活动。组织好内蒙古自治区成立70周年庆祝活动。加大对民族地区发展支持力度，深入实施兴边富民行动，保护和发展少数民族优秀传统文化，扶持人口较少民族发展，推动各族人民在全面建成小康社会进程中实现共同发展繁荣。各民族和睦相处、和衷共济、和谐发展，中华民族大家庭必将更加幸福安康。

我们要全面贯彻党的宗教工作基本方针，依法管理宗教事务，促进宗教关系和谐，发挥宗教界人士和信教群众在促进经济社会发展中的积极作用。

我们要认真落实侨务政策，保障海外侨胞和归侨侨眷合法权益，充分发挥他们的独特优势和重要作用，海内外中华儿女的凝聚力和向心力必将不断增强。

各位代表！

过去一年，国防和军队改革取得重大突破，军队革命化现代化正规化建设取得新进展新成就。新的一年，我们要继续坚持以党在新形势下的强军目标为引领，推进政治建军、改革强军、依法治军，强化练兵备战，坚决有效维护国家主权、安全、发展利益。坚持党对军队的绝对领导，维护和贯彻军委主席负责制。持续深化国防和军队改革。强化海空边防管控，周密组织反恐维稳、国际维和、远海护航等重要行动。提高国防科技自主创新能力，加快现代后勤建设和装备发展。加强全民国防教育、国防动员和后备力量建设。促进经济建设和国防建设协调、平衡、兼容发展，深化国防科技工业体制改革，推动军民融合深度发展。各级政府要以更加扎实有力的举措，支持国防和军队改革建设，让军政军民团结之树根深、枝繁、叶茂！

各位代表！

我们要继续全面准确贯彻“一国两制”、“港人治港”、“澳人治澳”、高度自治的方针，严格依照宪法和基本法办事，确保“一国两制”在香港、澳门实践不动摇、不走样、不变形。全力支持香港、澳门特别行政区行政长官和政府依法施政，发展经济、改善民生、推进民主、促进和谐。“港独”是没有出路的。要推动内地与港澳深化合作，研究制定粤港澳大湾区城市群发展规划，发挥港澳独特优势，提升在国家经济发展和对外开放中的地位与功能。我们对香港、澳门保持长期繁荣稳定始终充满信心。

我们要深入贯彻对台工作大政方针，坚持一个中国原则，维护“九二共识”共同政治基础，维护国家主权和领土完整，维护两岸关系和平发展和台海和平稳定。坚决反对和遏制“台独”分裂活动，绝不允许任何人以任何形式、任何名义把台湾从祖国分裂出去。要持续推进两岸经济社会融合发展，为台湾同胞尤其是青年在大陆学习、就业、创业、生活提供更多便利。两岸同胞要共担民族大义，坚定不移推动祖国和平统一进程，共同创造所有中国人的幸福生活和美好明天。

各位代表！

面对世界政治经济格局的深刻变化，中国将始终站在和平稳定一边，站在公道正义一边，做世界和平的建设者、全球发展的贡献者、国际秩序的维护者。我们将坚定不移走和平发展道路，坚决维护多边体制的权威性和有效性，反对各种形式的保护主义，深入参与全球治理进程，引导经济全球化朝着更加包容互惠、公正合理的方向发展。推动构筑总体稳定、均衡发展的大国关系框架，着力营造睦邻互信、共同发展的周边环境，全面提升同发展中国家合作水平，积极提供解决全球性和地区热点问题的建设性方案。加快完善海外权益保护机制和能力建设。我们愿与国际社会一道，致力构建以合作共赢为核心的新型国际关系，为打造人类命运共同体作出新的贡献。

各位代表！

使命重在担当，实干铸就辉煌。我们要更加紧密地团结在以习近平同志为核心的党中央周围，同心同德，开拓进取，努力完成今年经济社会发展目标任务，为实现"两个一百年"宏伟目标、建设富强民主文明和谐的社会主义现代化国家、实现中华民族伟大复兴的中国梦而不懈奋斗！

国务院总理　李克强

2017 年 3 月 5 日

点评

范文《政府工作报告》是一篇格式规范、逻辑严谨、结构精巧的工作报告。工作报告是最具有代表性的报告，具备所有报告的特点，能体现出报告的客观性、陈述性和政策性。

范文开篇交代报告的目的。正文先是对过去工作的回顾，接着总结了工作中的经验，然后又对以后的工作作出了具体的安排。在总结经验和做工作安排的时候都是用了列小标题的方式，使得整篇报告逻辑严谨、结构精巧，使行文对象，即全国人民代表大会的所有代表，能在第一时间掌握报告的重点和了解以后的工作安排。

范文的结构严谨、完整，递进的过程中又有并列的分析；在展现成绩的同时也看到工作中的不足，并提出了具体的解决方案；最后的号召气势恢宏、铿锵有力。

范文的语言也很有特色，使用排比句式，既增强了报告的语势，又各有侧重地叙述了不同的内容。另外，范文中使用了大量的短句、成语，使报告讲起来琅琅上口，明快有力，而又不失其严肃性和号召性。

范文二

关于 ×× 地区 ×× 行业发展现状的报告

××区政发〔2016〕第××号

××省政府：

根据省政府的要求，××地区政府于2016年××月××日至××月××日对本地××行业发展情况进行了调查，现将情况汇报如下：

一、××行业发展的区域划分

1.（略）

2.（略）

3.（略）

二、各区域发展情况及特色

1.（略）

2.（略）

3.（略）

三、×× 行业的亮点

1.（略）

2.（略）

3.（略）

四、×× 行业存在的问题及解决办法

（一）存在问题

1.（略）

2.（略）

3.（略）

（二）解决办法

1.（略）

2.（略）

3.（略）

五、×× 行业的整体情况（略）

附注：

1.×× 地区 ×× 行业分布地图

2.×× 地区 ×× 行业五年 ×× 数据统计表

3.×× 地区 ×× 行业名录

×× 区政府

2016 年 ×× 月 ×× 日

点评

范文《关于 ×× 地区 ×× 行业发展现状的报告》是一篇答复性的情况报告，其最大的亮点是层次分明。正文采用分条列项的方式，说明了 ×× 地区 ×× 行业发展区域的划分、各区域情况及特色、存在的问题及解决办法，最后总结了 ×× 行业发展的综合情况。这样的层次安排有利于行文对象，即上级机关详细、清楚地了解 ×× 地区 ×× 行业发展现状，从而为制定相关政策提供依据。

第七节　经验分享

报告是格式要求严格的文种，在写作中尤其应当注意写作语气、态度，不能与请求混淆。报告中的内容是对工作事项的汇报，不能夹带请示工作中的不明事项，否则会因报告不需批复而影响请示事项的处理和解决。

报告的材料来源要真实。向上级机关汇报工作应该本着实事求是的态度，对过去的工作如实汇报，不能有不真实的地方。无论是成绩还是失误，都应该全面、真实地反映，不能只报喜不报忧，也不能夸大和虚构。报告应该在调查研究、全面掌握情况的基础上进行写作。

报告要写得主旨鲜明。报告的内容，一般多而且复杂，撰写者很容易犯“写得篇幅较长而又重点不够突出”的错误，使全文泛泛而谈，没有主旨。这就要求撰写者在撰写报告前对工作的细节都有所了解，知道工作的中心和重点在哪里，写作时才能观点鲜明，条理清楚，语言简洁，思想深刻。

第十一章

公告

公告是国家权力机关、行政机关向国内外郑重宣布重大事件和决议、决定时所用的行政公文。《条例》规定：公告适用于“向国内外宣布重要事项或法定事项”。公告使用频率很高，国家领导人、人民代表、人大常委会委员职务的变更、任免，国家领导人的重要活动、重大科技实验等均可使用公告告知各界人士。在企事业单位中，当有一些需要社会各界人士公知或者参与的事项时，也可以使用公告的方式发布消息。

公告按照其性质的划分，可以分为两种。

1. 行政公告

行政公告是国家机关向国内外宣布重要事项时使用的公告，比如《中华人民共和国全国人民代表大会公告》等。企业单位对一些决定和活动向社会公告时使用行政公告，比如《××公司征集“××”设计方案的公告》等。

2. 法规性公告

法规性公告是政府的有关职能部门依据有关法律法规，按照法定程序发布有关规定时使用的公告，比如《中国人民银行关于国家货币出入境限额的公告》等。

第一节　特点

公告一般用于国家的权力机关、行政机关向国内外郑重宣布重大事件和决议、决定，企事业单位向社会各界人士发布重要信息，因此具有以下四个主要特点：

1. 限制性

公告的发文机关具有限制性。公告宣布的是重大事项或者法定事项，发文的权力被限制在高层权力机关或者行政机关及其职能部门的范围之内。具体说，国家最高权力机关（人大及其常委会），国家最高行政机关（国务院）及其所属部门，各省市、自治区、直辖市行政领导机关，某些法定机关，如税务局、海关、铁道部、中国人民银行、检察院、法院等，有制发公告的权力；而其他地方行政机关，一般不能发布公告。企事业单位内只有行政机关、权力机关可以发布公告。

2. 广泛性

公告的发布范围非常广泛，公告是向“国内外”发布重要事项或者法定事项的公文，其信息传达范围是全国或者全世界。比如，中国曾以公告的形式公布中国科学院院士名单。再比如，中国有关部门曾在《人民日报》上刊登公告，公布中国名酒和中国优质酒的品牌、商标和生产企业，以便于消费者能认清名牌。企事业单位的公告也一定是面向全社会发出的。

3. 重大性

在选材上，公告选择具有重大意义、影响的题材。公告的题材必须能在国际国内产生一定影响的重要事项，或者依法必须向社会公布的法定事项。

4. 内容和传播方式的新闻性

公告在内容和传播方式上具有新闻性特点。新闻，即对新近发生的、群众关心的、应知而未知的事实的报道。而公告的内容，也都是新近的、群众应知而未知的事项，在一定程度上具有新闻的特点。公告的发布形式也有新闻性特征，它一般不用红头文件的方式传播，而是在报刊上公开刊登。

第二节　行文对象

公告往往是泛行文，行文对象非常广泛。行文对象是全国人民，甚至全世界人民。

公告是国家权力机关、行政机关面向国内或者全世界发布的，代表着国家和政府的形象；或者是企事业单位就一些重大事项向社会各界人士公布的决定，代表着企事业单位的形象。因此，在行文中要非常注意内容的庄重性、严肃性，体现出发文者的威严，既要能够将有关信息和政策公之于众，又要考虑公告在国内国际可能产生的影响，使行文对象通过公告可以窥见发文者对某些事项的态度、坚持的原则。

第三节　格式

公告具有严格的格式限制，其内容一般包括标题、正文和文尾三个部分。

1. 标题

公告的标题一般有两种写作方式。

（1）单独书写“公告”。

（2）由发文机关 + 文种构成。

标题下方一般要标注发文机关，如不标注则在公告结尾用落款的方式标注。

2. 正文

公告的正文包括开头、主体和结尾三个部分。开头，阐述公告的原因或者目的；主体的事项及公告的内容，一般采用分条款的方式书写；结尾，写公告实施的期限、范围以及违反公告的后果等内容，也可以简洁地提出对特定目标人物的希望，对违背公告者的警告等内容。最后，也可以“特此公告”等格式化的语言结束正文。

3. 文尾

公告的文尾就是落款，一般包括署名和日期两项内容。如果标题中没有发文机关，要在落款处加上。

第四节　语体的特点

公告重在把一些情况广告天下，由于其行文对象广，撰写时要注意做到语言通俗不鄙俚，条理清楚不累赘，事理周密无漏洞，文风严肃不做作。这样才能使公告体现出发文机关的权威性和撰写者的高超水平。

公告的语体具有严肃、庄重、权威的特点。公告是由特定的国家或者企事业单位特定机关制发的，所涉及的内容重大且引人注目，而且公告又是书面文件，所以行文中必须体现出政论语体和书面语体的特征。

公告也具有公开性，可以由大众传播媒介予以广泛传播，因此词语运用要准确规范，使公告内容易知易懂。

第五节　遣词造句技巧

公告重在用郑重、严肃，甚至庄重的语言告知行文对象国家、政府或者企事业单位的新决定或者决议，所以使用语言务必准确、简约。有些公告篇幅较长，涉及各种事项的最新决定，在撰写时务必要使用不会产生歧义的词语；特别是涉及数据时，数据一定要精确，不能出现“约 ××”“可以 ××”等词语。简约，要求在锤炼字句时，多使用共用成分，以达到句短意多的效果。

公告中要多使用公文结构用语，比如，表达原因的“根据”、“按照”“兹”“经查”等，表示过渡的“鉴于”“因此”“据此”等。

从句式的角度看，公告全文以短句和散句为主体，以长句和整句为补充。善于选择句式和调整句式，可以有效地增加公告的文采，增强语言表现力，从而达到理想的表达效果。

第六节　范文解析

范文一

公告

2010 年第 ×× 号

国家药品质量公告

（2010 年第 ×× 期，总第 ×× 号）

为加强药品监管，保障公众用药安全，根据全国药品抽验工作计划，国家食品药品监督管理局在全国范围内组织对国家基本药物品种三七胶囊，以及大活络丸等其他 11 个制剂品种进行了质量抽验。结果显示，本次抽验的 12 个品种 2415 批次产品中，有 2387 批次产品符合标准规定，28 批次产品不符合标准规定。现将抽验结果公告如下：

一、国家基本药物品种抽验结果

本次抽验的国家基本药物品种三七胶囊，共抽样 189 批次，涉及 17 家生产企业，经浙江省食品药品检验所检验，全部符合标准规定。

二、其他制剂品种抽验结果

本次共抽验大活络丸制剂、灯盏花素制剂、氟罗沙星制剂、复方氨酚烷胺制剂、骨肽注射液、七厘散制剂、硫普罗宁注射液、复方甘草口服制剂、注射用尿激酶、人参健脾丸、银杏叶片等 11 个制剂品种 2226 批次，其中 2198 批次产品符合标准规定，

28批次产品不符合标准规定。具体抽验结果如下：

（一）大活络丸制剂

本次抽样232批次，涉及28家生产企业，经××市食品药品检验所检验，全部符合标准规定。

（二）灯盏花素制剂

本次抽样229批次，涉及15家生产企业，经××省食品药品检验所检验，全部符合标准规定。

（三）氟罗沙星制剂

本次抽样155批次，涉及45家生产企业，经××省食品药品检验所检验，全部符合标准规定。

（四）复方氨酚烷胺制剂

本次抽样366批次，涉及63家生产企业，经××省食品药品检验所检验，全部符合标准规定。

（五）骨肽注射液

本次抽样217批次，涉及16家生产企业，经××省食品药品检验检测所检验，全部符合标准规定。

（六）七厘散制剂

本次抽样30批次，涉及8家企业，经××市药品检验所检验，2批次产品不符合标准规定，为××药业有限公司生产，批号为090101、090102的各1批次，不合格项目均为装量差异。

（七）硫普罗宁注射液

本次抽样49批次，涉及7家生产企业，经××市药品检验所检验，7批次产品不符合标准规定，为××制药有限公司生产，批号为081003、090101、090103、090301、090302、090501、090502的各1批次，不合格项目均为pH值。

（八）复方甘草口服制剂

本次抽样350批次，涉及53家生产企业，经××市药品检验所检验，6批次产品不符合标准规定，分别为××药业有限公司生产的批号为071114、081020、090321的各1批次，不合格项目分别为pH值、装量、pH值；××中药股份有限公司生产的批号为081101的1批次，不合格项目为含量测定；××药业有限责任公司生产的批号为080612的1批次，不合格项目为含量测定；××药业科技有限公司生产的批号为080901的1批次，不合格项目为鉴别及含量测定。

（九）注射用尿激酶

本次抽样56批次，涉及9家生产企业，经××省食品药品检验所检验，5批次产品不符合标准规定，分别为××药业有限公司生产的批号为20081101的2批次，不合格项目1批次为无菌、1批次为干燥失重及效价测定；××药业有限公司生产的批号为200807133的2批次，批号为200807223的1批次，不合格项目均为效价测定。

（十）人参健脾丸

本次抽样198批次，涉及33家生产企业，经××药品检验所检验，5批次产品不符合标准规定，分别为××制药有限责任公司生产的批号为20080902的2批次，不合格项目均为含量测定；××制药有限公司生产的批号为080301的1批次，不合格项目为鉴别；××药业集团有限公司生产的批号为076605、076606的各1批次，不合格项目均为鉴别。

（十一）银杏叶片

本次抽样344批次，涉及56家生产企业，经××省药品检验所检验，3批次产品不符合标准规定，分别为××制药有限公司生产的批号为080601的2批次和批号为080701的1批次，不合格项目均为含量测定。

对本次抽验结果为不符合标准规定的药品及相关单位（详见附件），各省（区、市）食品药品监督管理部门正在依法进行查处，查处结果请各省（区、市）食品药品监督管理部门于2010年××月底前报送国家食品药品监督管理局稽查局，同时抄送国家食品药品监督管理局药品市场监督办公室。

对本次抽验结果为符合标准规定的药品，请登录国家食品药品监督管理局网站公告通告栏目查阅。

附件：国家抽验不符合标准规定的药品名单

国家食品药品监督管理局

2010年××月××日

点评

范文《公告》是国家食品药品监督管理局公布的药品质量公告，属于行政公告。范文格式规范，内容详细、具体，条例分明。

范文语言的使用非常精确、准确，比如“共抽样189批次，涉及17家生产企业”明确地表明数字，使人没有疑问。另外，范文结构、逻辑严谨。比如，接着对抽检的每一种药品都作为一个单独的小项列了出来，使人们在查找时能够一目了然。在罗列药品的时候也很有条理，先列出没有检查出质量问题的药品，再列出被检查出质量问题的药品，逻辑严谨。

范文二

××有限责任公司广告语征集公告

××有限责任公司是以生产××产品为主的省级重点龙头企业。公司主要生产“××”“××”“××”“××”“××”等系列产品，××××年度实现销售收入×亿元，产品出口十多个国家和地区。公司率先通过“ISO9001”“ISO14001”等认证，多年被评为三A级信用企业，“重质量、守合同”企业。××××年我公司的“××”被授予“××”称号，××××

年“××”被认定为“××省名牌产品”。为加强产品推广力度，把“××”品牌打造成××行业的领军人物。

现特向全国征集广告语：

一、征集内容

能体现我公司产品重视健康的理念；文字简洁、易懂、易记；字数不超过××个。

二、征稿时限

××××年××月××日0：00—××××年××月××日24：00。

三、投稿方式

电话：×××××××××

传真：×××××××××

联系人：×××

电子邮箱：×××××××××

四、奖励办法

广告语如被采纳，奖励人民币×××元。另设优秀参与奖××名，各奖励人民币××元。

五、如有相同广告语，以投稿先后顺序作为评选依据

六、中奖名单详见××××年××月××日“××报”或我公司官网

七、来稿时请附投稿者姓名、通讯地址、身份证号码及联系电话

本公告最终解释权归××有限责任公司所有。

××有限责任公司

××××年××月××日

点评

范文《××有限责任公司广告语征集公告》是一篇典型的企业行政公告，其内容细致具体，语言准确。因为是公司征集广告语的公告，所以要对公司做详细的介绍，一方面可以使社会上有意向参与这项活动的人了解公司状况，在写广告语时有的放矢；另一方面也有利于参与活动的人查询公告的真实性，放心地参加活动。

范文对征集的内容、时限、通告方式和奖励办法等进行了细致的介绍，方便行文对象，即投稿者对自己的稿件情况进行跟踪和询问。

范文三

中国人民银行财政部商务部海关总署国家税务总局
中国银行业监督管理委员会公告

〔2009〕第10号

中国人民银行、财政部、商务部、海关总署、税务总局、银监会共同制定了《跨境贸易人民币结算试点管理办法》，现予以公布实施。

附件：《跨境贸易人民币结算试点管理办法》

中国人民银行财政部商务部海关总署国家税务总局银监会

2009年7月1日

点评

范文《中国人民银行财政部商务部海关总署国家税务总局中国银行业监督管理委员会公告》是一篇法规性公告，语言严肃，格式规范。法规性公告都是具有权威性，需要社会各界人士都遵守的公告，所以必须体现出语言的严肃性和权威性、语气的决断性。

第七节　经验分享

公告是能代表一个国家或者某级政府形象的公文，也是企事业单位直接体现自己形象的公文，所以在写作公告的过程中要注意以下三点：

首先，公告的作者通常是国家领导机关，而地方机关、基层单位、群众团体不能制发公告。因此在写作时要注意突出公告的政治性和理论性水平，可以运用一些专业术语和政治术语来保持公告的庄重性。公告中决不能出现口语化语言，不能有损国家或者政府形象。

当然，在企业中，只有企业的决策层才可以制发公告。公告用语一定要准确、严肃，才能体现企业对所公告事项的重视程度。

其次，公告是用于向国内外宣布事项的，有的公告事项要求公众执行，有的公告事项只是要求公众周知。所以公告重在明确而具体地阐述事项，事由可简明或不写，但是事项的内容不能简化，必须明确、细致地表达出来。要求执行某些事项的公告，要明确地写明要求何人在何种情况下如何执行此事项。企业公告也是同理。

最后，一个公告只公布一项事项，不能在同一个公告中出现两个公告事项，或者附带公告其他无关事项。无论是国家机关的公告还是企事业单位的公告都要遵循这个原则。

第十二章

通告

通告是在公布社会各有关单位和个人应当遵守或者周知的事项时所使用的公文文种。它既适合国家机关、企事业单位，也适合社会团体在所辖范围内公布有关事项。它主要分为以下三类：

1. 知照性通告

知照性通告是公布需要有关单位和个人周知的某些事项的通告。如通告停电、停水、电话升位等。

2. 办理性通告

办理性通告是公布要求有关单位和人员需要办理的事项的通告。要求办理的事项多为注册、登记、年检等公共行为。

3. 禁管性通告

禁管性通告是公布一些令行禁止类事项的通告。令行禁止的事项一般为交通管制、查禁违禁物品等事项。

第一节　特点

通告用于公布大部分人都要遵守或者周知的事项，主要有以下三个特点。

1. 业务性

通告的内容具有业务性，通告发布的内容多是需要周知的局部性的、业务性的、针对性强的事项。

2. 有限性

通告的行文对象具有有限性，通告告知的事项的须知范围是单位内部或者辖区内的所有单位和人民。

3. 广泛性

通告的发文单位具有广泛性，通告的使用范围很广，党政机关、企业事业单位、社会团体都可发布通告来告知事项。

第二节　行文对象

一般情况下通告是泛行文，党政机关、企业事业单位、社会团体都可以使用。但是行政公文中的通告是下行文，行文对象是上级机关所管辖的下级机关，或者整个辖区内的人民。

由于具体的通告的行文对象不同，通告事项的性质、内容不同，在写作过程中通告内容的繁简程度和详略程度都是有所不同的。这样才能照顾到所有的行文对象，使他们都可以准确、明白地理解通告的内容。

当行文对象是下辖机关的时候，通告内容可以适当简化，因为机关内部的人对一些专业术语和名词，还有工作上的程序都比较熟悉。当通告是面向社会而发时，内容就要明白具体，力求使每一个阶层的人都能理解、明白其内容。

第三节　格式

通告一般包括标题、正文和落款三个部分。

1. 标题

标题的写法有四种：

（1）由发文机关 + 事由 + 文种三个部分构成，比如《××集团公司关于实行夏季统一作息时间的通告》等。禁管性通告或一些重要的知照性通告通常使用这种标题。

（2）由发文机关 + 文种两个部分构成，比如《中国农业银行 ×× 分行、×× 信用社通告》等。

（3）由事由 + 文种两个部分构成，比如《关于税收财务大检查实行持证检查的通告》等。

（4）只写文种。

其中（1）是完全式标题，（2）（3）（4）属于不完全式标题。

2. 正文

通告一般面对的是公众，不必写抬头。它的正文通常由缘由、事项和结语三个部分组成。

（1）缘由，即发此通告的原因、根据。

（2）事项，即通告的具体事项或规定。事项内容比较简单、单一的，可不分条写；内容比较多，则应分条列项地写。

（3）结语。有的通告在结尾提出希望或要求作为结语，有的通告以“特此通告”做结语，有的通告事项写完即结束全文，不再写结语。

3. 落款

标题中若已写发文机关，并在标题下标注了日期的，落款可不必再写。如果标题中没有发文机关，也没有日期，则必须在正文右下方落款，署上发文机关名称并加盖公章，写明日期。

第四节　语体的特点

通告的发布一般具有针对性，知照行文对象新出台的需要遵守的事项。因此在语体方面，通告一般要求简洁、明确、得体和平实。

通告的目的在于使行文对象知道某个事项，以便于在以后的工作生活中注意或者遵守。比如，通知停电的通告，目的在于让行文对象了解何时何因停电，以便合理安排生活。所以通告的语言要简洁明白，一目了然，使行文对象在最短的时间内了解这个情况。

通告是告知性的公文，只要求行文对象知道此事项，不做号召、鼓舞或者批评。因此，语言要求平实、得体，用最容易理解的书面语言把事项表达清楚即可，不需要把通告写得多么美妙。

第五节　遣词造句技巧

通告的目的在于简单明白地告知某事，因此其语言侧重明确，易理解。在行文中不能使用双关语或者容易产生歧义的语言，多使用词义单一的词语。在禁管性通告中，禁止、命令的语言要果决有力，让行文对象在字里行间体会出“决不能这样做”的味道。

通告在句式安排上，对如何使用长短句、整散句要斟酌清楚。短句和长句的修辞效果是有很大不同的：短句表意简约明快，灵活善变，在口语语体中经常使用；长句表意周密严谨，精确细致，在应用语体和政论语体中较多见。散句和整句也各有用处：散句形式多样，结构不同，所表达的内容比较灵活，适应性强，在公文中使用可以避免单调呆板，能使公文生动感人，口语语体中较常用；整句形式整齐，气势贯通，声音和谐，语意明确，可以表达丰富的情感，能给人以鲜明深刻的印象。通告中使用散句时要克服其口语化特点，使用整句可以增加公文的美感。在写作通告时，要充分运用短句，适当点缀长句；既有散句的参差不齐，又有整句的和谐完美，从而使通告语意连贯，错落有致，有条不紊。

第六节　范文解析

范文一

×× 市建设用地起坟通告

因建设需要，经核准，市公安局 ×× 区分局征用 ×× 区 ×× 路 ×× 号 ×× 号之间的土地。此地曾经为 ×× 镇 ×× 村土地，有多处坟墓，为便利建设工程顺利进行，上述被征用范围内的坟墓，均须于 ×××× 年 ×× 月 ×× 日以前起葬、火化。起葬、火化工作由建设用地单位委托殡葬管理部门办理，各坟主应于 ×××× 年 ×× 月 ×× 日前携带身份证及有效证明到 ×× 路 ×× 号 ×× 部门办理认领起葬手续。逾期不办者，作无主坟墓由殡葬管理部门按规定统一予以处理。

特此通告。

×× 市国土局

×××× 年 ×× 月 ×× 日

点评

范文《×× 市建设用地起坟通告》是一则办理性通告，其所使用的语言很好地显示了其强制性特点。正文先写制发本通告的依据，紧接着写具体事项和规定，最后以“特此通告”作结语，有强调性，有引起注意的效力。

范文二

铁道部、公安部关于禁止携带易燃易爆危险品进站上车的通告

为防止旅客携带易燃易爆危险品进站上车造成危害，确保旅客生命财产和列车运行的安全，根据《中华人民共和国刑法》、《中华人民共和国治安管理处罚条例》和《中华人民共和国铁路法》、《危险化学品安全管理条例》、《铁路运输安全保护条例》等法律、法规，特通告如下：

一、严禁违反国家规定，非法携带爆炸、毒害、放射、腐蚀及传染病病原体等危险品进站上车。

二、严禁非法携带枪支、弹药或者弩、匕首等管制器具进站乘车。

三、严禁在托运的普通货物中夹带危险品，不得将危险品匿报或者谎报为普通货物托运。

四、旅客应当接受并配合铁路运输部门在车站、列车实施的安全检查。对不接受安全检查的旅客，从事安全检查的工作人员可以依法拒绝其进站上车。

五、禁止在车站及列车上放置或者遗弃爆炸性、毒害性、放射性、腐蚀性及传染病病原体等危险品。

凡违反以上规定的，公安机关、铁路管理机构将依照法律、法规分别给予警告、罚款、拘留等行政处罚；构成犯罪的，依法追究刑事责任。

铁路是国民经济的大动脉，保护铁路运输和旅客生命财产安全人人有责。广大旅客要自觉遵守法律、法规，积极同各种危害铁路案件的违法犯罪行为作斗争。对敢于同违法犯罪分子作斗争、为维护铁路运输和旅客安全作出贡献的有功人员，铁路部门和公安机关要坚决保护并给予表彰奖励。

特此通告。

中华人民共和国铁道部
中华人民共和国公安部
二〇〇五年十二月八日

点评

范文《铁道部、公安部关于禁止携带易燃易爆危险品进站上车的通告》是一篇禁管性通告。

范文标题采用完全式写法，结构完整，内容全面。正文对禁止的内容分条作出了详细的规定，方便行文对象根据自己的情况执行；而且果决地表明违反通告的要承担法律责任，增强了通告的权威性和强制性。

范文三

关于处罚 ××× 同志旷工的通告

兹有我公司职工 ×××，男，现年 ×× 岁，系我公司生产部第 × 车间第 × 组组长。

该职工自 ×××× 年 ×× 月 ×× 日到 ×××× 年 ×× 月 ×× 日连续旷工 ×× 日，经单位行政部多次通知，仍拒不到公司报到。其旷工行为严重违反了我公司《员工规范》的相关规定，属于严重的违纪行为，为严肃公司纪律，从即日起给予 ××× 同志 ×× 处分。

特此通告。

××× 公司行政部
×××× 年 ×× 月 ×× 日

点评

范文《关于处罚 ××× 同志旷工的通告》是一则公司内部的批评性的知照通告，写作规范。

首先，范文交代了被处罚人的身份；其次，详细交代了发文的原因，表述清楚明白；最后，处决性语言表达得果决有力，表现出了公司对旷工人员的坚决处罚态度，不仅处罚了 ××× 同志，还起到警示行文对象，即其他员工的作用。

第七节　经验分享

通告与公告在特点、作用和行文对象上虽然均有不同，但是却常常被混用。因此撰写者在写作通告之前应当了解通告与公告的区别，避免在行文时混淆。

1. 二者的制发单位级别不同

通告的发文机关级别较低，一般来说，禁管性通告多由政府机关发布；知照性通告和办理性通告则行政机关、企事业单位、社会团体均可发布。党务机关一般较少发布公告、通告。公告的发文机关一般是国家一级机关。

2. 二者重要程度不同

通告所涉及的是较为一般的事项。公告所涉及的都是特别重大的事项。

3. 二者发布范围不同

通告只是在国内一定区域或业务范围内发布。公告是发向国内外的公文，发布范围最广泛。

4. 二者的作用性能不同

有些通告，如禁管性通告，不仅告知事项，而且还有强制力和约束力。

5. 二者的发文内容不同

《条例》规定通告是“适用于公布社会各有关方面应当遵守或者周知的事项”，而且业务性较强。公告则是“适用于向国内外宣布重要事项或者法定事项”，知照性较强。

6. 二者的发布方式不同

通告可用文件形式印发，也可登报、广播或张贴。公告多用登报、广播的方式发布。

第十三章

议案

议案“适用于各级人民政府按照法律程序向同级人民代表大会或者人民代表大会常务委员会提请审议事项”。（《党政机关公文处理工作条例》第八条第十三项）议案是由具有法定提案权的国家机关、会议常设或临设的机构和组织，以及一定数量的个人，向权力机构提出进行审议并作出决定的议事案。

根据审议机关的不同，议案可以分为人大议案和行政议案两种。人大议案的行文主体具有多元化的特点，并且适用范围广；行政议案的行文主体只有政府，适用范围也单一。

议案提交程序都是有法律明文规定的，不同的议案提交的程序和规定是不同的，但都是行使国家权力的重要手段。本章重点叙述行政议案。

第一节　特点

1. 严格的法定性

根据国务院办公厅的规定，只有各级政府能向同级的人民代表大会提出议案，一般的团体、机构都无权提出、制发议案。因此议案具有严格的法定性。

2. 内容的特定性

议案所提的内容，必须是该级人民代表大会或常务委员会审议范围内的事项。在此范围之外的事项，一律不能作为议案的内容。

3. 时效的规定性

议案时效的规定性有两方面的含义：

第一，各级人民政府的方案，必须在同级的人民代表大会或其常务委员会举行会议时规定的期限内提出，否则不能列为议案，只能作为“建议”；

第二，提交给人民代表大会或其常务委员会进行审议的议案，必须在规定的期限内予以审议、表决或提出处理意见，不能延误。

4. 事项的必要性和可行性

提交给人民代表大会或其常委会审议的议案，必须是关系到当地国计民生的重要事项，符合当地人民群众的意愿和要求；而且议案所提出的解决方案，必须具有切实的可行性，这样才有可能通过审议。

第二节　行文对象

议案是呈给同级人民代表大会或者其常委会、全国人大代表大会或者其常委会进行审议的。它的行文对象是人民代表大会的各位代表或者其常委会的委员们。

议案的内容往往是涉及国计民生的大事，其写作的基础是对社会各方面情况的深入了解和研究；提出议案的目的是希望找到解决这些社会问题的方法，以利于社会的安定和谐。因此，要根据具体需审议事项的不同，选择合适的行文对象，本级人民代表大会可以决议的事项，不必提交全国人民代表大会审议。

在撰写议案的过程中，需把待审议事项的各个方面都表述清楚，使行文对象可以快速地理解、研究议案的可行性和必要性，加快议案的审议速度。

第三节　格式

议案的格式在《条例》中有明文规定，包括标题、正文和落款三个部分，其中落款有上款和下款两种形式。

1. 标题

议案的标题一般由发文机关 + 事由（提请审议事项）+ 文种三个部分组成。比如《国务院关于提请审议〈中华人民共和国 ×× 法（草案）〉的议案》等。

2. 正文

正文是议案的主体内容，要详细叙述需要审议事项的各方面的内容，主要包括提请审议内容、说明（缘由、目的、意义、形成过程等）和要求三个部分。

从形式上看，议案内容可以从提出审议事项开头，然后加以说明，最后以“要求 ×××”结尾；也可以在开头说明议案的缘起、目的、意义、形成过程，然后再提出审议事项的具体内容，再结尾。

3. 落款

落款有上款和下款两种。上款只需要署收文机关，放在议案正文前面顶格写。下款需要署发文机关和行政首长签名，另起一行书写提请审议的日期，放在议案正文最后右下角。

第四节　语体的特点

议案是要提交人民代表大会或者人民代表大会常务委员会集体审议的规范性文件，其语体具有政治性、庄重性、严肃性、真实性和规范性的特点。

议案中提交审议的事项小则关系到某个省人民的生活，大则关系到整个国家人民的生活。因此，文中语言必须体现出很强的政治性，以引起行文对象对议案内容的高度重视；同时在语体上必须严肃庄重，不能出现口语化的语言和“新新语言”等使行文对象难以理解的语言。

真实性和规范性是议案的语言灵魂所在。议案的内容必须真实、规范，才能使议案符合实际情况，真实地表达出人民的意愿和要求，使行文对象可以了解真实的社会情况，以便作出结论。

议案的语体必须得体。议案中涉及某个专业领域的知识时，可以使用专业语言以表示撰写议案者的专业水平，保证议案的准确性。这样可以使行文对象提高对待议案的严肃性。

第五节　遣词造句技巧

议案在遣词造句方面，要突出规范性和严肃性，还要恰当地使用政治性词语表示其重要性。

首先，在语言的选用上，多使用说明性的语言。因为议案的内容都是关系到社会上新出现的情况，或者是旧的规章政策中不再适合当下发展局面的地方，所以要使用说明性的语言来准确反映实际情况。比如“城镇居民家庭人均生活费收入由 15443 元提高至 43772 元，扣除价格因素，年均实际增长 72%……”，就使用了数字说明的方式，非常准确地反映了实际状况。此外还可以使用对比说明、列表说明等诸多说明方法。

其次，在句式选择上，议案不宜多使用短句，以免流于口语化；要多使用长句，以体现其严肃性。在使用长句时要注意在清楚地表达句意的同时，注意保持句子结构的完整性。

最后，在段落安排上，根据议案内容的多少、层次关系，合理选择使用递进式、并列式、总分式来阐述文章内容。

第六节　范文解析

范文一

国务院关于提请审议国务院机构改革方案的议案

全国人民代表大会：

中国共产党第十七次全国代表大会明确提出，要加快行政管理体制改革，抓紧制定行政管理体制改革总体方案。根据党中央的部署，经过认真调研，广泛听取意见，反复研究论证，形成了《关于深化行政管理体制改革的意见》和《国务院机构改革方案（草案）》，并先后经国务院常务会议、中央政治局常务委员会会议、中央政治局会议讨论和修改。党的十七届二中全会审议通过了这两个文件。现将《国务院机构改革方案》提请第十一届全国人民代表大会第一次会议审议。

国务院总理　温家宝

2008 年 3 月 4 日

点评

范文《国务院关于提请审议国务院机构改革方案的议案》是一篇典型的行政议案。

范文简洁明了，说明了议案的目的、形成过程及要求的事项，没有任何歧义或者模糊不清的表述。

范文二

关于加快推进旅游业发展的议案

××县人民代表大会：

为了落实市政府工作报告关于“着力打造××、××等景区，推出一批精品旅游线路和旅游商品”的意见，加速推进我县旅游产业，实现从旅游资源大县向旅游经济大县的跨越式发展，特提出本议案，请审议。

一、明确发展目标，理清工作思路

以改善内外交通条件为突破口，以开发××、××景区和××景区为重点，着力建设“××”和“××”，逐步完善与旅游产业紧密联系的配套设施，加大休闲度假旅游产品的开发力度，加强旅游人才队伍建设，不断提高旅游服务质量和水平，初步形成大生态、大景区及大交通的格局，将××建设成为中华民族传统美德教育基地，将××旅游打造成××国际黄金旅游带的亮点，大力提升旅游业在全县的支柱产业地位。

二、切实加强领导，形成强大合力

充分发挥县旅游产业发展委员会和行业主管部门的作用，及时研究、协调解决旅游业发展中的重大问题，适时出台关于加快发展旅游业的决定，在全县形成人人关心、支持旅游事业发展的良好氛围。

三、科学制定规划，保护景区资源

修编《××旅游发展总体规划》，编制跨区域的旅游合作和旅游产品开发规划。加强与相邻各区市县的区域合作，打造无障碍旅游区。结合实施××工程后续工作规划、××新居、危旧房改造等工程，采取有效措施，切实搞好××至××景区沿途的道路建设、民居改造、绿化、卫生等工作。加大执法力度，严禁在规划区域内进行违法建设，切实保护好景区及其周边生态环境。

四、加强宣传促销，拓展客源市场

建立完善市场营销机制，实行旅游宣传目标管理，加强与新闻媒体的合作，加大在境内外主流媒体的宣传力度，将旅游宣传与重大外宣、招商、对外友好、文化交流等活动有机结合，充分展示我县优良的旅游资源，全方位拓展客源市场。

××县人大代表×××、×××

××××年××月××日

点评

范文《关于加快推进旅游业发展的议案》是一篇人大议案。

首先，其语言使用恰当，比如“为了落实”“以……为突破口”“逐步完善”等。其次，其结构安排恰当，先是叙述议案提出的背景，接着阐述议案的主要内容，最后提出审议要求。

第七节　经验分享

议案内容关系国计民生，往往是关系社会上最新出现的情况或者是涉及国家法律规定中不适应新时代发展的因素，是交由国家最高权力机关和各级有权审议议案的权力机关审议的文件。因此，在写作议案之前要认真地调查、研究现实的社会情况，确保议案的内容真实准确地反映社会现实，议案中的措施切实可行，并且有利于社会和人民。特别是涉及具体数字或者程度范围的词语，更要在调查的基础上再三斟酌，不能有一丝一毫的马虎。

在锤炼字句的时候，要注意体现文件的政治性，做到政治术语使用恰当，使行文对象，即审议者可以在原则上把握议案的政治方向，更好更快地作出决策。写作议案的过程中注意保持语言的平实性，不要使用过于华丽的辞藻，否则会冲淡文件的严肃性。

第十四章

公报

公报又称新闻公报，用于党政机关或者社会团体公开发布重大事件或重要决定事项时使用的公文，是党和国家行使职权的过程中经常使用的一种公文。

根据发文机关的不同，公报可以分为两种：一种是真正意义上的新闻公报，适用于党政机关或社会团体发布重大事件、重要决定，比如《中华人民共和国最高法院公报》等；另一种是联合公报，即政党之间、国家之间或政府之间就某些重大事项或问题经过会谈、协商取得一致意见或达成谅解后，双方联合签署发布的文件，比如《中美联合公报》等。根据公报的内容性质的不同，公报又可分为事件性公报和会议性公报两种。

第一节　特点

公报是国家的党政机关或者人民团体发布某些重大事件或重要决定的文件，主要具有权威性、指导性和新闻性三个特点。

1. 公报的效力、发文机关具有权威性

公报是权威的党政机关发出的，其内容涉及对一些重大事件的决策或者某些重要决定。这些决策和决定在效力上都具有权威性，要求下级机关和其辖区所有的人必须执行，不能违抗。

2. 公报的内容具有指导性

有的公报是针对某些事项作出具体的规定，有的是就原则问题给予指导。但无论是哪方面的内容，都对其行文对象，包括下级机关和具体的工作人员行事具有指导作用。

3. 公报的发布具有新闻性

无论是公报的文体形式还是公报的内容都是具有新闻价值的，都会被广泛关注，所以说公报具有新闻性。

第二节 行文对象

公报文体强调其“公”的特点，内容具有公共性、新闻性，行文对象同样具有公共性。公报的行文对象是所有可以和可能阅读到这个公报的人。当然，有一些公报的行文对象是具有侧重性的。比如，最高人民法院发布的公报，行文对象侧重于法律工作者；再比如，药品监督局的公报，行文对象就侧重于医疗卫生事业的工作者。

公报的行文对象虽然广泛，但是公报内容不可能面面俱到，照顾到所有行文对象的认知水平和接受理解能力。因此，公报在写作的过程中，要保持自身的政治性和专业性，把需要说明的事情庄重、确切地表达到位即可。公报要达到的目的就是就某些事项广而告之，让行文对象知道这个事情的存在，至于其对公报内容的认识理解程度，要靠自己对公报进行研究来提高。

第三节 格式

公报包括首部、正文和尾部三个部分。

1. 首部

公报的首部包括标题和成文时间两个内容。

（1）标题。

公报的标题一般有三种写法：第一种是只有文种，比如《新闻公报》等；第二种是写会议名称 + 文种，比如《中国共产党第××届中央委员会第×次全体会议公报》等；第三种是联合公报，写发表公报的双方或多方国家的简称+事由+文种三项内容，比如《中华人民共和国、印度共和国和俄罗斯联邦外交部长会晤联合公报》等。

（2）成文时间。成文时间用括号在标题之下正中位置注明，包括公报发布的年、月、日。

2. 正文

公报正文包括开头、主体两个部分。

（1）开头。

开头也就是前言部分，不同的公报要写入不同的内容：事件性公报要用最鲜明、精练的语言概述事件的核心内容，也就是何时、何地、发生了什么重大事件等；会议性公报要用最简明的语言概述会议的名称、时间、地点、参加人员等；联合公报要用最得体的语言概述公报的来由，也就是何时、何地、谁与谁举行了什么会谈或谁对谁进行了什么性质的访问等。

（2）主体。

主体是公报的核心内容，要求完整、系统、有序地表达清楚需要公知的事件。常见的有三种写作方式：

①分段式，即每段说明一层意思或一项决定，并列或者递进式行文。

②序号式，即每一个序号后面表达一个意思，依次排列序号来行文。内容复杂、问题头绪较多的公报经常使用这种方式。

③条款式，即把会议或者决策的事情条分缕析地罗列出来。联合公报多用这种方式来行文。

3. 尾部

尾部并不是所有公报的必要组成部分。事件性公报和会议性公报一般没有尾部；但是联合公报要有尾部，即在正文之后写明双方签署人的身份、姓名、日期和签署地点。

第四节　语体的特点

公报既是政治性的公文，也是新闻性的公文，语体上的特点主要有政治性、庄重性和得体性。

行政公文中，公报由党政机关发布，代表一个国家、政府或者部门的形象，而且其内容具有指导性，所以语言上要注意突出政治性特点。

公报的庄重性主要体现在行文用词选用书面语言上。行文语气要庄重，与发文机关的地位角色相称。

得体性一方面强调公报中使用的语言符合发文机关的身份地位，另一方面强调行文过程的规范性和程序性，以及书面语体的恰当性。

第五节　遣词造句技巧

公报可长可短，视具体内容而定。简短的公报则要锤炼词语，用最简明、庄重的语言表达出所要说明的意思。内容繁多的公报则要精巧地安排结构，层次分明，逻辑合理。

首先，在句式选择上要做到长短句结合，错落安排。短句明快有力，长句可以清楚明白地表达复杂的意思。在表意清晰的同时，尽量使公报美观。

其次，在词语的选用上，要选择表意明确、具体的词语。公报是广而告之的文件，绝对不能出现有歧义的词语，要确保每一句话只有一种理解方式，才能使行文对象都获得相同的信息。在涉及数字、年龄这些情况时，要写得清楚明白。

最后，在修辞使用上，可使用排比增加公报的气势，公报内容多的情况下也可以恰当使用排比。但是其他的修辞就要斟酌使用，不可乱用修辞，影响公报的严肃性和庄重性。

第六节　范文解析

范文一

中华人民共和国政府和吉尔吉斯共和国政府联合公报

（2016 年 11 月 2 日）

应吉尔吉斯共和国总理索隆拜·热恩别科夫邀请，中华人民共和国国务院总理李克强于 2016 年 11 月 2 日至 3 日对吉尔吉斯共和国进行正式访问并出席上海合作组织成员国政府首脑（总理）理事会第十五次会议。

李克强总理同阿坦巴耶夫总统举行会见，同热恩别科夫代总理举行会谈。双方在友好气氛中就两国关系，政治、经贸、人文、安全等各领域合作以及共同关心的国际和地区问题深入交换意见。

一、双方满意地指出，中吉战略伙伴关系的发展与巩固符合两国和两国人民的根本利益，有利于促进和平、稳定与发展。双方将保持密切高层交往，巩固政治互信，扩大互利合作，推动中吉战略伙伴关系不断深入发展。

二、双方将继续支持彼此主权和领土完整，开展安全合作，共同打击包括“东突”恐怖势力在内的“三股势力”，并在涉及彼此核心利益问题上相互支持。双方严厉谴责针对中国驻吉尔吉斯斯坦使馆的恐怖袭击事件，决定加快案件侦破和缉捕工作，尽快将嫌犯绳之以法。中方积极评价吉方为侦破此案采取的措施，支持吉方为巩固中亚安全、稳定和合作所作的努力。

三、双方将共同全力落实《中华人民共和国和吉尔吉斯共和国 2015 年至 2025 年合作纲要》《中华人民共和国政府和吉尔吉斯共和国政府关于两国毗邻地区合作规划纲要（2015—2020年）》。

四、双方将深入开展共建“一带一路”合作，发挥两国跨境运输潜力，落实有利于国际交通走廊发展的交通物流及相关基础设施合作项目，提高过境吉尔吉斯共和国交通走廊的竞争力，进行两国发展战略对接，推动各领域合作。

五、双方将继续共同努力，实现双边经贸合作长期可持续发展。为此，双方商定如下：

——采取切实措施提高双边贸易额，促进双边贸易平衡发展，协调动植物检疫、海关及其他贸易政策。

——采取切实措施改善相互投资环境，鼓励本国公民、企业家和投资者向对方经济投资。

——加强中吉政府间经贸合作委员会工作，在委员会框架内协调解决双边经贸投资合作中遇到的问题，共同努力推动和实施双方感兴趣的、具有良好合作前景的大项目。

——促进项目融资，拓宽融资渠道，扩大双方金融机构在金融、支付领域合作。支持吉方按规定程序积极申请丝路基金等机构的融资。

六、双方将在平等互利的基础上，鼓励和引导双方企业，根据各自国内法律、遵循商业原则和国际惯例，采取先进、节能及环保技术，共同开展矿产、建材、工业、农业等领域的产能与投资合作。

七、双方决定进一步深化能源合作，推动中国—中亚天然气管道D线项目。

八、双方愿发展交通合作，在三方机制下，加强双边磋商，积极推进中国—吉尔吉斯斯坦—乌兹别克斯坦铁路建设项目相关工作。吉方强调就该项目签署相关文件的重要性。

双方将继续推进吉尔吉斯斯坦灌溉系统改造、比什凯克市政路网改造二期和三期、比什凯克城市道路沥青路面修复等项目。

双方将继续推进民航领域合作，包括新增中吉航线、吉尔吉斯斯坦民用机场改建等。

双方将研究开通比什凯克—吐尔尕特—乌鲁木齐和奥什—伊尔克什坦—乌鲁木齐国际公路运输线问题。

九、双方将深化农业合作，重点加强以下方面工作：

——双方将加强中吉动植物检验检疫机构合作，为吉方向中方出口农产品创造良好条件。

——共同采取行动，应对吉尔吉斯斯坦土地退化和荒漠化问题。

——开展畜牧业、牦牛养殖、养蜂合作，挖掘吉方肉类、蜂蜜对华持续供应潜力。

——鼓励双方在建立农业示范种植中心、合建农场、农作物种样交换、先进农业技术和农业机械应用等领域开展合作。

十、双方将加强海关、检验检疫、边检合作，开展信息交换，提高两国口岸通行能力，探讨建立口岸合作长效机制。

十一、双方将继续深化在吉尔吉斯共和国境内的旅游合作，包括对吉方旅游基础设施进行建设和投资。

十二、双方将发展卫生和科技合作，推动联合科研项目，促进两国科研机构和高校交流合作。

十三、双方将深化传统友谊和相互尊重，鼓励和推动教育、文化、艺术、体育等人文领域合作。

十四、双方将积极开展在联合国、上海合作组织、亚洲相互协作与信任措施会议等多边机制框架内的合作。

十五、双方认为此次访问成果丰硕，有利于进一步推动中吉战略伙伴关系全面发展。

十六、中华人民共和国国务院总理李克强对访问期间吉方给予的热情友好接待表示感谢。

中华人民共和国国务院总理　吉尔吉斯共和国代总理

李克强（签字）　索隆拜·热恩别科夫（签字）

2016 年 11 月 2 日于比什凯克

点评

范文《中华人民共和国政府和吉尔吉斯共和国政府联合公报》层次清晰，内容完整，格式规范。

范文的标题十分显豁、清楚、突出、明了，包括发文机关和文种，非常符合公报标题的拟制规范。

正文运用极其精练的语言文字对两国外交做了强调和公布，对合作的事宜做了清楚明白的安排，体现了两国对经济、能源、反恐、基础设施建设等方面的关注，充分表明了两国进一步合作的诚意和趋势。

范文二

中国共产党第十八届中央委员会第六次全体会议公报

（2016年10月27日中国共产党第十八届中央委员会第六次全体会议通过）

中国共产党第十八届中央委员会第六次全体会议，于2016年10月24日至27日在北京举行。

出席这次全会的有，中央委员197人，候补中央委员151人。中央纪律检查委员会委员和有关方面负责同志列席会议。党的十八大代表中部分基层同志和专家学者也列席会议。

全会由中央政治局主持。中央委员会总书记习近平作了重要讲话。

全会听取和讨论了习近平受中央政治局委托作的工作报告，审议通过了《关于新形势下党内政治生活的若干准则》和《中国共产党党内监督条例》，审议通过了《关于召开党的第十九次全国代表大会的决议》。习近平就《准则（讨论稿）》和《条例（讨论稿）》向全会作了说明。

全会充分肯定党的十八届五中全会以来中央政治局的工作。一致认为，面对复杂的国际国内形势，中央政治局高举中国特色社会主义伟大旗帜，坚持以马克思列宁主义、毛泽东思想、邓小平理论、“三个代表”重要思想、科学发展观为指导，全面贯彻党的十八大和十八届三中、四中、五中全会精神，深入贯彻习近平总书记系列重要讲话精神和治国理政新理念新思想新战略，把握时代大势，回应实践要求，团结带领全党全国各族人民同心协力、苦干实干，统筹推进“五位一体”总体布局和协调推进“四个全面”战略布局，开展“两学一做”学习教育，推动全面深化改革、供给侧结构性改革、国防和军队改革迈出重大步伐，党和国家各项工作取得新的重大进展。

全会高度评价全面从严治党取得的成就，认为党的十八大以来，以习近平同志为核心的党中央身体力行、率先垂范，坚定推进全面从严治党，坚持思想建党和制度治党紧密结合，集中整饬党风，严厉惩治腐败，净化党内政治生态，党内政治生活展现新气象，赢得了党心民心，为开创党和国家事业新局面提供了重要保证。

全会总结了我们党开展党内政治生活的历史经验，分析了全面从严治党面临的形势和任务，认为办好中国的事情，关键在党，关键在党要管党、从严治党。党要管党必须从党内政治生活管起，从严治党必须从党内政治生活严起。为更好进行具有许多新的历史特点的伟大斗争、推进党的建设新的伟大工程、推进中国特色社会主义伟大事业，经受“四大考验”、克服“四种危险”，有必要制定一部新形势下党内政治生活的准则。

全会强调，新形势下加强和规范党内政治生活，必须以党章为根本遵循，坚持党的政治路线、思想路线、组织路线、群众路线，着力增强党内政治生活的政治性、时代性、原则性、战斗性，着力增强党自我净化、自我完善、自我革新、自我提高能力，着力提高党的领导水平和执政水平、增强拒腐防变和抵御风险能力，着力维护党中央权威、保证党的团结统一、保持党的先进性和纯洁性，努力在全党形成又有集中又有民主、又有纪律又有自由、又有统一意志又有个人心情舒畅生动活泼的政治局面。

全会强调，新形势下加强和规范党内政治生活，重点是各级领导机关和领导干部，关键是高级干部特别是中央委员会、中央政治局、中央政治局常务委员会的组成人员。高级干部特别是中央领导层组成人员必须以身作则，模范遵守党章党规，严守党的政治纪律和政治规矩，坚持不忘初心、继续前进，坚持率先垂范、以上率下，为全党全社会作出示范。

全会提出，共产主义远大理想和中国特色社会主义共同理想，是中国共产党人的精神支柱和政治灵魂，也是保持党的团结统一的思想基础。必须把坚定理想信念作为开展党内政治生活的首要任务。全党同志必须把对马克思主义的信仰、对社会主义和共产主义的信念作为毕生追求，坚定对中国特色社会主义的道路自信、理论自信、制度自信、文化自信。领导干部特别是高级干部要以实际行动让党员和群众感受到理想信念的强大力量。全党必须毫不动摇坚持马克思主义指导思想，党的各级组织必须坚持不懈抓好理论武装，广大党员、干部特别是高级干部必须自觉抓好学习、增强党性修养。

全会提出，党在社会主义初级阶段的基本路线是党和国家的生命线、人民的幸福线，也是党内政治生活正常开展的根本保证。必须全面贯彻执行党的基本路线，把以经济建设为中心同坚持四项基本原则、坚持改革开放这两个基本点统一于中国特色社会主义伟大实践，任何时候都不能有丝毫偏离和动摇。全党必须聚精会神抓好发展这个党执政兴国的第一要务。坚持四项基本原则，根本是坚持党的领导，坚持中国特色社会主义道路、中国特色社会主义理论体系、中国特色社会主义制度、中国特色社会主义文化。必须勇于推进理论创新、实践创新、制度创新、文化创新以及其他各方面创新，坚定不移实施对外开放基本国策。必须把坚持党的思想路线贯穿于执行党的基本路线全过程，在实践中检验真理和发展真理，不断推进马克思主义中国化。考察识别干部特别是高级干部必须首先看是否坚定不移贯彻党的基本路线。党员、干部特别是高级干部在大是大非面前不能态度暧昧，不能动摇基本政治立场，不能被错误言论所左右。

全会提出，坚决维护党中央权威、保证全党令行禁止，是党和国家前途命运所系，是全国各族人民根本利益所在，也是加强和规范党内政治生活的重要目的。坚持党的领导，首先是坚持党中央的集中统一领导。一个国家、一个政党，领导核心至关重要。全党必须自觉在思想上政治上行动上同党中央保持高度一致。党的各级组织、全体党员特别是高级干部都要向党中央看齐，向党的理论和路线方针政策看齐，向党中央决策部署看齐，做到党中央提倡的坚决响应、党中央决定的坚决执行、党中央禁止的坚决不做。

全会提出，纪律严明是全党统一意志、统一行动、步调一致前进的重要保障，是党内政治生活的重要内容。必须严明党的纪律，把纪律挺在前面，用铁的纪律从严治党。坚持纪律面前一律平等，遵守纪律没有特权，执行纪律没有例外，党内决不允许存在不受纪律约束的特殊组织和特殊党员。党的各级组织和全体党员必须对党忠诚老实、光明磊落，说老实话、办老实事、做老实人，如实向党反映和报告情况，反对搞两面派、做“两面人”，反对弄虚作假、虚报浮夸，反对隐瞒实情、报喜不报忧。领导机关和领导干部不准以任何理由和名义纵容、唆使、暗示或强迫下级说假话。党内不准搞拉拉扯扯、吹吹拍拍、阿谀奉承。对领导人的宣传要实事求是，禁止吹捧。党的各级组织必须担负起执行和维护政治纪律和政治规矩的责任，坚决防止和纠正执行纪律宽松软的问题。

全会提出，我们党来自人民，失去人民拥护和支持，党就会失去根基。（略）

全会提出，民主集中制是党的根本组织原则，是党内政治生活正常开展的重要制度保障。（略）

全会提出，党内民主是党的生命，是党内政治生活积极健康的重要基础。（略）

全会提出，坚持正确选人用人导向，是严肃党内政治生活的组织保证。（略）

全会提出，党的组织生活是党内政治生活的重要内容和载体，是党组织对党员进行教育管理监督的重要形式。（略）

全会提出，批评和自我批评是我们党强身治病、保持肌体健康的锐利武器，也是加强和规范党内政治生活的重要手段，必须坚持不懈把批评和自我批评这个武器用好。（略）

全会提出，监督是权力正确运行的根本保证，是加强和规范党内政治生活的重要举措。（略）

全会提出，建设廉洁政治，坚决反对腐败，是加强和规范党内政治生活的重要任务。（略）

全会强调，党内监督要以马克思列宁主义、毛泽东思想、邓小平理论、“三个代表”重要思想、科学发展观为指导，深入贯彻习近平总书记系列重要讲话精神，围绕统筹推进“五位一体”总体布局和协调推进“四个全面”战略布局，尊崇党章，依规治党，坚持党内监督和人民群众监督相结合，增强党在长期执政条件下自我净化、自我完善、自我革新、自我提高能力。

全会指出，党内监督没有禁区、没有例外。各级党组织应当把信任激励同严格监督结合起来，促使党的领导干部做到有权必有责、有责要担当，用权受监督、失责必追究。党内监督要贯彻民主集中制，依规依纪进行，强化自上而下的组织监督，改进自下而上的民主监督，发挥同级相互监督作用。

全会强调，党内监督的任务是确保党章党规党纪在全党有效执行，维护党的团结统一，重点解决党的领导弱化、党的建设缺失、全面从严治党不力，党的观念淡漠、组织涣散、纪律松弛，管党治党宽松软问题，保证党的组织充分履行职能、发挥核心作用，保证全体党员发挥先锋模范作用，保证党的领导干部忠诚干净担当。党内监督的主要内容是遵守党章党规和国家宪法法律，维护党中央集中统一领导，坚持民主集中制，落实全面从严治党责任，落实中央八项规定精神，坚持党的干部标准，廉洁自律、秉公用权，完成党中央和上级党组织部署的任务等情况。

全会指出，党内监督的重点对象是党的领导机关和领导干部特别是主要领导干部。要建立健全党中央统一领导，党委（党组）全面监督，纪律检查机关专责监督，党的工作部门职能监督，党的基层组织日常监督，党员民主监督的党内监督体系。

全会强调，党的中央委员会、中央政治局、中央政治局常务委员会全面领导党内监督工作。（略）

全会强调，各级党委应当支持和保证同级人大、政府、监察机关、司法机关等对国家机关及公职人员依法进行监督，人民政协依章程进行民主监督，审计机关依法进行审计监督。要支持民主党派履行监督职能，重视民主党派和无党派人士提出的意见、批评、建议。要认真对待、自觉接受社会监督。

全会强调，加强和规范党内政治生活、加强党内监督是全党的共同任务，必须全党一起动手。各级党委（党组）要全面履行领导责任，着力解决突出问题，把加强和规范党内政治生活、加强党内监督各项任务落到实处。

全会决定，中国共产党第十九次全国代表大会于2017年下半年在北京召开。全会认为，召开党的十九大是党和国家政治生活中的一件大事，全党要全面贯彻党的十八大和十八届三中、四中、五中、六中全会精神，团结带领全国各族人民，坚定信心，奋发进取，进一步做好党和国家各项工作，特别是要切实做好思想理论准备工作、组织准备工作、经济社会发展工作、意识形态工作，切实维护社会和谐稳定，以优异成绩迎接党的十九大召开。

全会按照党章规定，决定递补中央委员会候补委员赵宪庚、咸辉为中央委员会委员。

全会审议并通过了中共中央纪律检查委员会关于王珉、吕锡文严重违纪问题的审查报告，审议并通过了中共中央军事委员会关于范长秘、牛志忠严重违纪问题的审查报告，确认中央政治局之前作出的给予王珉、吕锡文、范长秘、牛志忠开除党籍的处分。

全会号召，全党同志紧密团结在以习近平同志为核心的党中央周围，全面深入贯彻本次全会精神，牢固树立政治意识、大局意识、核心意识、看齐意识，坚定不移维护党中央权威和党中央集中统一领导，继续推进全面从严治党，共同营造风清气正的政治生态，确保党团结带领人民不断开创中国特色社会主义事业新局面。

点评

范文《中国共产党第十八届中央委员会第六次全体会议公报》是一篇新闻公报。

范文层次清晰，内容完整，格式规范，语言严肃庄重，是一篇十分规范的公报。

正文运用极其精练的语言文字对重大的事项做了强调和公布，在叙述中，详细得当，对会议重点关注的内容做了详细的介绍；对一些还没有形成关注焦点的问题，只是做了概要的介绍。这样可以使行文对象准确把握公报的方向，理解公报的动态。正文还详细地阐述了党的建设与未来的发展等一系列问题，既总结了取得的成绩与问题，又提出未来发展的方向与途径，充分体现了公报的权威性、指导性和新闻性。

第七节　经验分享

在写作公报时，首先要确认公报种类，再根据不同的公报类型来区分写法。

新闻公报是以新闻的形式发布公报，将重大事件或者重要决定向党内外、国内外公布，在开头概括陈述最核心、最重要的新闻事实，接近新闻中消息的导语部分；接着按时间顺序或者逻辑顺序来安排层次，具体地写明事件或者决定的过程以及与此有关的立场、态度、做法、评价等。

联合公报是政党之间、国家之间、政府之间就一些重要事项达成的协议或者共同的认识。公报中有一些双方认可、联合签署的条文，比一般的新闻公报有更多的务实性内容。但联合公报和新闻公报之间的界限并不是非常清楚，有时甚至还可以合为一体。比如《中华人民共和国和印度尼西亚共和国联合新闻公报》等，就融合新闻公报和联合公报为一体。

第十五章

会议纪要

会议纪要是产生于会议后期或者会后，适用于记载和传达会议情况和议定事项的公文文种，属纪实性公文。会议纪要是根据会议情况、会议记录和各种会议材料，经过综合整理后形成的文件，概括性强、凝练度高，可以用于通报情况或者作为执行依据。会议纪要适合于任何会议，无论是党政机关还是企事业单位都可以使用。

根据会议纪要内容的写法不同，会议纪要则可分为分项式会议纪要、综述式会议纪要和摘要式会议纪要三种类型。

根据会议纪要的会议类型的不同，可以把会议纪要分为决议性会议纪要和学术性会议纪要两类。

决议性会议纪要是对领导层在会议上经过集体讨论所形成的决议性意见进行阐述的纪要，具有政策性、理论性、指导性等特点，同时具有明确的指示性，对下级部门或者部门内部具有很强的行政约束力。学术性会议纪要是讨论型的会议纪要，既可以按发言人的先后顺序来整理纪要内容，也可以按问题类别来整理纪要内容；特别要注意在纪要中表达清楚所讨论问题的分歧焦点在哪里，有哪几个不同的观点。学术性会议纪要不具有法定的行政权威和约束力。本章要叙述的是决议性会议纪要。

第一节　特点

会议纪要是对会议情况的记录和整理，主要有四个特点。

1. 纪实性

会议纪要记录的是会议宗旨、基本精神和所议定事项的概要纪实，是对会议实况的一种缩略反映，不能随意增减或更改内容，必须保证所写的材料是真实地反映会议内容的。

2. 条理性

会议纪要最特殊的性质要对会议精神和议定事项分类别、分层次归纳、概括，使之条目清晰、逻辑清楚。

3. 概括性

会议纪要是对会议要点的记录，必须抓住会议的精髓、概要，以极为简洁精练的文字高度概括会议的内容和结论，类似于为会议做了一个提纲。会议纪要既要反映与会者的一致意见，又要兼顾个别同志有价值的看法，分类记录在案，以备查看。有的会议纪要还要用一定的分析说理，来表明特定的观点。

4. 广泛性

任何类型的会议都可印发纪要，尚待决议的事项或者对同一事项有不同意见的，也可以写入纪要。会议纪要是一个具有广泛实用价值的文种。

第二节　行文对象

会议纪要记录的是会议情况和已议定事项，它的行文对象是参加会议的人员和未参加会议但与会议讨论事项相关的人员，行文对象相对固定。由于其行文对象既有与会人员，也有未参加会议的人员，因此会议纪要一定要把会议的情况和已经议定的事项准确概要地表达出来。这样既能使与会人员对会议情况有一个清晰把握，也能使未参与会议但受会议结果约束的人员把握会议的深意，在实际工作中依据会议精神来行事。

会议纪要的行文对象相对有限，同样，也相对来说具备一定程度的知识、认知能力和专业能力，所以会议纪要只要求记录会议梗概，把与会人员的各种观点或者会议精神准确地概括出来即可，不要求内容详细具体。会议纪要符合行文对象的认知水平，能够提纲挈领地对行文对象以后的工作开展提出指导即可。

第三节　格式

会议纪要就是对会议情况的一个记录和概括，格式上没有太多需要注意的细节。它主要包括标题、正文和结尾三个部分。

1. 标题

会议纪要的标题一般有两种形式：

第一，由会议名称＋文种两部分组成；第二，由说明会议意义或内容的正标题＋说明会议名称＋文种的副标题三个部分组成。

2. 正文

会议纪要的正文由导言、主体和结尾三个部分构成。

（1）导言。

导言是描述会议召开情况的，一般采用简述式写法，简述会议时间、地点、出席人员、中心议题和议程等内容。

（2）主体。

主体一般介绍会议的主要精神，不同的会议纪要有不同的侧重点。

综述式会议纪要的主体是对会议的内容或议定事项，进行综合概括，按内容性质分成若干部分，最后依据一定的逻辑顺序排列写作。一般议题重大，内容涉及面广的会议纪要，多属此类。

分项式会议纪要的主体是把会议的内容或议定事项分条列

项地写出。大部分办公会议纪要或者讨论解决较具体问题、较专门问题的会议纪要多属于这一类。

摘要式会议纪要的主体是将与会者的发言按中心议题的要求择其要点摘录出来，再按内容性质归类后写出。同时记录与会者的真实姓名、职务和职称等。这种写法比较特殊，能客观地反映与会者的观点和主张，还能在一定程度上保留与会者发言的风格。

3. 结尾

会议纪要的结尾一般是提出对与会者的希望和要求。不是所有的会议纪要都要有结尾，有的会议纪要不写专门的结尾，就以正文的结尾为结尾。

第四节　语体的特点

会议纪要是对一个会议的整体记录，但不是详细、细致的记录，而是纲举目张，对会议主要观点和主要精神的提纲式记录。因此，会议纪要的语体上主要有概说性、书面性与口语性相结合的特点。

1. 概说性

会议纪要是对会议要点的记录，不是详细地把每个发言人的发言记录在案。因此一定要注意语言的概括性，辞少意多，一针见血地指出每个发言人发言主旨所在即可。

2. 书面性与口语性相结合

会议纪要是对与会发言人的意思主旨的一种记录，所以既要体现其书面性，也要体现发言人的发言特点和风格，尤其是在摘要式会议纪要中这一特点特别明显。在综述式纪要和分项式纪要中，更多地突出其书面性特点，多用书面语言；但是在摘要式纪要中，为了体现不同发言者的风格，则要在一定程度上保持发言者的语言风格。发言者的表达特点是诙谐还是严肃等都需要记录在案，这必然会使会议纪要具有一些口语性语体的特征。

第五节 遣词造句技巧

会议纪要的语言文字重在提纲挈领，体现会议精神，指导工作原则。因此在遣词造句上要注意正确使用政治语言，注意使用具有概括性和鲜明性的词语。结尾提出希望和要求的语言要具有鼓舞性和感染力。

首先，会议纪要是靠对与会者语言的记录来传达会议精神，指导行文对象以后的工作的。因此，一定要注意使用恰当的政治语言来传达精神，提出工作要求。使用恰当的政治语言，还可以提高与会者的思想觉悟，使行文对象了解国家政治上的一些方针政策。

其次，注意使用具有概括性和鲜明性的词语，特别是在摘要式记录中。摘要式记录要保持发言者的发言风格，同时又要概括出其发言的重点，所以在遣词造句上，要有侧重地保留发言者的原话，同时，对其他的重点内容进行再概括。

第六节　范文解析

范文一

××县2011年煤矿安全生产工作会议纪要

2011年1月10日，县委、县政府在政府办会议室召开2011年全县煤矿安全生产工作会议。会议表彰了我县2010年煤矿安全生产的先进单位，并对2011年的煤矿安全工作进行了安排部属。会议由县委书记霍文平主持，县长郝路出席会议并作重要讲话，县安监局、地矿局、煤管局、公安局各位领导及大平岭煤矿、富强煤矿、候家峪煤矿负责人参加了会议并分别作了发言。会议纪要如下：

2010年，我县的煤矿安全工作在县委、县政府的正确领导下取得全面性胜利。这一年中发生煤矿安全事故2起，7人死亡，13人受伤，比2009年大幅下降。2011年，我县的煤矿安全工作要以“三个代表”重要思想为指导，进一步贯彻落实科学发展观，落实国务院《关于预防煤矿安全生产事故的特别规定》和省市县政府对煤矿安全工作的要求，提高认识，统一思想，稳扎稳打，使我县的煤矿安全生产工作再创佳绩、再立新功。

一、充分认识煤矿安全工作重要性，继续整治违法、违规生产，杜绝危险生产。

去年以来，我县的煤矿安全工作采取了一系列有力的安全整治措施，出台了一系列煤矿生产安全规定，安全管理更加科学化、规范化，各级领导和职工的安全意识明显增强，这对预防恶性安全事故起到了很好的作用。但是，同国务院相关规定的要求和省市安全生产先进单位相比，我县还有不小的差距。因此，2011年，各相关单位应继续加大力度，严厉查处违法、违规生产和安全不合格单位，坚决杜绝危险生产，将恶性事故消灭在萌芽状态。

二、深化改革，拓宽思路，求真务实地抓好煤矿安全工作。

2010年，我县的煤矿安全工作之所以能够取得重大成绩，很重要的一个原因是县委县政府领导班子勇于改革，深入探索，以科学发展观的精神为指导，调整工作思路，创新工作方法。2011年，我县全体煤矿管理人员仍需将安全生产作为头等大事来抓，要在县委县政府的领导下，继续不断深化改革、拓宽思路，求真务实地抓好煤矿安全工作。

三、落实安全生产责任制，促进安全生产规范化、标准化、透明化。

总结我县2010年安全生产工作经验，安全生产责任制是治理乱挖、乱采、违章生产、消极管理的不二法宝。2011年，煤管局、地矿局、公安局仍需继续加强力度落实安全生产责任制，明确责任主体；同时大力引进先进的安全管理模式，促使安全生产规范化、标准化、透明化，达到我省的先进水平。

点评

范文《××县2011年煤矿安全生产工作会议纪要》是一篇综述式会议纪要。范文格式规范，结构完整，层次分明。开篇点明了会议召开的时间、地点、与会人员及主要内容；主体部分对会议的内容逐项进行说明，文字概括精炼、描述准确，不拖沓，不繁缛。

范文二

××公司总经理办公会议纪要

时　间：2016年××月××日

地　点：公司会议室

主持人：×××

参加人员：×××、×××、×××等共9人。

2016年××月××日下午，公司召开第一次总经理办公会议，研究讨论公司部门工作调整事项，关于公司机关××月份效益工资发放问题等事宜。会议由×××总经理主持，公司领导，总经办、党群办及相关处室负责人参加。现将会议决定事项纪要如下：

一、部门工作调整事项

1.原办公室负责的档案保管归档工作变更到信息技术部负责；

2.原综合部负责的合同管理工作变更到市场部负责；

3.由办公室负责的员工保健管理、体检、员工退休抚恤、福利制度制订工作变更到人力资源部负责。

会议重点对人力资源部制订的薪酬制度和人事管理制度进行了讨论，并提出部门需修改的原则。

二、关于公司机关×月份效益工资发放问题

人力资源部在会议上作出了对于公司机关××月份岗位工资发放标准建议的报告。会议通过人力资源部制定的报告，决定发放机关员工×—×月份岗位工资，并由银行代为发放。发放人员为非试用期的所有机关干部。对试用期内干部的效益工资，待三个月考核明确岗位后，一律按新岗位标准发放。

会议最后强调，岗位调整工作关系着公司更为科学的建设与发展，要不断完善岗位调整工作，寻找最适应公司发展的岗位设置方式。要加强公司内部管理，公司领导要轮流进行上岗值班，增强工作的针对性和有效性。

点评

范文《×××公司总经理办公会议纪要》是一篇分项式会议纪要。范文对总经理会议中讨论的事项做了概要的记录，包含了会议中讨论的所有事项，既涉及企业资金管理方面的内容，也涉及职工方面的内容。

正文中，使用“会议重点对……进行了讨论”这样的表述，明显地表示了此会议纪要为集体讨论的结果，同时充分表现了纪要是忠实于会议实际内容本身的。在正文中还有“会议……决定”“会议最后强调”这样的表述，说明纪要是决议性的会议纪要，其中的要求内容都是需要行文对象，即公司所有的员工遵照执行的。

第七节　经验分享

在写作会议纪要时要注意以下三方面的内容：

第一，要准确地集中会议的意见。如果会议中存在分歧，没有取得一致的意见，一般不写入纪要；但是对于少数人的意见要记录在案，以供日后实际工作中参考。

第二，不同的会议纪要写作的重点不同。例会和办公会议的会议纪要，重点将会议所探讨研究的问题和最后的决定逐条归纳，清晰扼要地列出；摘要式纪要，则要有侧重地保留发言者的风格。

第三，会议纪要在行文过程中要用“会议”做主语，即在写作中多用“会议认为”“会议确定”“会议强调”“会议听取了”“会议讨论了”等语言来提示段落内容，表示这是一篇会议纪要而不是其他的文种。

第三编 法规性公文

写作要领

法规性公文是指国家机关制定的，位阶仅次于法律的规范性文件。国家管理活动中制定的法规性公文是国务院或者省、自治区、直辖市、省或自治区人民政府所在地的市、经国务院批准的较大的市的人大及其常委会制定和公布的，具有法律效力的文件，主要包括条例、规定、办法和细则四种公文文种。

企事业单位中的法规性公文，是企业根据国家法律法规的内容，制定的适用于本单位具有法律效力的规范本单位员工和职责的公文，主要包括条例和规定两种。

一、特点

法规性公文主要有以下四个特点：

1. 绝对权威性

法规性公文是国家的特定机关制定的，直接反映人民的意愿和要求，与国家性质相一致，具有绝对的权威性。法规性公文制定出来以后，所有的人都要遵守。同时，法规性公文绝对不能与我国现有的法律相抵触，否则将失去效力。企事业单位中的法规性公文也对本单位的人具有约束力，违反后要承担相应的法律责任。

2. 针对性强

法规性公文是具有针对性的文件，国家机关发布的一般是针对一定范围内法律调节作用不大的特殊情况制定的，目的是弥补法律在实际实行中的不足之处，具有很强的针对性。另外一种情况就是国务院为了行使行政职权，管理国家事务而制定规章条例，也具有针对性。企事业单位发布的法规性公文一般是针对自己单位的具体情况以及员工工作中需要注意的地方进行规定。

3. 广泛适用性

国务院发布的行政法规是在全国范围内适用的，地方的人大或者人大常委会发布的地方性法规在其辖区内适用。无论是哪种法规，都具有广泛的适用性，辖区内的人民都必须遵守，不能违背。对于企事业单位来说，只要是政府批准成立的企事业单位都可以根据本单位的情况，制定适合本单位又不违背法律法规的规定或条例。

4. 可诉性

可诉性是法规性公文区别于其他公文的最大特点。法规性文件和法律一样，人们在实际生活中如果违反了这些规定就要受到惩罚，当人们对惩罚不服时，可以采取诉讼的方式进行维权。同样，企事业单位的法规性文件也是具有法律约束性的，员工若与单位产生纠纷，在提起诉讼的过程中，单位的法规性文件也可以作为法院判决的根据。

二、结构

法规性公文的结构都是有法律明文规定的，所以格式一般固定。在固定的格式骨架内填充内容，要求逻辑严谨、脉络清晰。

法规性公文只有条例、规定、办法和细则四种，所采用的行文结构主要是多款式和条文并列式两种。多款式结构排列有序、条目清楚、简洁明了，最符合法规性文件的行文特点。

首先，内容繁多，篇幅较长的公文适合使用章断条连式的结构行文。在行文中，以章为序划分内容层次，各章下的“条”不因章的断开而另起头，而是连续编号。这便于执行承办时援引有关条文。章下一般是分条，极少数还在章下分节，节下再分条。章、节、条均用小写汉字数目表示，如第一章、第一节、第一条。条下有的分款，款不带序数，一个自然段就是一款；条下有的列项，列项的每一项冠以带圆括号的汉字数码（一）（二）等。项下还可分目，分目冠以阿拉伯数字 1，2 等。《党政机关公文处理工作条例》就是使用这种结构方式行文的。

其次，内容不太多、篇幅不太长的法规、规章等法规性文件可以使用条文并列式的结构行文。条下同样可以分为款、项和目。通常用“第 × 条”来标示层次，条下的款、项或者目是独立成段的，段与段之间的内容具有相关性。

三、撰写要求

法规性公文是一种特殊的文种，是国家法律法规的一部分，所以合法性是其写作中的第一位要求，另外还要求简明准确，规范严谨，可操作性强。

1. 合法

公文的内容以及行文过程合乎法律法规，与上位阶的法律内容和精神保持一致，不可出现相悖的现象。

2. 简明准确

行文过程中尽量少用不必要的修饰语，言简意赅，从选择文种到使用概念甚至符号、字体的使用都必须准确无误，不得有欠缺失当之处。语言明确没有歧义，使行文对象一览而知其意，不能用晦涩难懂的语言。

3. 规范严谨

法规性公文在格式、语言表达、符号使用方面都有相关的规定，须严格按照规范进行写作，不能在格式、语言上“独树一帜”，不能违反撰写法规性公文的相关规定。严谨指的是在措辞选用上要慎重，表达周密，不要出现任何歧义。

4. 可操作性强

法规性公文的内容是针对实际工作中遇到的疑难问题而撰写的，要反映真实情况，便于解决实际问题，因此要求其内容可操作性必须强，能够在实际工作中得到落实。

四、写作经验

写作法规性公文时，要注意前期调查实践和后期修改两个方面。调查实践是写作法规性公文的基础，法规性公文都是针对社会上最新出现的亟待解决的，而法律又对其无相关规定的问题出台的，比如《突发公共卫生事件应急条例》等。因此，在写作之前，必须要对新出现的社会情况做充分的调查了解，保证这个文件出台后可以在控制新的社会现象上起到预期的效果，实际可操作性强。了解清楚实际情况之后，整理资料，落笔起草才能从容写就。

任何公文的写作都不是一蹴而就的，在公文成文后，对公文的修改也是非常关键的一步。初稿完成后，首先要对公文的格式进行核对，审核是否符合国家的规定；其次，对每一项条款进行再次审查，看看是否存在歧义，是否表达清楚了需要表达的意思，是否具有很强的可操作性；最后，检查标点符号，确保全文达到规范要求。

第十六章

条例

条例是由国家制定或批准的，规定某些事项或某一机关的组织、职权等的法律文件，是党的最高领导机关、国家最高行政机关、国家和地方立法机关用来对机关、团体的组织、职权、工作、活动及成员的行为，或对某一重大事项办理作出比较全面、系统、原则规定的法规性公文。

按照条例的制发机关和内容性质的不同，可以将条例分为组织规章性条例、行政管理条例和法律实施条例三类。

1. 组织规章性条例

组织规章性条例是由党的中央组织制定用于规范党组织的工作、活动和党员行为的规章制度。作为党的机关公文的条例，都属于组织规章性条例，任何党员都不能违背条例行事，否则将会受到制裁。2015 年 10 月 12 日通过的《中国共产党纪律处分条例》就是这样一个组织规章性条例，共分为 3 编 11 章 133 条。它就相当于党内的法律，任何党组织或党员都必须严格遵守，否则将受到严厉的党纪处分。中央纪律检查委员会成立以来，也发布了若干条例，对纪检会的工作程序、方法、要求等作出明确规定，这些都属于组织规章性条例。

2. 行政管理条例

行政管理条例是国家行政机关在行使行政职权进行管理的时候，针对某项长期性工作制定的规章制度。比如《突发公共卫生事件应急条例》，分别就预防与应急准备、报告与信息发布、应急处理和法律责任都做了详细的规定，共计 54 条，使得面对突发公共卫生事件时有法可依。

3. 法律实施条例

国家的法律制定颁布之后，在面对各种各样的具体情况执行时，往往还会有许多不够具体、不够明白的地方，这时就需要用法律实施条例对其进行补充说明或作出辅助性的规定，以保证法律被执行的过程中能有效地解决实际问题。法律实施条例可以对法律中的概念进行解释说明，可以把某些条文细节化、具体化，还可以对法律进行补充。

第一节　特点

条例是一种法规性文件，主要有以下四个特点：

1. 法定性

条例的法定性体现为其制发程序和制发机关具有法定性。条例是法规性公文中的最高样式，其制发程序和资格在党的机关公文或是法律文件中，都有严格的规定。只有国家及其最高行政机关和地方立法机关才有制发条例的资格，国务院各部门和地方人民政府制定的规章不得称为“条例”。国务院的各个部门所制定的与自己职权有关的规章以“条例”命名时，必须经国务院批准并以国务院的名义发布，不能擅自制定发布。

2. 法规性

条例的法规性体现在其内容上。条例也是一种党的机关公文，以规章制度的形式来规范党组织的工作、活动和党员行为。对于行政公文来说，条例是对国家的某一政策、法令所做的全面、系统的补充说明或辅助规定，比如《中华人民共和国森林法实施条例》等；或者是对某一项经常性的重要工作所颁布的规章制度，比如《中华人民共和国人民币管理条例》等。条例一经颁布，就具有在特定领域中的强制性和约束力，相关的组织、人员必须遵照执行，不得违反。

3. 条款化

条例在其结构和内容表达上具有条款化的特点。条例的正文，一般采用分条列款的方式，往往是篇下分章、章下分条、条下分款。这样便于行文对象使用时查找、引用。

4. 稳定性

条例的实效具有稳定性，条例一经制定颁布，会在很长时间内具有相当于法律法规的法定效力。

第二节 行文对象

条例是党的中央领导机关、国家权力机关和企事业单位的权力机关制定颁布的，但是无论哪种条例，它的行文对象都具有广泛性。

首先，组织规章性条例是党的中央领导机关制发的，它的行文对象是所有的中国共产党员，所有的党员都要遵守条例的内容。因此，针对党员的条例在行文中要体现出高度的思想性和政治性，以及明确性，使条例约束的党员可以清晰明确地掌握条例的内容。

其次，法律实施条例和行政管理条例是要求全国人民或者某个辖区内的所有人民共同遵守的，企事业单位定的条例也是单位内的人都要遵守的。所以条例的行文对象是制发机关辖区内所有的人。

在条例的行文中，为了确保所有的行文对象都能理解掌握条例内容，不能使用生僻艰涩的语言。条例要在保持政治性、严肃性的同时，做到语言通俗易懂，这样可以照顾到所有的行文对象。

第三节 格式

条例的格式是有国家法律性文件明文规定的，主要包括标题和制发时间、正文两个部分。

1. 标题和制发时间

（1）标题。

条例的标题，有两种写作方式。第一种方式是标题由施行范围 + 主要内容 + 文种组成。比如《中国共产党纪律处分条例》，这个标题包含的施行范围是全党，主要内容是纪律处分，文种是条例。再比如《党的纪律检察机关案件审理工作条例》，这个标题表明实施范围是党的各级纪检部门，主要内容是案件审理工作，文种是条例。第二种写法是标题由主要内容 + 文种组成。比如《建设工程质量管理条例》，这个标题表明主要内容是建设工程质量管理，文种是条例。但是，需要注意的是，第二种标题写法需要一个前提，就是条例的施行范围是不用点明行文对象也是很清楚的。

（2）制发时间。

独立发布的条例，要在标题之下正中位置，加括号标明制发机关和制发时间，如"（中共中央纪律检查委员会 ×××× 年 ×× 月 ×× 日印发）"等。

但是用命令、通知等文种予以发布的条例，本身不显示制发时间，以命令或通知的发文时间为准。如《农药管理条例》是 2017 年 3 月 16 日由国务院第 677 号令颁布的，该条例的制发时间就是 2017 年 3 月 16 日。

2. 正文

条例正文由总则、分则和附则三个部分组成。

（1）总则。

总则部分包括制定条例的依据、意义、目的、指导思想、基本概念、基本原则、适用范围等内容。总则一般独立成章，章下再分条书写具体内容。内容繁多复杂的，可以先分编，编下再分章，章下再分条。总之，写作总则要坚持层次分明的原则。

（2）分则。

总则之后、附则之前的内容就是分则内容。分则是条例的主体内容，规范行文对象行为的、可操作的、具有约束力的规章制度都在这部分内容中。分则根据具体内容的多少，同样适用编、章、条、款的结构方式书写。

（3）附则。

附则内容是对总则、分则的补充说明，一般比较简单；主要包括概念解释、阐述问题背景等解释性内容，明确本条例的解释权、修改权、实施时间等。在附则内容多的情况下，可以使用条款式结构书写；在内容少的情况下，不必明确表明条款，以段区分即可。

内容较少的条例，总则、分则、附则之间可以没有明显的外部标志，直接分条书写，能体现出三者之间的层次感即可。

值得注意的是，条例使用章断条连式结构，即条例正文各条的序号从总则到附则都要贯通排列，为执行和引用提供方便。

第四节　语体的特点

条例是强制性、权威性文件，它的语体特点主要有明确、合法、简要三个方面。

首先，条例是法规性文件，颁布后需要人们遵照执行。因此，语言上必须要明确，不能给条例的行文对象造成理解上的困扰。

其次，法规性文件区别于其他类型公文的最主要特征就是具有可诉性，效力相当于法律。因此，它的内容、语言和体式都必须合法，行文中使用合法的程式化语言，严格使用非程序化语言，禁止使用口语化的语言。

最后，条例在语体上必须杜绝冗言赘语，做到简洁扼要。

每一条款都简洁明了，写必需的内容，可有可无的内容尽量不写，突出重点，文短意明。

第五节　遣词造句技巧

条例的语言重在严肃、平实。在遣词造句方面，要做到以下两点：

第一，词语使用恰如其分，准确清楚。比如“有下列情形之一的，省、自治区、直辖市人民政府应当在接到报告1小时内，向国务院卫生行政主管部门报告”，这句话中，“有下列情形之一的”就非常准确、恰当。只有这样准确恰当的词句才能使行文对象以最快的速度理解文意，避免造成理解上的歧义，给行文对象展开工作带来不必要的麻烦。

第二，句式使用上，多用短句和祈使句，恰当使用长句。长句往往结构复杂，修饰语繁多，如果行文中使用过多的长句可能会给行文对象理解条例内容造成麻烦。因此要多用短句，特别是祈使句，使行文对象一看就能明白其意思。

第六节　范文解析

范文一

中华人民共和国政府信息公开条例

第一章　总则

第一条　为了保障公民、法人和其他组织依法获取政府信息，提高政府工作的透明度，促进依法行政，充分发挥政府信息对人民群众生产、生活和经济社会活动的服务作用，制定本条例。

（略）

第四条　各级人民政府及县级以上人民政府部门应当建立健全本行政机关的政府信息公开工作制度，并指定机构（以下统称政府信息公开工作机构）负责本行政机关政府信息公开的日常工作。

政府信息公开工作机构的具体职责是：

（一）具体承办本行政机关的政府信息公开事宜；

（二）维护和更新本行政机关公开的政府信息；

（三）组织编制本行政机关的政府信息公开指南、政府信息公开目录和政府信息公开工作年度报告；

（四）对拟公开的政府信息进行保密审查；

（五）本行政机关规定的与政府信息公开有关的其他职责。

（略）

第二章　公开的范围

第九条　行政机关对符合下列基本要求之一的政府信息应当主动公开：

（一）涉及公民、法人或者其他组织切身利益的；

（二）需要社会公众广泛知晓或者参与的；

（三）反映本行政机关机构设置、职能、办事程序等情况的；

（四）其他依照法律、法规和国家有关规定应当主动公开的。

第十条　县级以上各级人民政府及其部门应当依照本条例第九条的规定，在各自职责范围内确定主动公开的政府信息的具体内容，并重点公开下列政府信息：

（一）行政法规、规章和规范性文件；

（二）国民经济和社会发展规划、专项规划、区域规划及相关政策；

（三）国民经济和社会发展统计信息；

（四）财政预算、决算报告；

（五）行政事业性收费的项目、依据、标准；

（六）政府集中采购项目的目录、标准及实施情况；

（七）行政许可的事项、依据、条件、数量、程序、期限以及申请行政许可需要提交的全部材料目录及办理情况；

（八）重大建设项目的批准和实施情况；

（九）扶贫、教育、医疗、社会保障、促进就业等方面的政策、措施及其实施情况；

（十）突发公共事件的应急预案、预警信息及应对情况；

（十一）环境保护、公共卫生、安全生产、食品药品、产品质量的监督检查情况。

第十一条　设区的市级人民政府、县级人民政府及其部门重点公开的政府信息还应当包括下列内容：

（一）城乡建设和管理的重大事项；

（二）社会公益事业建设情况；

（三）征收或者征用土地、房屋拆迁及其补偿、补助费用的发放、使用情况；

（四）抢险救灾、优抚、救济、社会捐助等款物的管理、使用和分配情况。

第十二条　乡（镇）人民政府应当依照本条例第九条的规定，在其职责范围内确定主动公开的政府信息的具体内容，并重点公开下列政府信息：

（一）贯彻落实国家关于农村工作政策的情况；

（二）财政收支、各类专项资金的管理和使用情况；

（三）乡（镇）土地利用总体规划、宅基地使用的审核情况；

（四）征收或者征用土地、房屋拆迁及其补偿、补助费用的发放、使用情况；

（五）乡（镇）的债权债务、筹资筹劳情况；

（六）抢险救灾、优抚、救济、社会捐助等款物的发放情况；

（七）乡镇集体企业及其他乡镇经济实体承包、租赁、拍卖等情况；

（八）执行计划生育政策的情况。

（略）

第三章　公开的方式和程序

第十五条　行政机关应当将主动公开的政府信息，通过政府公报、政府网站、新闻发布会以及报刊、广播、电视等便于公众知晓的方式公开。

第十六条　各级人民政府应当在国家档案馆、公共图书馆设置政府信息查阅场所，并配备相应的设施、设备，为公民、法人或者其他组织获取政府信息提供便利。

行政机关可以根据需要设立公共查阅室、资料索取点、信息公告栏、电子信息屏等场所、设施，公开政府信息。

行政机关应当及时向国家档案馆、公共图书馆提供主动公开的政府信息。

第十七条　行政机关制作的政府信息，由制作该政府信息的行政机关负责公开；行政机关从公民、法人或者其他组织获取的政府信息，由保存该政府信息的行政机关负责公开；法律、法规对政府信息公开的权限另有规定的，从其规定。

（略）

第四章　监督和保障

（略）

第五章　附则

（略）

第三十七条　教育、医疗卫生、计划生育、供水、供电、供气、供热、环保、公共交通等与人民群众利益密切相关的公共企事业单位在提供社会公共服务过程中制作、获取的信息的公开，参照本条例执行，具体办法由国务院有关主管部门或者机构制定。

第三十八条　本条例自2008年5月1日起施行。

点评

范文《中华人民共和国政府信息公开条例》是一篇典型的行政管理条例。范文最大的特色在于使用章断条连式结构来行文，把政府信息公开的目的、范围、方式、程序、监督和保障、注意事项和施行日期一一列出，清楚明了。

范文二

××有限公司员工奖惩条例

第一条　为维护公司劳动纪律和各项管理制度，保障公司顺利执行各项制度，保障公司正常进行工作，激励职工的敬业精神，特制定本条例。

第二条　对本公司员工奖励分为下述五种：

（一）嘉奖；

（二）记功；

（三）晋级；

（四）授予“先进工作者”称号；

（五）授予“劳动模范”称号。

第三条 本公司之惩处分为下述五种：

（一）罚款；

（二）警告；

（三）记过；

（四）降级；

（五）除名。

第四条 有下列事迹之员工，经人事部监察科调查核实后，给予一次奖励，其奖励种类视事迹突出程度而定。

（一）工作积极、忠于职守、遵纪守法、文明礼貌、模范执行公司各项规章制度，全年未出现安全生产事故者；

（二）超额完成公司下达任务者；

（三）向公司提出建议，其建议被公司采纳者；

（四）保护公司公共财产，防止安全生产事故发生与挽回经济损失有功者；

（五）坚持业余自学，不断提高业务水平，在公司任职期间，获取大学以上文凭或其他专业证书者；

（六）维护公司的规章制度，敢于制止、批评、揭发各种违纪行为者；

（七）对各种侵害公司利益之行为敢于制止、揭发者；

（八）对社会作出贡献，为公司挣得社会荣誉者；

（九）具有其他功绩，董事长认为应给予奖励者。

第五条 员工的奖励，由员工所在部门或主管领导向公司人事部监察科推荐，并经相关负责人员审核批准后，由人事部落实执行。

第六条 事迹突出的员工除按第二条给予奖励外，公司还将在住房、进修、休假等方面给予优先考虑。

第七条 有下列事由之员工，经调查核实后，根据情节轻重，酌情给予一次罚款或警告处分。

（一）初次不服从工作安排，影响生产、工作秩序者；

（二）未经领导同意，擅自将公司的机密文件透露给外公司人员者；

（三）向客户索取回扣或介绍费者；

（四）私自把本公司的客户介绍给外单位者；

（五）工作时间私自离岗，影响正常生产秩序者；

（六）工作时间吃食物、睡觉、阅读与工作无关之书报者；

（七）工作时间不按公司要求着装及佩戴公司徽章者。

第八条　员工的奖励或惩处由各部门、各主管领导提供材料，由人事部监察科负责调查落实，其审核批准权限按人事管理责权划分执行。

第九条　按本规定第八条处理的责任人，在赔偿事项未了结之前，不得调离本公司。

第十条　员工罚款处分根据情节严重程度分为罚 ×× 元和罚 ××× 元两种情况，警告处分则扣发 ×% 的月工资，记过处分扣发 × 个月工资。员工受嘉奖 1 次，增发 × 个月的基本工资，记功 1 次增发 × 个月基本工资。

第十一条　员工受奖惩情况记入人事考核档案中，受警告以上处罚情况每月由人事部监察科统一公布 1 次。

第十二条　为使受到惩处的员工将功补过，在同一年度中，功过可以相抵和转换，方法如下：

（一）1 次嘉奖可与 × 次警告相抵；

（二）1 次记功可与 × 次记过相抵；

（三）× 次警告相当于 1 次记过；

（四）× 次嘉奖相当于 1 次记功；

（五）同年中 × 次记功，工资自动升 1 级；

（六）同年中 × 次记过，工资自动降 1 级；

（七）同年中功过抵消后，对年终评比、提薪、晋级等不发生影响。

第十三条　授予“先进工作者”和“劳动模范”的工作在

每年年末进行，当年内受过警告处分以上惩处的员工若功过未抵消，不得参与评选。

第十四条　本条例自2016年10月1日起施行。

点评

范文《××有限公司员工奖惩条例》是一篇标准的企业行政管理条例。无论是其格式、结构还是语言的运用上，都有值得学习之处。

范文是严格按照国家规定的条例的格式来撰写的，标题使用"试行范围+主要内容+文种"的方式。正文中，奖惩等级划分合理，内容齐全，特别是其中使用了等级序号的方式行文，层次分明，使得全文逻辑严谨，结构紧凑。

范文语言非常贴切、严密。第十条中的数字既合情合理又准确无误，把不同程度的奖惩清晰地罗列出来，足见制文者的思维之缜密。

第七节　经验分享

在条例的写作中，要注意事前对新出现的社会情况做详细、深入的研究，切实掌握已经出现和可能出现的情况。因为条例在制发后，要在很长一段时间内实行，具有一定的稳定性，不可能说出现一个新的情况就要制定条例来规范人们的行为，所以在制发前就要对将来一段时间内可能出现的情况作出预测和规定。

在制定条例时，还要注意保证条例所规定的规范具有实际可操作性。只有实际可操作性强的规范才能在实际生活中得到有效的执行。

条例所规范的法律后果要具有震慑性，不具有震慑性的法律后果不足以震慑人心，也会影响条例的实际执行效果。

第十七章

规定

规定是党和国家机关、企事业单位、社会团体对某一项工作或开展某种活动作出政策性或规则性要求的法规性公文。规定适用于对特定范围内的工作和事务制定具有约束力的行为规范。

根据规定的不同性质可以将规定分为以下四种：

第一，政策性规定。政策性规定用于依照有关法律法规条文，对某项活动或某项工作制定政策规范。

第二，管理性规定。管理性规定是用于制定某项活动或某方面工作的管理规则和要求，以达到加强管理、规范行为的目的。

第三，补充性规定。补充性规定适用于对某些法规性文件做补充。

第四，实施性规定。实施性规定为了顺利实施有关法规而制定。一般情况下实施性规定与实施原件配套使用。

第一节　特点

与条例相比，规定的严格性和规范性更强，它必须是由专门机关制定的。规定主要有以下三个特点：

1. 广泛性

规定在制定和使用方面具有广泛性，不但各级领导机关和职能部门可以制发规定，企事业单位、社会团体也可以制发。

规定既可以用于规定重大事项，也可以用于规定一般事项。规定篇幅可大可小，时效长短灵活，制发体制灵便，因此适用范围广泛。

2. 集中性

规定的规范对象具有集中性。规定的内容指向某项工作或活动，对象具体、明确而集中，对工作或者活动之外的人不起作用。

3. 制约性

规定对行文对象的行为具有制约性，主要表现在它用限定行为规范、制定办事准则及规范界限的方式，对活动开展、事项管理、问题处置作出制约性的规定。具体地说，规定多是为解决“应该怎样”和“不应怎样”的界限问题而设的，特别是一些禁止性、限制性规定，其制约性特点尤为突出。

第二节　行文对象

规定的行文对象比较有限，主要是参加某一项工作或者活动的所有人员行文对象。

参加工作或者活动的人员对活动的内容都比较清楚，规定就是要把工作或者活动中需要注意的细节和需要遵守的原则以文本的形式明确地写出来，使参加工作或者活动的人员可以清晰地把握工作或者活动的全貌和细节，不至于在参加工作或者活动的过程中犯不该犯的错误。

规定的行文对象都是具备工作或者活动的相关知识背景的人员，所以在行文中不必事无巨细，把在工作或者活动中需要重点注意的地方明确点明即可。

第三节　格式

规定的格式有法律明文规定，主要包括标题和正文两个部分。

1. 标题

标题通常有三种写法。

（1）由发文机关＋适用对象（或者主要内容）＋文种三部分构成，比如《国务院关于征收私营企业投资者个人收入调节税的规定》等。

（2）由规范范围＋适用对象（或者主要内容）＋文种三部分构成，比如《广东省开平县碉楼保护管理规定》等。

（3）标示规定内容的修饰限制语＋文种两部分构成，比如《关于退休工人待遇问题的若干规定》《关于加强引进资金管理的暂行规定》等。

2. 正文

规定的正文一般包括原因、规范和说明三部分。规定的原因部分，一般说明规定的依据或目的。

规定的规范部分，要根据规定的类型不同来具体写作。

（1）政策性规定的规范部分主要是界限划分、明确范围、提出要求和奖惩情况等，解决“应当怎样”和“不应怎样”的问题。

（2）管理性规定的规范部分主要是规定管理原则、管理职责、质量标准、措施、办法、管理范围及要求等。

（3）补充性规定的规范部分主要是对原件中某些提法不够明确、不够具体的方面加以明确和具体，对遗漏的问题加以补充完善，以便实施。

（4）实施性规定的规范部分主要是对实施文件作出有关规定，对原件条款作出解释，提出相应的实施意见。

规定的说明部分，内容通常包括规定的制作权、解释权和实施日期。

第四节　语体的特点

规定属于法规性公文,其行文的语体特点主要有得体合法、确切、利落和陈述性四个方面。

首先，得体合法是指根据行文目的、内容和对象，恰当地使用语言，做到文实相符。规定是指导工作用的，语言不可过于原则，以免空洞；应该实实在在，切实可行，可操作性强。

其次，确切是指对原则的要求和对行为的限制、禁止的语言要清楚明白，确切不模糊，使行文对象在执行时不会产生理解上的歧义和困惑。

再者，利落是指文风果断不拖沓，用词果决，命令性词语、限制性词语和禁止性词语都清楚明白，整齐而又有条理。

最后，陈述性是因为规定是要求行文对象执行的，不可在文中出现商量口气的语言和请求口气的语言，所以要求陈述性强。

第五节　遣词造句技巧

规定的语言重在提出要求，在遣词造句方面要做到词语使用准确、贴切，句式选用恰当，修辞使用合理。

规定是对一项工作中具体事项的原则要求或者行动细节的规定，词语使用力求准确、贴切，比如“要把党风廉政建设作为党的建设和政权建设的重要内容，纳入党政领导班子、领导干部目标管理……”中“纳入”一词使用得就非常形象、贴切。

在句式的选用上，要选用陈述性句子，多用祈使句，使规定命令性和权威性强烈。多用短句，也可成语单独成句，简洁有力，明快清楚。

在修辞的使用上，多用排比，气势强大，同时能把需要表达清楚的内容分层地、明晰地表达出来。

第六节　范文解析

范文一

××县关于招商引资优惠政策的规定

近年来，我县经济发展速度不断加快，对招商引资的需求不断加大。根据国家和省、市的有关规定，结合我县实际情况，特制定我县招商引资优惠政策十条规定，如下：

第一条：优化服务环境，简化投资项目审批程序，降低设立公司的标准。凡来我县投资者，只要不违反国家法律法规，只要符合我县经济发展情况，符合我县人民利益，我县均以从简从速的原则予以办理。同时我县将降低公司设立的门槛，投资人入注资本金额达到法定注册资本金的30%即可。

第二条：实行收费减免政策。凡在我县投资矿产、农业加工项目的，在办理工商、税务、土地、建设、规划、房产等有关手续时，除按规定应缴的相关费用外，只收取工本费用。

第三条：规范各类检查。对于在我县投资设厂的相关企业，除法定的年度验照检查和国家专项治理检查外，县各职能部门对企业的检查均需申请县政府同意后方可进行，严禁以各类检查为名干扰企业的正常运营。

第四条：实行用地优惠政策。对在我县投资设厂需要征用土地的各类企业，我县均予以土地使用优惠政策。包括优先安排用地计划、免收土地使用管理费等。

第五条：给予财政支持。对于投资高新技术的企业，县政府认定批准后会在3年内将企业缴纳的企业所得税的50%返还企业，以支持企业扩大发展。

第六条：落户优惠。对投资我县的外来人员，本人或者直系亲属要求落户我县的，县公安局予以优先办理，并优先安排、照顾上学或就业等。

第七条：加强社会治安管理，严厉打击针对投资企业的各种违法犯罪活动。县公安局特设专案组，对于不法侵害投资企业的犯罪活动从严从重治理。

第八条：就高不就低，兑现优惠政策。如本规定在实施过程中同上级有关优惠政策有冲突，我县按照优惠政策就高不就低的原则，充分保证投资企业的权益。

第九条：本规定自发布之日起执行，过去发布的有关政策规定，凡与本规定不一致的以本规定为准。

第十条：本规定由县政府招商办公室负责解释。

点评

范文《×× 县关于招商引资优惠政策的规定》是一篇政府发布的政策性规定，语言得体，言简意赅，对 ×× 县的招商引资优惠政策做了全面、精确的说明。文章最后说明了规定的解释权归属部门，明确了规定生效时间，非常符合“规定”的要求。

范文二

国务院办公厅关于印发国家新闻出版广电总局主要职责内设机构和人员编制规定的通知

国办发〔2013〕76 号

各省、自治区、直辖市人民政府，国务院各部委、各直属机构：

《国家新闻出版广电总局主要职责内设机构和人员编制规定》已经国务院批准，现予印发。

国务院办公厅

2013 年 7 月 11 日

（此件公开发布）

国家新闻出版广电总局主要职责内设机构和人员编制规定

根据第十二届全国人民代表大会第一次会议批准的《国务院机构改革和职能转变方案》和《国务院关于机构设置的通知》（国发〔2013〕14 号），设立国家新闻出版广电总局（正部级），为国务院直属机构。

一、职能转变

（一）取消的职责。

1. 取消举办全国性出版物订货、展销活动审批。

2. 取消在境外展示、展销国内出版物审批。

3. 取消设立出版物全国连锁经营单位审批。

4. 取消从事出版物全国连锁经营业务的单位变更《出版物经营许可证》登记事项，或者兼并、合并、分立审批。

5. 取消只读类光盘生产设备引进、增加与更新审批。

6. 取消著作权集体管理组织章程修改审批。

7. 取消出版物总发行单位设立从事发行业务的分支机构审批。

8. 取消期刊变更登记地审批。

9. 取消影视互济专项资金使用审批。

10. 取消军队协助拍摄电影片军事预算审批。

11. 取消广播电视传输网络公司股权性融资审批。

12. 取消中外合作摄制电影片所需进口设备、器材、胶片、道具审批。

13. 取消电影洗印单位接受委托洗印加工境外电影底片、样片和电影片拷贝审批，同时强化政策导向和管理措施。

14. 取消一般题材电影剧本审查，实行梗概公示。

15. 取消出版物发行员职业技能鉴定职责，工作由相关协会、学会承担。

16. 取消图书出版单位等级评估职责，工作由中国出版协会承担。

17. 取消报纸、期刊综合质量评估职责，工作分别由中国报业协会和中国期刊协会承担。

18. 取消涉外著作权登记服务职责，工作由中国版权保护中心承担。

19. 取消调控书号总量的职责。创新书号管理方式，规范书号使用，遏制违规行为。

20. 取消管理广播剧的职责。

21. 根据《国务院机构改革和职能转变方案》需要取消的其他职责。

（二）下放的职责。

1. 将音像复制单位、电子出版物复制单位设立审批职责下放省级新闻出版广电行政部门。

2. 将音像复制单位、电子出版物复制单位变更业务范围或兼并、合并、分立审批职责下放省级新闻出版广电行政部门。

3. 将地方对等交流互办单一国家电影展映活动审批职责下放省级新闻出版广电行政部门。

4. 将国外人员参与制作的国产电视剧审查职责下放省级新闻出版广电行政部门。

5. 将地市级、县级广播电台、电视台变更台标审批职责下放省级新闻出版广电行政部门。

6. 将设置卫星电视广播地面接收设施审批职责下放省级新闻出版广电行政部门。

7. 将只读类光盘设备投产验收工作职责下放省级新闻出版广电行政部门。

8. 根据《国务院机构改革和职能转变方案》需要下放的其他职责。

（三）加强的职责。

1. 加强组织推进新闻出版广播影视领域公共服务，大力促进城乡公共服务一体化发展，促进新闻出版广播影视事业繁荣发展。

2. 加强指导、协调、推动新闻出版广播影视产业发展，优化配置新闻出版广播影视资源，加强业态整合，促进综合集成发展。

3. 加强推进新闻出版广播影视领域体制机制改革。

4. 加强对数字出版以及网络视听节目服务、公共视听载体播放广播影视节目的规划指导和监督管理，推动协调其健康发展。

5. 加强著作权保护管理、公共服务和国际应对，加大反侵权盗版工作力度。

6. 加强新闻出版广播影视国际传播能力建设，协调推动新闻出版广播影视“走出去”工作。

7. 加强管理理念和方式的创新转变，充分发挥市场调节、社会监督和行业自律作用。

二、主要职责

（一）负责拟订新闻出版广播影视宣传的方针政策，把握正确的舆论导向和创作导向。

（二）负责起草新闻出版广播影视和著作权管理的法律法规草案，制定部门规章、政策、行业标准并组织实施和监督检查。

（三）负责制定新闻出版广播影视领域事业发展政策和规划，组织实施重大公益工程和公益活动，扶助老少边穷地区新闻出版广播影视建设和发展。负责制定国家古籍整理出版规划并组织实施。

（四）负责统筹规划新闻出版广播影视产业发展，制定发展规划、产业政策并组织实施，推进新闻出版广播影视领域的体制机制改革。依法负责新闻出版广播影视统计工作。

（五）负责监督管理新闻出版广播影视机构和业务以及出版物、广播影视节目的内容和质量，实施依法设定的行政许可并承担相应责任，指导对市场经营活动的监督管理工作，组织查处重大违法违规行为。指导监管广播电视广告播放。负责全国新闻记者证的监制管理。

（六）负责对互联网出版和开办手机书刊、手机文学业务等数字出版内容和活动进行监管。负责对网络视听节目、公共视听载体播放的广播影视节目进行监管，审查其内容和质量。

（七）负责推进新闻出版广播影视与科技融合，依法拟订新闻出版广播影视科技发展规划、政策和行业技术标准，并组织实施和监督检查。负责对广播电视节目传输覆盖、监测和安全播出进行监管，推进广电网与电信网、互联网三网融合，推进应急广播建设。负责指导、协调新闻出版广播影视系统安全保卫工作。

（八）负责印刷业的监督管理。

（九）负责出版物的进口管理和广播影视节目的进口、收录管理，协调推动新闻出版广播影视领域“走出去”工作。负责新闻出版广播影视和著作权管理领域对外及对港澳台的交流与合作。

（十）负责著作权管理和公共服务，组织查处有重大影响和涉外的著作权侵权盗版案件，负责处理涉外著作权关系和有关著作权国际条约应对事务。

（十一）负责组织、指导、协调全国“扫黄打非”工作，组织查处大案要案，承担全国“扫黄打非”工作小组日常工作。

（十二）领导中央人民广播电台、中国国际广播电台和中央电视台，对其宣传、发展、传输覆盖等重大事项进行指导、协调和管理。

（十三）承办党中央、国务院交办的其他事项。

三、内设机构

根据上述职责，国家新闻出版广电总局设22个内设机构：

（一）办公厅。

（略）

（二）政策法制司。

（略）

（三）规划发展司（改革办公室）。

（略）

（四）公共服务司。

（略）

（五）综合业务司。

（略）

（六）宣传司。

（略）

（七）新闻报刊司。

（略）

（八）电影局。

（略）

（九）出版管理司（古籍整理出版规划办公室）。

（略）

（十）电视剧司。

（略）

（十一）印刷发行司。

（略）

（十二）传媒机构管理司。

（略）

（十三）数字出版司。

（略）

（十四）网络视听节目管理司。

（略）

（十五）反非法和违禁出版物司（全国“扫黄打非”工作办公室）。

（略）

（十六）版权管理司。

（略）

（十七）进口管理司。

（略）

（十八）科技司。

（略）

（十九）财务司。

（略）

（二十）国际合作司（港澳台办公室）。

（略）

（二十一）人事司。

承担新闻出版广播影视行业队伍建设和教育培训工作。承担机关和直属单位的人事管理、机构编制、劳动工资等工作。

（二十二）保卫司。

拟订新闻出版广播影视有关安全制度和处置重大突发事件预案并组织实施，指导、协调新闻出版广播影视系统安全保卫工作。指导、管理机关、中央人民广播电台、中国国际广播电台、中央电视台等重点单位和核心机密、要害部位的安全保卫工作。

机关党委。负责机关和在京直属单位的党群工作。

离退休干部局。负责机关离退休干部工作，指导直属单位的离退休干部工作。

四、人员编制

国家新闻出版广电总局机关行政编制为508名（含两委人员编制11名、援派机动编制5名、离退休干部工作人员编制39名）。其中：局长（兼国家版权局局长）1名、副局长4名、国家版权局专职副局长1名（副部长级）；司局领导职数77名（含总工程师1名、机关党委专职副书记1名、离退休干部局领导职数3名）。

五、其他事项

（一）国家新闻出版广电总局加挂国家版权局牌子，在著作权管理上，以国家版权局名义行使职权。

（二）关于动漫和网络游戏管理，与文化部的职责分工维持不变。

（三）所属事业单位的设置、职责和编制事项另行规定。

六、附则

本规定由中央机构编制委员会办公室负责解释，其调整由中央机构编制委员会办公室按规定程序办理。

点评

范文《国家新闻出版广电总局主要职责内设机构和人员编制规定》对职能转变、主要职责、内设机构、人员编制等几个方面作出了明确规定，层次分明，逻辑严谨，表述精准，利于国家新闻出版广电总局工作的顺利展开。

第七节　经验分享

在规定的写作中，针对规定的具体行文和行文对象，要注意以下三点内容：

1. 准确掌握规定的作用范围

一般说来，制定某项规定性、政策性强的工作或活动的规则，而且工作或者活动是在很长一段时间内存在的，可以用“规定”。对临时性、阶段性的工作或活动，则应当使用“通知”；对岗位性、局部性的、业务性强的工作或活动，则应制定相应的“制度”，都不能使用“规定”这种文体。

2. 规定的内容务必要做到具体、明确

比如在《征收教育附加费的暂行规定》中，对各种情况下的征收方法都做了规定，让行文对象明确“应该怎样”和“不应怎样”，便于统一法制，也便于相关人员进行维权活动。

3. 语言要凝练、准确、严密、肯定

这样才能避免产生歧义。此外规定不能泛泛而谈、空洞，要有实实在在的内容，注意体现规定内容的可操作性。

第十八章

办法

办法是国家领导机关对贯彻执行某一法律法规、政策等，或进行某项工作的方法、步骤、措施等，提出具体规定的法规性公文。

根据内容、性质的不同，办法可分为实施办法和管理办法两种。

实施办法是以实施对象为成文主要依据的文件，具有附属性，是对其附属文件内容的一种具体化。办法中或对其附属的文件在整体上的实施提出措施办法，或对某些条文提出施行意见，或根据法规精神再结合实际提出实施措施。

管理办法是各类机关在各自的管理权限范围内，在实际管理工作尚无条文可依的情况下制定的，以供工作中使用的文件。这类办法是独立的，没有附属性。

第一节　特点

办法是对某项工作的方法、步骤、措施提出的具体规定和指导的法规性文件，主要有以下三个特点：

1. 单一性

办法只适用于对某项具体工作或者方法、步骤的运作进行规定，不涉及其他方面的工作。因为工作与工作之间是有区别的，某项工作的办法不能适用于其他工作，所以说，办法的内容比较单一，具有针对性。

2. 管理性

办法对某项工作或活动提出具体的管理方法和法则，对实施某个文件精神的办法、措施作出具体规定。它主要对有关事项、问题的落实和执行制定标准和做法。因而，它具有管理性。

3. 操作性

办法是对某项工作或活动作出具体的规定，并侧重具体的措施和可行性，即说明采取什么方法，按照怎样的程序去做，为行文对象指明办事的途径，因而有很强的操作性。

第二节　行文对象

办法的行文对象相对有限。办法是对某项工作或者活动在具体实施过程中应该注意的事项和具体要求作出的规定，所以它的行文对象只是参加工作或者活动中涉及的人，不关涉其他的人。

办法的行文对象都具有从事该工作的相关知识背景，所以办法的行文语言做到详略得当即可，不需要事事交代清楚。

第三节　格式

办法是法规性公文，它的格式有法律明文规定，主要由首部、正文和结尾三个部分组成。

1. 首部

首部包括标题、制发时间和依据两部分内容。

（1）标题一般由发文机关 + 事由 + 文种三个部分构成。

（2）制发时间和依据写在标题下方，用括号注明。括号内可以是办法制发的日期和会议，可以是办法通过的会议、时间及发布的机关、时间，亦可以是批准办法的机关、时间等。

有的办法随“命令”、“令”等公文同时发布，制发时间和依据会在令中表明，这一项目内容可不再写。

2. 正文

正文一般有依据、规定和说明三项内容。一般每部分的内容都可分章、分条叙述。办法中的各条规定是办法的主体，要将具体内容和措施依次写清楚。

3. 结尾

一般是交代实施的日期和对实施的说明。

第四节　语体的特点

办法是法规性文件中的一种,它的语体特点主要有明晰性、专业性和通用性三个方面。

第一，明晰性是指办法条文以规范工作或活动中的具体的社会行为为任务，必须做到明确无误，针对性强，不能有歧义模糊的地方。

第二，专业性是因为办法是针对具体的某项工作或活动而定的，行文对象是工作或活动的相关人员，具备相应的知识背景，所以办法的语言就可以相对更强调专业性。

第三，通用性是指办法中的语言在专业术语之外，不能使用晦涩深奥的语言，要尽量做到通俗易懂。

第五节　遣词造句技巧

办法的语言重在规范行为，因此在遣词造句方面，要做到语言明确，句式恰当，结构合理。

语言明确是所有法规性文件语言的共同特点，办法也不例外。词语使用要力求准确、贴切。

句式恰当是指长短句的使用要错落有致，使用长句来说明复杂的地方，使用短句说明简单的地方。句式安排恰当，才能使办法阅读起来不费力，容易理解。

结构合理是指段落内部的逻辑结构要合理，句子与句子之间的逻辑关系也要合理。

第六节　范文解析

范文一

非金融机构支付服务管理办法

第一章　总则

第一条　为促进支付服务市场健康发展，规范非金融机构支付服务行为，防范支付风险，保护当事人的合法权益，根据《中华人民共和国中国人民银行法》等法律法规，制定本办法。

第二条　本办法所称非金融机构支付服务，是指非金融机构在收付款人之间作为中介机构提供下列部分或全部货币资金转移服务：

（一）网络支付；

（二）预付卡的发行与受理；

（三）银行卡收单；

（四）中国人民银行确定的其他支付服务。

本办法所称网络支付，是指依托公共网络或专用网络在收付款人之间转移货币资金的行为，包括货币汇兑、互联网支付、移动电话支付、固定电话支付、数字电视支付等。

本办法所称预付卡，是指以营利为目的发行的、在发行机构之外购买商品或服务的预付价值，包括采取磁条、芯片等技术以卡片、密码等形式发行的预付卡。

本办法所称银行卡收单，是指通过销售点（POS）终端等为银行卡特约商户代收货币资金的行为。

第三条　非金融机构提供支付服务，应当依据本办法规定取得《支付业务许可证》，成为支付机构。

支付机构依法接受中国人民银行的监督管理。

未经中国人民银行批准，任何非金融机构和个人不得从事或变相从事支付业务。

（略）

第二章　申请与许可

（略）

第八条　《支付业务许可证》的申请人应当具备下列条件：（略）

第九条　申请人拟在全国范围内从事支付业务的，其注册资本最低限额为1亿元人民币；拟在省（自治区、直辖市）范围内从事支付业务的，其注册资本最低限额为3千万元人民币。注册资本最低限额为实缴货币资本。

（略）

第十条　申请人的主要出资人应当符合以下条件：

（一）为依法设立的有限责任公司或股份有限公司；

（二）截至申请日，连续为金融机构提供信息处理支持服务2年以上，或连续为电子商务活动提供信息处理支持服务2年以上；

（三）截至申请日，连续盈利2年以上；

（四）最近3年内未因利用支付业务实施违法犯罪活动或为违法犯罪活动办理支付业务等受过处罚。

本办法所称主要出资人，包括拥有申请人实际控制权的出资人和持有申请人10%以上股权的出资人。

第十一条　申请人应当向所在地中国人民银行分支机构提交下列文件、资料：（略）

第十二条　申请人应当在收到受理通知后按规定公告下列事项：（略）

第十三条　中国人民银行分支机构依法受理符合要求的各项申请，并将初审意见和申请资料报送中国人民银行。中国人民银行审查批准的，依法颁发《支付业务许可证》，并予以公告。

《支付业务许可证》自颁发之日起，有效期5年。支付机构拟于《支付业务许可证》期满后继续从事支付业务的，应当在期满前6个月内向所在地中国人民银行分支机构提出续展申请。中国人民银行准予续展的，每次续展的有效期为5年。

第十四条　支付机构变更下列事项之一的，应当在向公司登记机关申请变更登记前报中国人民银行同意：（略）

第十五条　支付机构申请终止支付业务的，应当向所在地中国人民银行分支机构提交下列文件、资料：（略）

第十六条　本章对许可程序未作规定的事项，适用《中国人民银行行政许可实施办法》（中国人民银行令〔2004〕第3号）。

第三章　监督与管理

（略）

第四章　罚则

第四十条　中国人民银行及其分支机构的工作人员有下列情形之一的，依法给予行政处分；构成犯罪的，依法追究刑事责任：（略）

第四十一条　商业银行有下列情形之一的，中国人民银行及其分支机构责令其限期改正，并给予警告或处1万元以上3万元以下罚款；情节严重的，中国人民银行责令其暂停或终止

客户备付金存管业务：（略）

第四十二条　支付机构有下列情形之一的，中国人民银行分支机构责令其限期改正，并给予警告或处1万元以上3万元以下罚款：（略）

第四十三条　支付机构有下列情形之一的，中国人民银行分支机构责令其限期改正，并处3万元罚款；情节严重的，中国人民银行注销其《支付业务许可证》；涉嫌犯罪的，依法移送公安机关立案侦查；构成犯罪的，依法追究刑事责任：（略）

第四十四条　支付机构未按规定履行反洗钱义务的，中国人民银行及其分支机构依据国家有关反洗钱法律法规等进行处罚；情节严重的，中国人民银行注销其《支付业务许可证》。

第四十五条　支付机构超出《支付业务许可证》有效期限继续从事支付业务的，中国人民银行及其分支机构责令其终止支付业务；涉嫌犯罪的，依法移送公安机关立案侦查；构成犯罪的，依法追究刑事责任。

第四十六条　以欺骗等不正当手段申请《支付业务许可证》但未获批准的，申请人及持有其5%以上股权的出资人3年内不得再次申请或参与申请《支付业务许可证》。

以欺骗等不正当手段申请《支付业务许可证》且已获批准的，由中国人民银行及其分支机构责令其终止支付业务，注销其《支付业务许可证》；涉嫌犯罪的，依法移送公安机关立案侦查；构成犯罪的，依法追究刑事责任；申请人及持有其5%以上股权的出资人不得再次申请或参与申请《支付业务许可证》。

第四十七条　任何非金融机构和个人未经中国人民银行批准擅自从事或变相从事支付业务的，中国人民银行及其分支机构责令其终止支付业务；涉嫌犯罪的，依法移送公安机关立案侦查；构成犯罪的，依法追究刑事责任。

第五章　附则

第四十八条　本办法实施前已经从事支付业务的非金融机构，应当在本办法实施之日起1年内申请取得《支付业务许可证》。逾期未取得的，不得继续从事支付业务。

第四十九条　本办法由中国人民银行负责解释。

第五十条　本办法自2010年9月1日起施行。

点评

范文《非金融机构支付服务管理办法》是一篇工作管理办法，包含了所有办法的必备格式要素。范文开篇点明办法的依据，接着对办法的适用情况做了具体的描述，对所有已经出现和可能出现的情况都做了规定，而且规定都是可操作性比较强的内容，为实际中的实施指明了方向。

范文三

××省实施《中华人民共和国招标投标法》办法

第一章　总则

第一条　根据《中华人民共和国招标投标法》，结合本省实际，制定本办法。

第二条　（略）

第二章　招标范围和规模标准

（略）

第五条　凡属于国家确定的招标范围内的工程建设项目，达到下列标准之一的，必须进行招标：

（一）施工单项合同估算价在二百万元人民币以上的；

（二）重要设备（含工艺生产线）、材料等货物的采购，单项合同估算价在一百万元人民币以上的；

（三）勘察、设计、监理等服务的采购，单项合同估算价在三十万元人民币以上的；

（四）单项合同估算价低于第（一）、（二）、（三）项规定的标准，但项目总投资额在一千万元人民币以上的。

除前款规定的工程建设项目外，国家和省人民政府对必须进行招标的其他项目有明确规定的，依照其规定。

第六条（略）

第三章　招标

第七条　按照国家和省规定需要履行审批、核准或者备案手续的招标项目，应当先行获得批准或者取得相关证明后才能进行招标。（略）

（略）

第四章　投标

第二十条　投标文件一般包括下列内容：

（一）投标函；

（二）投标方案及其说明；

（三）投标报价和投标有效期；

（四）招标文件要求具备的其他内容。

（略）

第五章　开标、评标和中标

第二十六条　开标由招标人主持；委托招标代理机构办理招标事宜的，可由招标代理机构主持。

招标项目设有标底的，开标时应当公开标底。

（略）

第六章　监督

第四十一条　县级以上发展改革、经贸、建设、交通、水利等有关行政监督部门应当按照职责分工，加强对招标投标活动的监督，依法查处招标投标活动中的违法行为，保证招标投标活动正常进行。

（略）

第七章　法律责任

（略）

第五十三条　有关行政监督部门在招标投标监督活动中有下列行为之一的，责令改正，对直接负责的主管人员和其他直接责任人员依法给予行政处分；构成犯罪的，依法追究刑事责任：（略）

第八章　附则

第五十四条　使用国际组织或者外国政府贷款、援助资金的项目进行招标，贷款方、资金提供方对招标投标的条件和程序有特殊规定的，可以适用其规定，但不得违背国家和社会公共利益。

第五十五条　本办法自 2007 年 7 月 1 日起施行。1999 年 1 月 17 日 ×× 省第 × 届人民代表大会常务委员会第 × 次会议通过、2002 年 7 月 27 日 ×× 省第 × 届人民代表大会常务委员会第 × 次会议修正的《××省建设工程招标投标管理条例》同时废止。

点评

范文《×× 省实施〈中华人民共和国招标投标法〉办法》是一篇文件实施办法，即围绕《中华人民共和国招标投标法》的实施提出的办法，对其实施过程中需要注意的地方都做了详细的介绍。在正文中，对不同程度违反办法的法律后果做了详细的区别说明，充分体现了办法的权威性和法规性。“不得违背”“依法追究”等词语的使用可以体现出其强制性。第二章第五条中的数字使用貌似模糊实则准确，使办法的明确性得以充分体现。

第七节　经验分享

办法是法规性公文的一种，写作中主要注意以下三个方面：

1. 结构要做到严谨、清晰、合理

办法的篇幅长短、内容多少决定了办法写作的结构方式。如果内容不多，可以用分条结构；如果内容比较丰富，则将规范内容适当分章，每章再另分节或条。

2. 条款做到具体、明确

办法是针对某一项具体的工作或活动而制定的具体处理方法，不管是管理办法还是实施办法，都要写得具体、明确，不能含糊笼统。特别是规范项目，要对概念、范围、原则、规范、责任和施行要求等作出规定，以便于操作。

3. 要注意效用上的实践性与合理性

办法是为保证特定的工作或者活动的顺利进行而制定的具体处理方法，所以可操作性必须强，具体措施要合乎逻辑，力求每一步的操作都是合理的、有价值的。

第十九章

细则

细则又名实施细则，是为使下级机关或人员更好地贯彻执行某一法律法规等，国家机关或部门结合实际情况，对其所做的详细的、具体的解释或者补充的公文。

细则一般由原法律法规等制定机构或其下属职能部门制定，与法律法规等配套使用，其目的是填堵原公文中的漏洞，使原公文发挥出具体入微的工作效应。

第一节　特点

细则是对法律法规或政府机关发布的条例的解释或补充性说明。细则同条例、规定、办法一样，是规范性的公文文种，具有法律效力。一般来说，细则具有以下特点：

1. 从属性

细则不可能单独成立，必须从属于某项法律法规或条例，作为补充性或解释性的说明，以利于该项法律法规或条例的具体执行。

2. 具有法律效力

细则虽然具有从属性，不能单独成立，但同它们补充和说明、解释的对象一样，是规范性公文，具有同等的法律效力。

3. 可操作性

顾名思义，细则必须详细、具体，为原则性强的法律法规或条例的实际执行提供明确的准则、步骤、程序和边界等方面的说明。

第二节 行文对象

细则的行文对象具有不确定性，细则是对国家机关或部门的法律法规等的补充性说明文件，所以它的行文对象是根据它所补充或者辅助说明的公文的行文对象来确定的。

但是可以确定的是，细则的行文对象都是具有专业背景和相关领域内的工作人员，具有一定的认知能力。因此在行文中，细则要保持其用语的专业水准，同时尽力做到语言通俗易懂。这样可以让行文对象能够清楚明白地理解细则的内容。

第三节 格式

细则的格式也是有国家法律明文规定的，一般包括首部和正文两个部分。

1. 首部

细则的首部一般包括标题、制发时间和制发依据等内容。

（1）标题。

细则的标题由适用范围 + 实施 + 文种三部分构成，适用范围一般多由办法针对的文件标题来充当。具体到写作中，细则的标题可以分两种方式书写。

第一种，由地区 + 法律法规等名称 + 文种组成，比如《中华人民共和国增值税暂行条例实施细则》等。

第二种，由法律法规等名称 + 文种组成，比如《对外国驻华机构及其人员的外汇管理实施细则》等。

（2）制发时间和制发依据。

制发时间一般放在标题下一行居中，也有的在正文的最后点明。制发依据一般在细则正文总则的第一条中说明。

2. 正文

细则的正文一般包括总则、分则和附则三个部分。

（1）总则需要说明制作细则的目的、根据、执行原则和适用范围等背景内容。

（2）分则是根据法律法规等的有关条款制定的实际工作中具体的执行标准、执行程序、实施措施和奖惩措施等。

（3）附则有的用于说明解释权和施行时间，有的是对一些未尽事宜作出说明。

细则的正文结构有两种形式：

（1）章条式。在章条式中，第一章是总则，最后一章是附则，中间各章是分则，每章有若干条款。根据法律制定的细则多采用这种结构方式。

（2）条项式。条项式结构中不分章，各条项内容相当于章条式结构的各条，但项目略少，内容应该更加具体。根据条例或办法制定的细则多采用这种结构方式。

第四节 语体的特点

细则的语体特点主要包括明确、具体及平实和专业三个方面。

1. 明确

细则是为了进一步阐述法律法规等中的一些难于理解的内容而制定的，目的就是使行文对象更好地执行法律法规等，因此语言必须保持明确性特点。

2. 具体

细则既然是解说性质的文种，那么就力求语言的具体、细致，越具体越容易让行文对象遵守和理解。

3. 平实和专业

细则是对法律法规等的细致化阐述，但是不同机关或部门的法规性文件具有不同的专业背景。细则在写作的过程中既要体现其阐述性，也要体现其专业性。

第五节　遣词造句技巧

细则语言重在说明，在遣词造句方面要重点把握正确使用说明性语言，恰当使用比较说明、定义说明、举例说明、分类说明和数字说明等方式。特别是定义说明，它是简要说明事物的概念或本质属性的方法，即讲明事物、事理“是什么”。在很多条例中，解释性的语言都很少，这就需要细则来补充说明。

第六节　范文解析

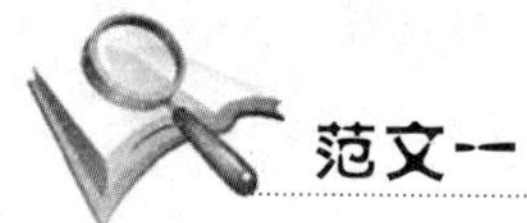

范文一

中华人民共和国增值税暂行条例实施细则

中华人民共和国财政部国家税务总局令第50号

第一条　根据《中华人民共和国增值税暂行条例》（以下简称条例），制定本细则。

第二条　条例第一条所称货物，是指有形动产，包括电力、热力、气体在内。

条例第一条所称加工，是指受托加工货物，即委托方提供原料及主要材料，受托方按照委托方的要求，制造货物并收取加工费的业务。

条例第一条所称修理修配，是指受托对损伤和丧失功能的货物进行修复，使其恢复原状和功能的业务。

第三条　条例第一条所称销售货物，是指有偿转让货物的所有权。

（略）

第四条　单位或者个体工商户的下列行为，视同销售货物：

（一）将货物交付其他单位或者个人代销；

（二）销售代销货物；

（三）设有两个以上机构并实行统一核算的纳税人，将货物从一个机构移送其他机构用于销售，但相关机构设在同一县（市）的除外；

（四）将自产或者委托加工的货物用于非增值税应税项目；

（五）将自产、委托加工的货物用于集体福利或者个人消费；

（六）将自产、委托加工或者购进的货物作为投资，提供给其他单位或者个体工商户；

（七）将自产、委托加工或者购进的货物分配给股东或者投资者；

（八）将自产、委托加工或者购进的货物无偿赠送其他单位或者个人；

（略）

第二十八条　条例第十一条所称小规模纳税人的标准为：

（一）从事货物生产或者提供应税劳务的纳税人，以及以从事货物生产或者提供应税劳务为主，并兼营货物批发或者零售的纳税人，年应征增值税销售额（以下简称应税销售额）在50万元以下（含本数，下同）的；

（二）除本条第一款第（一）项规定以外的纳税人，年应税销售额在80万元以下的；

本条第一款所称以从事货物生产或者提供应税劳务为主，是指纳税人的年货物生产或者提供应税劳务的销售额占年应税销售额的比重在50%以上。

第二十九条　年应税销售额超过小规模纳税人标准的其他个人按小规模纳税人纳税；非企业性单位、不经常发生应税行为的企业可选择按小规模纳税人纳税。

（略）

第三十五条　条例第十五条规定的部分免税项目的范围，限定如下：

（一）第一款第（一）项所称农业，是指种植业、养殖业、林业、牧业、水产业。

农业生产者，包括从事农业生产的单位和个人。

农产品，是指初级农产品，具体范围由财政部、国家税务总局确定。

（二）第一款第（三）项所称古旧图书，是指向社会收购的古书和旧书。

（三）第一款第（七）项所称自己使用过的物品，是指其他个人自己使用过的物品。

第三十六条　纳税人销售货物或者应税劳务适用免税规定的，可以放弃免税，依照条例的规定缴纳增值税。放弃免税后，36个月内不得再申请免税。

第三十七条　增值税起征点的适用范围限于个人。

增值税起征点的幅度规定如下：（略）

前款所称销售额，是指本细则第三十条第一款所称小规模纳税人的销售额。

省、自治区、直辖市财政厅（局）和国家税务局应在规定的幅度内，根据实际情况确定本地区适用的起征点，并报财政部、国家税务总局备案。

第三十八条　条例第十九条第一款第（一）项规定的收讫销售款项或者取得索取销售款项凭据的当天，按销售结算方式的不同，具体为：（略）

（七）纳税人发生本细则第四条第（三）项至第（八）项所列视同销售货物行为，为货物移送的当天。

第三十九条　条例第二十三条以1个季度为纳税期限的规

定仅适用于小规模纳税人。小规模纳税人的具体纳税期限，由主管税务机关根据其应纳税额的大小分别核定。

第四十条　本细则自2009年1月1日起施行。

点评

范文《中华人民共和国增值税暂行条例实施细则》是一篇结构完整、逻辑严谨、语言规范、条理清晰的细则。

范文第一条就点明了本细则制定所依据的条例是什么；接着对条例中的概念和概括的词语条款进行说明，很好地体现了细则的细致性。在细则的行文过程中，对条例中所有可能出现歧义的地方都做了具体化的说明，逻辑上前后、因果恰当。

范文语言规范，用词准确，专业术语使用恰当，表达清晰，使得每一条款都意思明确，没有产生歧义的地方。结构层次安排非常好，运用条款式格式，有详有略地对暂行条例作出了诠释。

范文二

个人外汇管理办法实施细则

第一章　总则

第一条　为规范和便利银行及个人的外汇业务操作，根据《个人外汇管理办法》，制定本细则。

第二条　对个人结汇和境内个人购汇实行年度总额管理。年度总额分别为每人每年等值5万美元。国家外汇管理局可根据国际收支状况，对年度总额进行调整。

个人年度总额内的结汇和购汇，凭本人有效身份证件在银行办理；超过年度总额的，经常项目项下按本细则第十条、第十一条、第十二条办理，资本项目项下按本细则“资本项目个人外汇管理”有关规定办理。

第三条 个人所购外汇，可以汇出境外、存入本人外汇储蓄账户，或按照有关规定携带出境。

第四条 个人年度总额内购汇、结汇，可以委托其直系亲属代为办理；超过年度总额的购汇、结汇以及境外个人购汇，可以按本细则规定，凭相关证明材料委托他人办理。

第五条 个人携带外币现钞出入境，应当遵守国家有关管理规定。

第六条 各外汇指定银行（以下简称银行）应按照本细则规定对个人外汇业务进行真实性审核，不得伪造、变造交易。

银行应通过个人结售汇管理信息系统（以下简称个人结售汇系统）办理个人购汇和结汇业务，真实、准确、完整录入相关信息。

第七条 国家外汇管理局及其分支机构（以下简称外汇局）负责对个人外汇业务进行统计、监测、管理和检查。

第二章 经常项目个人外汇管理

第八条 个人经常项目项下外汇收支分为经营性外汇收支和非经营性外汇收支。

第九条 个人经常项目项下经营性外汇收支按以下规定办理：

（一）个人对外贸易经营者办理对外贸易购付汇、收结汇应通过本人的外汇结算账户进行；其外汇收支、进出口核销、国际收支申报按机构管理。

个人对外贸易经营者指依法办理工商登记或者其他执业手续，取得个人工商营业执照或者其他执业证明，并按照国务院商务主管部门的规定，办理备案登记，取得对外贸易经营权，从事对外贸易经营活动的个人。

（二）个体工商户委托有对外贸易经营权的企业办理进口的，本人凭其与代理企业签订的进口代理合同或协议购汇，所购外汇通过本人的外汇结算账户直接划转至代理企业经常项目外汇账户。

个体工商户委托有对外贸易经营权的企业办理出口的，可通过本人的外汇结算账户收汇、结汇。结汇凭与代理企业签订的出口代理合同或协议、代理企业的出口货物报关单办理。代理企业将个体工商户名称、账号以及核销规定的其他材料向所在地外汇局报备后，可以将个体工商户的收账通知作为核销凭证。

（三）境外个人旅游购物贸易方式项下的结汇，凭本人有效身份证件及个人旅游购物报关单办理。

第十条　境内个人经常项目项下非经营性结汇超过年度总额的，凭本人有效身份证件及以下证明材料在银行办理：

（一）捐赠：经公证的捐赠协议或合同。捐赠须符合国家规定；

（二）赡家款：直系亲属关系证明或经公证的赡养关系证明、境外给付人相关收入证明，如银行存款证明、个人收入纳税凭证等；

（三）遗产继承收入：遗产继承法律文书或公证书；

（四）保险外汇收入：保险合同及保险经营机构的付款证明。投保外汇保险须符合国家规定；

（五）专有权利使用和特许收入：付款证明、协议或合同；

（六）法律、会计、咨询和公共关系服务收入：付款证明、协议或合同；

（七）职工报酬：雇佣合同及收入证明；

（八）境外投资收益：境外投资外汇登记证明文件、利润分配决议或红利支付书或其他收益证明；

（九）其他：相关证明及支付凭证。

第十一条　境外个人经常项目项下非经营性结汇超过年度总额的，凭本人有效身份证件及以下证明材料在银行办理：

（一）房租类支出：房屋管理部门登记的房屋租赁合同、发票或支付通知；

（二）生活消费类支出：合同或发票；

（三）就医、学习等支出：境内医院（学校）收费证明；

（四）其他：相关证明及支付凭证。

上述结汇单笔等值5万美元以上的，应将结汇所得人民币资金直接划转至交易对方的境内人民币账户。

第十二条　境内个人经常项目项下非经营性购汇超过年度总额的，凭本人有效身份证件和有交易额的相关证明材料在银行办理。

第十三条　境外个人经常项目合法人民币收入购汇及未用完的人民币兑回，按以下规定办理：

（一）在境内取得的经常项目合法人民币收入，凭本人有效身份证件和有交易额的相关证明材料（含税务凭证）办理购汇。

（二）原兑换未用完的人民币兑回外汇，凭本人有效身份证件和原兑换水单办理，原兑换水单的兑回有效期为自兑换日起24个月；对于当日累计兑换不超过等值500美元（含）以及离境前在境内关外场所当日累计不超过等值1000美元（含）的兑换，可凭本人有效身份证件办理。

第十四条　境内个人外汇汇出境外用于经常项目支出，按以下规定办理：

外汇储蓄账户内外汇汇出境外当日累计等值5万美元以下（含）的，凭本人有效身份证件在银行办理；超过上述金额的，凭经常项目项下有交易额的真实性凭证办理。

手持外币现钞汇出当日累计等值1万美元以下（含）的，

凭本人有效身份证件在银行办理；超过上述金额的，凭经常项目项下有交易额的真实性凭证、经海关签章的《中华人民共和国海关进境旅客行李物品申报单》或本人原存款银行外币现钞提取单据办理。

第十五条　境外个人经常项目外汇汇出境外，按以下规定在银行办理：

（一）外汇储蓄账户内外汇汇出，凭本人有效身份证件办理；

（二）手持外币现钞汇出，当日累计等值1万美元以下（含）的，凭本人有效身份证件办理；超过上述金额的，还应提供经海关签章的《中华人民共和国海关进境旅客行李物品申报单》或本人原存款银行外币现钞提取单据办理。

第三章　资本项目个人外汇管理

第十六条　境内个人对外直接投资应按国家有关规定办理。所需外汇经所在地外汇局核准后可以购汇或以自有外汇汇出，并办理相应的境外投资外汇登记手续。

境内个人及因经济利益关系在中国境内习惯性居住的境外个人，在境外设立或控制特殊目的公司并返程投资的，所涉外汇收支按《国家外汇管理局关于境内居民通过境外特殊目的公司融资及返程投资外汇管理有关问题的通知》等有关规定办理。

第十七条　境内个人可以使用外汇或人民币，并通过银行、基金管理公司等合格境内机构投资者进行境外固定收益类、权益类等金融投资。

第十八条　境内个人参与境外上市公司员工持股计划、认股期权计划等所涉外汇业务，应通过所属公司或境内代理机构统一向外汇局申请获准后办理。

境内个人出售员工持股计划、认股期权计划等项下股票以及分红所得外汇收入，汇回所属公司或境内代理机构开立的境内专用外汇账户后，可以结汇，也可以划入员工个人的外汇储蓄账户。

第十九条　境内个人向境内经批准经营外汇保险业务的保险经营机构支付外汇保费，应持保险合同、保险经营机构付款通知书办理购付汇手续。

境内个人作为保险受益人所获外汇保险项下赔偿或给付的保险金，可以存入本人外汇储蓄账户，也可以结汇。

第二十条　移居境外的境内个人将其取得合法移民身份前境内财产对外转移以及外国公民依法继承境内遗产的对外转移，按《个人财产对外转移售付汇管理暂行办法》等有关规定办理。

第二十一条　境外个人在境内买卖商品房及通过股权转让等并购境内房地产企业所涉外汇管理，按《国家外汇管理局 建设部关于规范房地产市场外汇管理有关问题的通知》等有关规定办理。

第二十二条　境外个人可按相关规定投资境内B股；投资其他境内发行和流通的各类金融产品，应通过合格境外机构投资者办理。

第二十三条　根据人民币资本项目可兑换的进程，逐步放开对境内个人向境外提供贷款、借用外债、提供对外担保以及直接参与境外商品期货和金融衍生产品交易的管理，具体办法另行制定。

第四章　个人外汇账户及外币现钞管理

第二十四条　外汇局按账户主体类别和交易性质对个人外汇账户进行管理。银行为个人开立外汇账户，应区分境内个人和境外个人。账户按交易性质分为外汇结算账户、外汇储蓄账户、资本项目账户。

第二十五条　外汇结算账户是指个人对外贸易经营者、个体工商户按照规定开立的用以办理经常项目项下经营性外汇收支的账户。其开立、使用和关闭按机构账户进行管理。

第二十六条　个人在银行开立外汇储蓄账户应当出具本人有效身份证件，所开立账户户名应与本人有效身份证件记载的姓名一致。

第二十七条　个人开立外国投资者投资专用账户、特殊目的公司专用账户及投资并购专用账户等资本项目外汇账户及账户内资金的境内划转、汇出境外应经外汇局核准。

第二十八条　个人外汇储蓄账户资金境内划转，按以下规定办理：

（一）本人账户间的资金划转，凭有效身份证件办理；

（二）个人与其直系亲属账户间的资金划转，凭双方有效身份证件、直系亲属关系证明办理；

（三）境内个人和境外个人账户间的资金划转按跨境交易进行管理。

第二十九条　本人外汇结算账户与外汇储蓄账户间资金可以划转，但外汇储蓄账户向外汇结算账户的划款限于划款当日的对外支付，不得划转后结汇。

第三十条　个人提取外币现钞当日累计等值1万美元以下（含）的，可以在银行直接办理；超过上述金额的，凭本人有效身份证件、提钞用途证明等材料向银行所在地外汇局事前报备。银行凭本人有效身份证件和经外汇局签章的《提取外币现钞备案表》（附1）为个人办理提取外币现钞手续。

第三十一条　个人向外汇储蓄账户存入外币现钞，当日累计等值5000美元以下（含）的，可以在银行直接办理；超过上述金额的，凭本人有效身份证件、经海关签章的《中华人民共和国海关进境旅客行李物品申报单》或本人原存款银行外币现钞提取单据在银行办理。银行应在相关单据上标注存款银行名称、存款金额及存款日期。

第五章　个人结售汇管理信息系统

第三十二条　具有结售汇业务经营资格并已接入和使用个人结售汇系统的银行，直接通过个人结售汇系统办理个人结售汇业务。

第三十三条　各银行总行及分支机构申请接入个人结售汇系统，应满足个人结售汇管理信息系统技术接入条件（附2），具备经培训的技术人员和业务操作人员，并能维护系统的正常运行。

第三十四条　银行应按规定填写个人结售汇系统银行网点信息登记表，向外汇局提出系统接入申请。外汇局在对银行申请验收合格后，予以准入。

第三十五条　除以下情况外，银行办理个人结售汇业务都应纳入个人结售汇系统：

（一）通过外币代兑点发生的结售汇；

（二）通过银行柜台尾零结汇、转利息结汇等小于等值100美元（含100美元）的结汇；

（三）外币卡境内消费结汇；

（四）境外卡通过自助银行设备提取人民币现钞；

（五）境内卡境外使用购汇还款。

第三十六条　银行为个人办理结售汇业务时，应当按照下列流程办理：

（一）通过个人结售汇系统查询个人结售汇情况；

（二）按规定审核个人提供的证明材料；

（三）在个人结售汇系统上逐笔录入结售汇业务数据；

（四）通过个人结售汇系统打印“结汇/购汇通知单”，作为会计凭证留存备查。

第三十七条　外汇局负责对辖内银行业务操作的规范性、业务数据录入的完整性和准确性等进行考核和检查。

第六章　附则

第三十八条　个人委托其直系亲属代为办理年度总额内的购汇、结汇，应分别提供委托人和受托人的有效身份证件、委托人的授权书、直系亲属关系证明；其他情况代办的，除需提供双方有效身份证件、授权书外，还应提供本细则规定的相关证明材料。

直系亲属指父母、子女、配偶。直系亲属关系证明指能证明直系亲属关系的户口簿、结婚证或街道办事处等政府基层组织或公安部门、公证部门出具的有效亲属关系证明。

第三十九条　违反《个人外汇管理办法》及本细则规定的，外汇局将依据《中华人民共和国外汇管理条例》及其他相关规定予以处罚；对于《中华人民共和国外汇管理条例》及其他相关规定没有明确规定的，对银行和个人应分别处以人民币3万元和1000元以下的罚款。

第四十条　本细则由国家外汇管理局负责解释。

第四十一条　本细则自2007年2月1日起施行。

附件一：（略）

附件二：（略）

点评

范文《个人外汇管理办法实施细则》是一篇格式规范的细则。范文开篇，点明细则制定的缘由；接着，对条例里不明确的内容一一进行了说明；最后，点明细则公布实施的机关。正文采取章条式结构，清楚明了。

第七节　经验分享

细则的内容是详细地对某项工作或活动提出具体的要求。

第一，所有细则都是为贯彻执行某一法律法规而制发的，所以行文中必须先说明制定细则的条文根据，根据第几条制定的就注明第几条，有几条注明几条，不能随意增减。

第二，要注意细则条文的逻辑顺序，一项一事都要相对应，同时体现出相对的独立性，切忌混乱。

第三，在行文中必须注意突出细则的补充性和辅助性特点，用“细”体现出来，把需要说明的条规具体化、细致化，细则不是“补充说明”，切忌在原有条规之外另起炉灶。

第四，细则内容的写作必须做到“上有所依，下有所系”：“上有所依”指细则必须根据上级机关的有关条规来写；“下有所系”指写作中联系实际，提出具体的实施细则。

第四编 计划性公文

写作要领

计划性公文是指机关、企事业单位、社会团体的各级机构，对一定时期内的工作进行预先规划、作出安排和打算时制定的具有计划性的文件。计划性公文有许多不同的种类，根据计划的时间长短和计划的工作范围大小的不同，有不同的公文文种与其相适应。但是不管是哪种计划性公文，公文的内容都包括“做什么”“怎么做”和“做到何种程度”三大项。

计划性公文主要包括规划、计划和方案三种。

从计划的具体分类来讲，比较长远、宏大并且简明、概要的计划以“规划”文种的形式出现；比较切近、具体并且深入、细致的为“计划”；比较繁杂、全面的为“方案”。

一、特点

计划性公文是行政活动和各种机构在工作上使用范围很广的文种，主要有以下五个特点：

1. 高度的政治性和思想性

计划性公文，特别是行政规划公文，规划的原则、指导思想直接体现国家或者某级政府的政治意愿和行动意向。公文的内容会紧密结合科学发展观、和谐社会建设等表达人民意愿的思想。

2. 计划性和预测性

计划性公文是对接下来一段时期或者一段时间内的工作方向、工作重点的计划性部署，对没有发生的事情的规划，具有明显的计划性和预测性。

3. 指导性

计划性公文，都是对未来工作的指导性文件，具体情况是不断变化的，计划性公文在变化中起到指导方向、把握原则的指导作用，使行文对象的工作不至于偏离了大的政治方向和基本原则。

4. 针对性

计划性公文是对接下来一段时期内某一项具体工作的详细安排计划，或者对未来一定时期内的几项工作的指导性安排打算，具有很强的针对性。除此之外，不影响其他工作。

5. 广泛适用性

计划性公文的广泛适用性体现在两个方面：一是使用主体广泛，无论是政党机关、行政机关还是企事业单位、社会团体都可以在工作中使用计划性公文；二是涉及内容广泛，任何对未来工作的安排和打算都可以找到相适应的计划性公文文种。

二、结构

计划性公文的结构没有国家法律明文规定，也没有固定的模式可遵循，相对来说比较灵活，只要能够逻辑严谨、思路清晰地表达出计划中所需要表达清楚的要点即可。

公文的结构是撰写者在构思公文时，有规律、有条理、有方向、连贯的思维过程的书面体现。公文的结构和撰写者对客观事物的观察、理解、认识以及思想脉络是紧密相关的，特别是在计划性公文中，结构反映了制订计划者对未来的规划思路和目标。

在计划性公文中，要根据计划内容的多少、逻辑关系，恰当选用总分结构、递进结构、比较结构和并列结构来写作。合理运用合适的结构来体现计划制作者对未来工作的认识和安排，突出计划重点；保持计划思路明晰，逻辑合理。

三、撰写要求

计划的写作要注意以下三个方面的内容：

1. 实事求是

计划的内容要建立在现实基础之上，既反映现实的工作基础，也反映对现在工作发展方向的规划。计划不能脱离实际、凭空想象，要建立在现有的经济、政治和文化基础之上，使得计划内容反映实际，计划安排切实可行，计划中的措施便于实际操作。

2. 符合逻辑

计划性公文中的工作安排不能超出实施计划的工作人员的能力水平。任何工作都是要实际实施工作的人来完成的，要在作出计划性公文前对计划的实施人员的能力水平进行判断分析，预测出计划实施的结果和效果。公文中不能订立过高的工作目标，那样会使实施计划的人员在工作中失去信心；也不能订立过低的目标，那样会使实施人员在工作中懈怠。

3. 全面丰富

计划性的公文是对将来发展情况的安排和打算，要对实际实施中可能出现的所有情况都有所预测，对可能出现的困难和情况作出预处理。这样才能保证工作进程，工作的完成质量和效率达到预期目标。

四、写作经验

计划性公文在撰写过程中要注意以下五个方面内容：

第一，内容对上负责。计划要坚持贯彻党和国家的方针政策等，不能脱离国家方针政策，反对本位主义。

第二，提出的措施要切实可行。计划要从实际出发制定目标、任务和标准等，不能因循守旧，更不能盲目冒进。规划和方案都要保证可操作性，做到目标明确，措施可行，要求合理。

第三，在制定的过程中要集思广益，深入调查研究，广泛听取群众意见，博采众长，反对主观主义。

第四，层次感要强，突出重点，分清轻重缓急，以点带面，忌眉毛胡子一把抓。

第五，计划性公文中要体现出防患于未然的意识。预先想到实施的过程中可能发生的偏差，可能出现的故障，预先在公文中写明必要的防范措施和补充办法，避免遇到问题时行文对象手忙脚乱，不知道怎么解决。

第二十章

规划

规划是计划性公文的一种，指为完成某一任务而作出的比较全面的长远打算的公文。规划是对未来工作的长远发展计划，是通过对未来整体性、长期性、基本性问题的思考、考量和设计来制定的整套行动方案。根据不同的分类标准，规划有不同的分类。按规划的内容性质分，有总体规划和专业规划；按规划的管辖范围划分，有全国发展规划和企事业单位、社会团体的发展规划；按规划内容的时间划分，有远景规划和短期规划。

第一节　特点

规划作为计划性公文中最宏大的一种，具有以下四个特点：

第一，从时间上说，达成规划目标一般需要三年以上的时间。规划是长期的、远景规划。

第二，从范围上说，规划多是关系全局的、涉及面广的重要工作项目。

第三，从内容和写法上说，规划的行文往往是粗线条的，比较概括、宏观，比如《××省经济和社会发展十年规划》《××省工业结构调整规划》等，概括性很强。

第四，规划较其他计划性公文，具有其独特的方向性、战略性和指导性，旨在通过对全局或长远的工作进行统筹部署，使行文对象明确工作方向，激发其干劲，鼓舞其斗志。这也使得规划的内容必须具有严肃性、科学性和可行性。

第二节 行文对象

规划既可以由政府作出，也可以由企事业单位、社会团体作出。规划的行文对象是接下来一段时间内参与规划工作的内容的人，行文对象的范围相对来说比较狭窄。但是在政府规划中，特别是像“十一五”规划和“十二五”规划这样的规划行文对象的范围却是非常广泛的，因为这是一个国家在一段时间内对社会各方面发展的计划，所以涉及整个国家的人。

由于规划行文对象的不确定性，在规划的撰写中，要注意保持规划的理论水平高度和原则性、方向性。在这个基础上，语言尽量做到通俗易懂，保证行文对象可以理解其内容，保证规划在实施过程中顺利落实。

第三节 格式

规划主要包括标题、正文和落款三个部分。

1. 标题

规划的标题由制发机关 + 事由 + 文种三个部分构成。制发机关在一些规划中可以省略。事由是所有规划必须在题目中表明的，主要写规划实施时限和范围，比如《国民经济发展十年规划》中，时限是“十年”，范围是全国，文种就是“规划”。

2. 正文

规划的正文包括现状分析、规划内容、对策措施三个部分内容。

（1）现状分析部分，简要说明制定规划的依据、目的和总的规划目标等内容。

（2）规划的具体内容是正文的主体，要具体涉及各方面的指标和预测结果。

（3）对策措施部分，针对规划内容提出实施规划的过程中的原则、方法等。

3. 落款

规划的标题中一般已包含制发单位，因此只需在正文右下方签上规划的制发日期即可；标题中没有包含制发单位的，制发单位签署在日期上方。

国家机关制定的大型规划，制发日期多在标题下加括号标示，规划的落款部分可直接省略。

第四节　语体的特点

规划的语体特点主要有合理、概括和严密性三个方面。

1. 合理

规划是对未来很长一段时期内的工作的计划，无论是目标的确定上，还是实施过程中具体的每个阶段的要求，都要做到合理，表意直接，内容明显，前后内容的转换和链接明显，平铺直叙，忌用曲笔。

2. 概括

规划的语言要突出概括性特点，规划是对未来发生事情的计划，切忌细致地描述工作细节、内容，一定要做到整体规划，方向指导，不能把工作中的每个细节都写出来。因为具体的工作实施中会有很多“计划赶不上变化”的情况出现，需要行文对象自己根据实际情况处理。

3. 严密性

严密性是规划的结构特点。规划的结构安排要有秩序，文字的内在表意要严密，逻辑合理，不能出现意义断层。

第五节　遣词造句技巧

规划是通过会议讨论或者部门内部人员经过调查研究制订出来的长期发展计划，其语言侧重突出指导性和概括性特征。

规划文中要多使用具有指导性的语言，比如，“要组织××学习传达××精神，在××时间内达到××目标”。

规划文中不需要使用过多的修辞和感情色彩浓烈的语言，要多使用书面化的词语，多使用具有目的性的词语和专业术语，以体现规划的理论水准，体现规划的思想高度。

在语言的使用上，要注意恰当使用模糊词。比如，“建成若干居民健身基地”“认真学习上级文件”“为了避免出现复杂的变化”中的“若干”“上级”“复杂”都是模糊词，但是却可以使规划的内容得到恰当的表达，使规划的内容语言更加周密严谨、简明得体。

第六节　范文解析

范文一

××县民政局“十三五”规划

（××××年××月××日）

一、“十二五”以来的工作总结

“十二五”期间，在县委、县政府的正确领导下，我县民政工作者认真贯彻党和国家及省市各项政策和会议精神，全面落实科学发展观，学习社会主义核心价值观，突出“以民为本，为民解困”的工作宗旨，强化措施，整体推动，促进了民政各项工作的不断进步。

（一）建立了城乡一体的社会救助体系，推进社会保障事业发展

1. 城市低保工作制度逐步完善（略）

2. 农村低保工作顺利展开，效果良好（略）

3. 城乡困难群众医疗救助工作成绩显著（略）

（略）

（二）进一步健全基层民主政治建设体系，努力构建和谐社区、和谐村镇

1.（略）

2.（略）

3.（略）

（三）进一步健全“双拥”优抚安置体系，提高对军人家属和军烈家属的服务水平

1.（略）

2.（略）

3.（略）

（四）进一步完善社会福利保障体系，推进社会福利社会化进程（略）

（五）进一步健全专项事务管理制度，提高民政机关服务化水平（略）

（六）“××，××”活动深入开展，促进民政服务规范化（略）

二、存在的问题和面临的形势

（一）存在的问题（略）

（二）面临的形势（略）

三、“十三五”规划指导思想和基本思路

（一）指导思想（略）

（二）基本思路（略）

四、“十三五”规划发展原则（略）

五、目标任务和重大项目建设

（一）进一步健全社会救助体系，继续推进社会保障事业发展

1. 完善城乡最低生活保障制度（略）

2. 完善各项专门救助制度（略）

3. 完善救灾救济管理机制（略）

（二）建设、健全基层民政建设体系，促进构建和谐社区和村镇工作深入开展

1. 建设、健全社区管理体制、运行机制和服务体系（略）

2. 加强农村基层组织建设（略）

（三）完善“双拥”优抚安置制度，提高服务能力和水平

1. 推进“双拥”优抚安置工作稳步前进（略）

2. 建设、健全退役士兵安置体系（略）

（四）完善社会福利服务体系，进一步推动社会福利社会化工作（略）

（五）健全专项事务管理体系，提高民政工作规范化法制化水平（略）

（六）重大项目

1. 城乡低保及特困救助项目（略）

2. 村镇社区基础设施建设项目（略）

3. 民政信息化建设项目（略）

六、保障措施

（一）建立深入发展民政事业的社会支持机制（略）

（二）建立推进民政事业全面发展的社会保障机制（略）

（三）建立保障民政事业自我循环发展的有效机制（略）

（四）建立促进民政工作现代化运行机制（略）

（五）建立社会化一体化的民政管理机制（略）

点评

范文《×× 县民政局“十三五”规划》是一篇工作规划。首先，其内容全面丰富，既对“十二五”期间的工作进行了总结，又对“十三五”的工作做了规划。规划中既涉及存在的问题和目前的形势，也涉及指导思想和原则，更具体写明了接下来工作中的目标任务和重大建设项目。内容上面面俱到，从思想指导到行为规范，再到具体工作要求都做了相应的规划。

其次，其结构层次合理，逻辑严谨。先写明过去的工作情况，为新工作规划的制定奠定基础，接着自然地过渡到对新工作的安排上，过渡合理。在规划新工作的过程中，先写明当前存在的问题与面临的形势，接着提出指导思想，最后才提出目标和任务。从思想到行为，符合人们做事的逻辑顺序。

范文使用分条列项的方式来布置工作，显得层次明晰，条理清楚。

范文三

×× 有限责任公司“十三五”发展规划

（×××× 年 ×× 月 ×× 日）

一、“十二五”发展回顾

×× 有限责任公司成立于 ×××× 年 × 月份，起步于第 × 个五年规划的第 × 年。“十二五”规划是 21 世纪的第三个五年规划，也是进入 21 世纪承前启后的关键的规划。五年间，×× 有限责任公司从弱到强，目前已经开展的业务有 ×× 业务、×× 业务、×× 业务、×× 业务，几乎包括了目前所有 ×× 行业的业务。“十五”期间 ×× 有限责任公司成功在 ×× 上市，融资×亿美元，迅速增加了建设资金。“十五”期间××有限责任公司为××省的××事业作出了巨大贡献，实现收入×亿多元，缴税×千万元。

二、“十三五”面临的发展环境

1. 国际环境（略）

2. 国内环境（略）

3. 其他方面（略）

三、“十三五”规划的指导思想和原则

继续以邓小平理论、“三个代表”重要思想、科学发展观、社会主义核心价值观为指导，深入贯彻落实中央经济工作会议的精神，遵循社会主义市场经济和××行业自身的规律，进一步贯彻科教兴国和可持续发展战略。抓住我国西部大开发的重大机遇，立足本省的经济，积极跟踪技术发展趋势，树立“××、××、××”的思想，积极发展××省的××事业。（略）

公司的发展优势是（略）

四、“十三五”规划的具体内容

1.××有限责任公司的战略目标（略）

2.××有限责任公司业务发展目标（略）

3.××有限责任公司管理机制完善目标（略）

4.××有限责任公司职工福利目标（略）

5.××有限责任公司社会责任承担目标（略）

6.××有限责任公司企业文化建设目标（略）

五、“十三五”期间发展策略

1. 财务策略（略）

2. 组织机构发展策略（略）

3. 人力资源策略（略）

4. 业务运营策略（略）

六、分公司建设方案

根据对“十三五”期间的业务发展情况的预测，对于××

有限责任公司的分公司建设方案进行以下的说明。

1.×× 市分公司建设方案

根据 ×× 市的业务量测算，当 ×× 市业务量占公司总业务量的 ×% 时，可以考虑在 ×× 市设立 ×× 级别的分公司。（略）

2.×× 县分公司建设方案（略）

七、其他方面（略）

×× 有限责任公司将以更快的发展速度、更优的产品质量、更高的售后服务水平，在新的五年中创造出新的辉煌发展业绩，谱写 ×× 有限责任公司发展的新篇章。

点评

范文《×× 有限责任公司“十三五”发展规划》是一篇标准的企业发展规划，结构完整，层层递进，内容全面。

首先，对“十二五”期间公司的发展状况进行了回顾，回顾内容简明扼要，为作出“十三五”规划做了背景铺垫。

其次，第二部分分析了公司“十三五”期间面临的大的发展环境。第三部分概括地阐述公司发展的指导思想和原则，为公司的规划提供理论支持。然后，从国家对 ×× 产业的政策、西部大开发的政策和 ×× 省的具体情况入手，对公司发展的国内环境做了全面的分析。第三部分还分析了公司发展的优势，使行文对象可以大致掌握 ×× 公司“十三五”的发展趋势。

最后，规划的四、五、六部分对公司“十三五”期间的发展目标和战略做了详细的阐述。

第七节　经验分享

制定规划前首先要做到集思广益，要深入地调查研究实际情况，靠某一个人或者某几个人闭门造车是不可能制定出好的规划的。

1. 遵循科学的步骤

首先，要进行深入的调查和周密的测算，在掌握大量可靠资料的基础上，根据党、国家和具体单位的发展方针确定发展远景和总体目标；其次，充分吸收有关机关和部门的意见，以科学的态度，反复对多种方案进行比较、研究和选择；最后，确定各项指标和措施，起草规划。

2. 内容概括

因为规划的内容是人们靠主客观结合作出的对未来的预测和规划，而不能预见到未来的具体情况，所以规划内容不能太细、太具体。

3. 运用平实的语言

不能因为规划是激励士气的远景蓝图，就由着主观想象来撰写。规划在结尾部分可以使用具有鼓舞性和感染力的语言来鼓舞士气，激励行文对象更好地工作，但是在正文中语言必须平实。

第二十一章

计划

计划是行政机关、企事业单位、社会团体对一定时期的工作预先作出安排时使用的一种公文。计划主要用于对未来一段时间内的工作任务预先拟定目标，设想步骤、方法等。这样可以在工作正式开展前做到心中有数，减少工作的盲目性。计划内容的完成时间一般在半年或一年左右，内容一般都是一个单位的工作或某一大项重要工作。

计划是计划性公文中种类最多的一种。根据计划的内容划分，有生产计划、工作计划、教学计划、财务计划、学习计划、科研计划等；根据计划的时间划分，有年度计划、季度计划、月份计划和个人计划等。

第一节　特点

计划是计划性公文中使用最多的一种公文，它具有广泛性、指导性和方向性三个特点。

1. 广泛性

任何的行政机关、企事业单位或者社会团体都可以使用计划对自己未来一段时间内的工作作出安排。

2. 指导性

计划的内容对实施计划的工作人员未来一段时间内的工作方向和目标具有指导作用。

3. 方向性

计划指引、表明制发机关未来的发展方向。

第二节　行文对象

计划的行文对象范围相对于规划要窄，相对于方案要宽。计划的行文对象是在计划时限内执行相关工作和受该项工作影响的人们。

计划的行文对象的认知水平参差不齐，所以计划的行文过程中，要使计划内容的理论水平和思想高度能够维持在较高水平的同时，文意尽量浅显，这样可以保证行文对象充分理解计划内容。

第三节　格式

计划主要包括标题、正文和落款三个部分。

1. 标题

计划的标题由制发单位 + 时间限断语 + 事由 + 文种四个部分构成。通常情况下四要素缺一不可，有些情况下时间限断语可以省略，比如只在单位内部实施的计划等。

2. 正文

正文包括开头、主体和结尾三部分。开头部分，首先，简明扼要地说明制订该计划的缘由、根据；其次，对完成任务的主客观条件进行分析，说明完成该计划的必要性与可能性。主体是计划的具体内容，包括完成计划任务的时间规定、步骤和方法等。结尾重点强调某些事项，并作出简短号召。

3. 落款

落款包括签署制发机关、日期。不是所有的计划都必须有落款，比如有的国家机关制订的计划，将制发机关名称写于标题下方的括号内，那么在正文后无需另署制发机关和日期。

第四节 语体的特点

计划的语体特征主要有书面化、得体、平实和程式化四个方面。

第一，计划是以文本的形式发布的，要保证内容语言的书面性，避免使用口语化的语言。

第二，计划是领导组织机关发布的，语体要给人以得体的感觉，注重专业术语和政治术语的正确使用，要很好地体现出制发者的知识理论水平和思想高度以及远景设想等。

第三，在体现理论水平的同时，语言还要力求平实、明确，要结合实际情况提出要求、倡议措施，不能脱离实际空谈高度。

第四，计划结构要做到程式化，在简明的框架内，用准确的语言表达出要求或者措施，保证计划内容逻辑严谨，结构完整。

第五节 遣词造句技巧

写作计划时要注意使用具有概括性的词语，使其精练简洁。

首先，在词语的选择上多使用单义的、本义的、稳定的和不带感情色彩的词语，比如“加快调整”“做好规划”“认真学习”等。

其次，要注意恰当地使用模糊词。无论是表示时间、范围、程度还是表示数量，模糊词的恰当使用可以使计划更加准确无误。比如“在一段时间内完善城乡基础设施建设”，“一段时间”虽然没有明确时限，却是在计划时间范围内的，使用很恰当。再比如“建设和修复 ×× 设施”，虽然哪里建设、哪里修复要根据实际情况来定，但是在计划中体现出了对管理 ×× 设施的工作的安排。

最后，要注意使用成分共用句式，使计划的语句结构紧凑，表意丰富；还要注意使用祈使句，可以使计划的说服能力增强，更具有指导意味。

第六节　范文解析

范文一

2015年××县新农村工作计划

2015年××县要全面贯彻落实“两会”精神，广泛开展“××”活动，认真学习、深刻领会“两会”精神内涵，帮助××县人民切实把思想和行动统一到“两会”决策部署上来。紧密结合××县农村经济发展情况，全面推进“××”政策落实，脚踏实地抓好农村经济发展的各项工作，进一步巩固和发展××县农村农业的好形势，为促进××县农村经济社会又好又快发展提供强有力的支撑。全面建设小康社会，是我国近期的主要发展目标之一，结合这个目标，××县要把2015年发展工作重点放在农村的小康社会建设上，缩小××县城乡差距，促进××县更好的建设和谐社会！2015年，开发区的新农村建设还是一刻不能停止，一定要时刻注意新农村建设工作中出现的问题，及时解决问题，使新农村建设的工作得以顺利地进行！

2015年新农村建设计划主要有以下四个方面内容。

一、指导思想

以邓小平理论和“三个代表”重要思想为指导，按照“生产发展、生活宽裕、乡风文明、村容整治、管理民主”的要求，以调整农村产业结构、加快经济发展为主线，以促进农民增收为核心，以村镇社区化建设为支撑，以规范管理为基础，以配套改革为动力，努力建设繁荣、富裕、文明、和谐、民主的××县社会主义新农村。

二、工作计划

（一）经济建设方面

1. 巩固壮大优势农业，因地制宜，突出特色，优化产业结构。加快调整和规划现有农业产业结构，大力发展高效、优质、绿色农业。同时引进资金，对特色农产品进行深加工，发展第二产业。在绿色农业的基础上，发展特色旅游业，加快农村第三产业的发展速度。

2. 完善农田基础设施建设，做好××村、××村×××亩农田的整理工作，完善农田的基础设施，建设和修复农田的引水、防洪、灌溉工程，提高农业的抗灾能力，提高粮食产量，增加农民收入。

（二）社会事业建设

1. 基础设施建设（略）

2. 加强社会治安工作力度（略）

3. 加大力度做好政府引导、村民自筹资金的村镇水利建设工作（略）

4. 充分利用好上级扶贫资金，积极组织实施好贫困村改造工程（略）

三、工作措施

（一）针对当前旱情，根据不同地势田地的苗情，分类管理墒情，做好苗地浇水抗旱工作（略）

（二）加强农村基层党组织建设。努力把农村基层党组织建成为新农建设的组织者、推动者和实施者，提高农村党员的知识水平和政治素养，增强村级组织的凝聚力、战斗力和创造

力（略）

（三）开展以“××，××”为主题的教育活动，提高农民的思想水平，对加快全县农村经济发展和促进社会和谐具有十分重要的意义（略）

（四）鼓励特色民间文化发展，加强农村精神文明建设（略）

（五）多方筹集资金，加大新农村建设的投入（略）

四、工作要求

（一）各村要立足现在基础，量力而行，防止加重农民负担（略）

（二）各村要结合各村实际引导群众加快农业产业结构的调整，发展绿色农业，增加群众收入（略）

新农村建设的主体是农民群众，要充分调动他们的积极性，发挥他们的创造性。要加强舆论宣传，鼓励各种社会力量投身社会主义新农村建设，努力营造全社会关心、支持、参与建设社会主义新农村的浓厚氛围。

××县人民政府

2015年××月××日

点评

范文《2015年××县新农村工作计划》是一篇典型的政府工作计划。

范文语言使用准确，模糊词使用恰当。比如“多方筹集资金，加大新农村建设的投入”中“多方”和“加大”使用得就非常恰当：一方面表明政府对加大资金投入的重视，一方面可以调动人民群众的创造性，积极寻求资金来源。

范文内容全面，轻重明确。对新农村的计划，既涉及经济建设也涉及精神文明建设，同时又突出经济工作是重点。

范文二

2016 年 ×× 有限责任公司年度工作计划

一、2015 年度工作回顾与分析

（一）行政、人事部门工作业绩与失误

（略）

（二）财务部工作回顾

（略）

（三）采购、物流配送部工作分析

（略）

（四）生产部工作得失分析

（略）

（五）技术工程部工作分析

（略）

（六）销售部工作分析

（略）

（七）售后服务部门工作分析

（略）

二、2016 年公司总体工作计划

经过 × 年的发展壮大，公司已经遇到了瓶颈，公司业务不断扩大，但是本地区市场基本饱和，公司的业务已经处于临界点，2016 年需要广大员工和各部门领导共同为公司的发展做进一步努力。通过回顾 2015 年公司各部门的工作情况，分析公司发展中目前存在的制约因素，制订了 2016 年工作计划，望各部门予以认真学习、贯彻和落实。

（一）进一步完善公司管理组织框架

1. 拆分行政人事部为行政部和人力资源部，细化部门分工。

（略）

2. 建立公司内部纵横沟通机制，融洽企业内部各部门关系。

（略）

3. 拆分采购、物流配送部为采购部和物流配送部。

（略）

4. 细化技术工程部内部部门设置。

（略）

项目负责人：

第一负责人：现任行政人事部经理 ×××

协同负责人：现任行政人事部经理助理 ×××

（二）实施人才储备计划

1. 根据 2015 年人才缺口，做好人才招聘计划

（略）

2. 在各部门内部选调员工参加提高培训活动

（略）

3. 建立部门与本科、专科院校的对口就业计划

（略）

项目负责人：

第一负责人：人力资源部未来部门负责人

协同负责人：人力资源部未来部门负责人助理

（三）进一步改善薪酬管理、福利激励制度

1. 结合公司组织框架及各岗位工作，分析设置员工薪资等级计划。

（略）

2. 员工薪资等级计划在 2016 年 4 月底前报总经理、财务部审核。

（略）

（四）完善并运行公司效绩评价体系

1. 根据 2015 年绩效考核优缺点完善公司《绩效考核制度》。

（略）

2. 完善员工福利制度。

（略）

3. 制定并试行激励政策。

（略）

项目负责人：

第一负责人：人力资源部未来部门负责人，财务部经理×××

协同负责人：财务部经理助理×××

（五）整顿采购、物流部门人员配置制度

（略）

项目负责人：

第一负责人：人力资源部未来部门负责人，物流配送部未来部门负责人，采购部未来部门负责人

协同负责人：人力资源部未来部门负责人助理

（六）各岗位员工培训计划

1. 邀请高校知名教授演讲。

（略）

2. 组织在职员工参加岗位技能提高训练活动。

（略）

3. 开展技能竞赛奖励活动。

（略）

4. 加强新人实习培训。

（略）

5. 组织员工参加素质提高会议。

（略）

6. 组织员工赴其他公司访问、参观。

（略）

项目负责人：

第一负责人：人力资源部未来部门负责人，各部门最高负责人，行政部负责人

协同负责人：人力资源部未来部门负责人助理

（七）销售部开拓全国市场计划

1. 采集全国各地市场需求信息。

（略）

2. 制作产品价格调整计划。

（略）

3. 制作竞争形势分析表。

（略）

4. 市场进入渠道开发计划。

（略）

项目负责人：

第一负责人：销售部经理

协同负责人：销售部经理助理

（八）加强售后服务人员素质提高培训力度

1. 制订售后人员礼仪培训计划。

（略）

2. 售后服务人员分批进行礼仪培训。

（略）

3. 考核售后服务人员技能，实行优胜劣汰竞岗制。

（略）

项目负责人：

第一负责人：人力资源部未来部门负责人，售后服务部经理×××

协同负责人：人力资源部未来部门负责人助理

（九）加强企业文化建设与宣传

1. 员工行为文化建设。

（1）举办企业文化培训班。（略）

（2）举办各种文体活动。（略）

（3）奖励优秀员工，树立典型。（略）

2. 理念文化建设。

（1）塑造员工价值观，培养员工民主意识。（略）

（2）提炼公司企业文化核心内涵。（略）

（3）建立企业文化考评制度。（略）

××有限责任公司

2016年××月××日

点评

范文《2016年××有限责任公司年度工作计划》是一篇通用于公司、企业的年度计划模板。总体来说，范文层次划分合理，内容结构安排逻辑严谨。不同的条目对不同的内容做了详细具体的叙述，使行文对象在工作中可以抓住工作的重点，根据计划内容有针对性地对自己的工作进行调整和安排。

范文的第一部分，对2015年度工作的回顾与分析，不是年度工作计划必需的内容，公司计划指定人可以根据实际情况决定这一部分的取舍。

第七节　经验分享

计划的内容和写法要比规划具体、深入，要比方案简明、集中、扩展和概要。不论哪种计划，写作中都必须遵循以下五条原则：

第一，对上负责的原则。计划的内容要坚决贯彻执行党和国家的方针政策等，不能与之背道而驰。

第二，切实可行的原则。要从实际情况出发制定目标、任务和标准等，既不能因循守旧，也不能盲目冒进。即使是做规划和设想，也应当保证内容可行，目标要明确，实施条件在现有的社会条件下可以获得。

第三，集思广益的原则。写作计划前既要深入调查研究实际情况，也要广泛听取群众意见，集思广益，反对主观主义。

第四，突出重点的原则。计划内容要写得详略得当，主次分明，突出重点，以点带面，让行文对象，即计划执行者能分清工作过程中的轻重缓急。

第五，防患未然的原则。写作计划时要预先想到计划实行中可能发生的偏差，可能出现的故障，并在计划中制定必要的防范措施或补充办法等。

第二十二章

方案

方案是计划性公文的一种，主要适用于对比较复杂的工作作出全面详细的部署，因而方案也是较为繁复的公文之一。

根据方案的内容和性质的不同，可以将方案分为不同的种类：用于规划具体工作的是“工作方案”，用于布置会议的是“会议方案”；内容带有综合性特征的是“总体方案”，就某项工作而制定的是“单项方案”。

第一节　特点

方案作为最为繁复的计划性公文，主要有以下三个特点：

1. 指导性

虽然方案是对某一件事情的具体的、细致的计划，但仍然是计划，是对未发生事情的预测性规划。所以在工作中具有指导性，行文对象要根据方案内容来具体安排工作活动。

2. 繁复性

方案是计划性公文中最繁复的一种，要对工作中的细枝末节和工作过程中所有可能出现的具体情况作出预测和制定措施，比其他的计划性公文复杂、细致得多。

3. 单一性

方案最大的特色就是单一性，它是针对具体的某一项工作或活动作出的，只适用于解决这项工作或活动，对其他的工作或活动没有任何作用。所以说单一性是它区别于其他计划性公文的最大特色。

第二节　行文对象

方案的行文对象非常具有针对性，就是具体负责实施方案的人员。

由于方案是对即将开始的工作的指导，所以方案的内容必须细致、具体，要求明确，措施详细，重点突出。这样才能使行文对象明白接下来的工作中应该重点做什么，应该注意避免出现什么情况。

第三节　格式

方案主要包括标题、正文和落款三个部分。

1. 标题

方案的标题应包括发文机关 + 事由（会议名称）+ 文种三个部分。有些情况下也可省略发文机关。

2. 正文

方案的正文包括开头、主体和结尾三部分。在正文开始写作之前，可以写明方案的送达机关，顶格书写在标题左下方。如果是要送上级机关批示，就写该上级机关的名称；如果是需要下级知晓或发给与会机关的，则要写明下级机关或与会机关的名称。

开头说明方案的“指导方针”“总体设想”。主体的内容包括“主要目标”“实施步骤”和“政策措施”三项。结尾要根据方案的性质决定具体的写作方法。比如，下级机关请示上级机关，其结尾语可类似于请示报告的结尾用语，如“以上方案，当否，请批示”。

3. 落款

落款处签署发文机关、日期，一般签署在正文右下方。但是有些方案会用括号将日期标示在标题下方，发文机关在标题中标明，不在结尾处落款。

第四节 语体的特点

方案的语体特点主要有明确、得体、平实和严密四个方面。

第一，明确是指方案中语言要清楚明白、准确无误。方案是实施工作的详细计划，行文对象在工作中都要遵照执行的细致计划，必须做到语言不晦涩、不含混。

第二，得体是指语气运用要得体。方案中多使用陈述性语气，提醒行文对象郑重严肃地对待方案。方案不是命令和通知，行文语气切忌倨傲或突出权威。

第三，平实是指语言要平直、朴素。方案的写作中，多用叙事和说明，不能出现议论和渲染。

第四，严密是指方案上下文表意要周密，过渡要合理，结构要完整，前后内容要相照应。

第五节 遣词造句技巧

方案的语言重在阐明对某一项工作或活动的详细部署内容。

第一，词语选择上，要侧重使用清楚明白、不会产生歧义的词语，或者能够鲜明地表明方案撰写者态度的词语；不能使用概括性太强，没有明确指向的词语。

第二，在句式安排上，要多使用短句。短句容易理解，清楚明白。少使用长句，如果必须使用则要确定句子结构完整，句意表达清楚。在行文中要注意恰当地使用介词结构和祈使句，比如提出要求时可以写“要……不要……”。

第三，在运用修辞方面，方案注重的是表现公文的平实性，不需要使用修辞手法。

第六节　范文解析

范文一

××市卫生局卫生监督所创建无烟单位实施方案

为进一步履行WHO《烟草控制框架公约》和贯彻落实《关于2011年起全国医疗卫生系统全面禁烟的决定》，根据《××省创建无烟医疗卫生机构工作方案》和《××市卫生局创建无烟单位实施方案》，为做好无烟单位创建工作，营造清洁健康的工作环境，特制定本方案。

一、创建目标

今年内建成无烟单位，并通过省卫生厅评估验收。

二、创建内容

（一）以《创建全面无烟办公楼指南》为蓝本，全面开展无烟环境建设（略）

（二）对照《无烟医疗卫生机构评估标准评分表》第一至第八项进行自查和完善，确保今年内创建达标（略）

三、具体措施

（一）成立控烟领导小组。以×××所长为组长，×××、××为副组长，各科室负责人为成员，下设办公室，负责制订所控烟工作计划、实施方案及管理制度，协调各科室开展控烟宣传和教育，检查监督日常工作的开展。

（二）将建设无烟科室与所机关日常工作和管理相结合，明确全体员工劝阻吸烟的责任和义务。将干部、员工是否吸烟与年度评先评优及年度考核结合起来，一年内如两次发现同一吸烟者，吸烟者当年考核不得评为优秀。

每位员工有义务对控烟工作进行宣传和监督，对职工及来访者吸烟的要耐心劝阻，坚决制止，如不听劝阻的，由领导小组办公室给予批评教育。

（三）规范无烟环境建设。召开创建“无烟办公楼”全体员工动员大会，发出控烟倡议，公布无烟制度，在全所掀起创建无烟办公楼的热潮。

办公楼入口处设置明显的禁止吸烟警示牌，走廊、楼梯、卫生间、办公室、会议室等室内公共场所和工作场所张贴禁烟标志，告知员工及来访者不得在办公楼内吸烟。室内禁止设吸烟区，禁止摆放烟草制品及烟灰缸等烟具。

（四）开展控烟知识宣传。利用单位网站等工具以及例会等形式，向员工进行控烟宣传。设立控烟宣传栏，走廊张贴宣传语（画），向来访者开展宣传。适时安排戒烟讲座及培训。

（五）加强监督和巡查。各科室负责人每天进行自查，发现吸烟行为要及时予以劝止。控烟办公室认真做好创建无烟单位日常工作，每月组织一次无烟科室的监督与检查，做好相关记录，及时通报结果。

（六）进行总结评估和申报。对照《无烟医疗卫生机构评估标准评分表》，认真整理资料，对开展创建活动的全过程进行总结，接受“无烟办公楼”考核验收。

本实施方案自正式印发之日起执行。

××市卫生局卫生监督所

××××年××月××日

点评

范文《××市卫生局卫生监督所创建无烟单位实施方案》是一篇单项工作实施方案。语言简洁明确，措施可操作性强，要求合理。

首先，范文使用的语言都是明确具体、易于理解执行的。比如“控烟、戒烟”“每天进行自查”“室内禁止设吸烟区”等，都相当明确具体，使行文对象在看到方案后可以根据自己的情况来调整、改变自己的行为，切实促进方案的落实。

其次，范文的措施可操作性很强，方案中所包括的每一条“具体措施”都是行文对象在工作中力所能及的，没有不合理的要求。这样可以保证方案在实施中收到理想的效果。

范文二

××市人民检察院2016年度总结表彰大会筹备方案

一、会议主要任务

以党的××大和××届×中全会精神为指导，以科学发展观为统领，进一步传达贯彻三级检察长会议和××会议内容和精神；认真回顾总结全局××××年度的各项工作，表彰在工作中涌现出来的先进集体和先进个人；研究部署全院下一年重点工作，动员广大职工，团结奋进，开拓创新，再接再厉，为推动全院各项工作再上新台阶而努力奋斗。

二、会议时间、地点

拟于××月××日（星期×）上午8：00在院×楼第××会议室召开。

三、与会人员

1. 邀请××市市委有关领导参加并讲话。

2. 院各科室、局、派出机构党代表。

3. 本院全体干警。

4. 受表彰的先进集体和个人代表。

四、会议主持

建议会议由 ××× 检察长主持。

五、会议议程

1. 由 ×× 科检察长 ××× 宣读表彰决定。

2. 由市政法委委员 ××× 为先进集体和先进个人代表颁奖。

3. 院 ×× 室党组书记、检察长 ××× 总结2016年度工作，部署2017年度重点工作任务。

4. 市委有关领导做重要讲话。

六、会务分工

建议会议由院办公室综合筹备，成立材料组、后勤组和组织组三个小组负责会议相关事宜。具体人员及分工如下：

1. 材料组：负责起草、总结会议相关材料、报送有关领导审阅、印制材料。

组长由 ××× 副检察长担任，组员 ×× 个。

会议材料主要有：××× 讲话、××× 讲话、表彰决定（院文件形式）、会议纪要。

2. 后勤组：负责会场筹备。

组长由 ××× 副检察长担任，组员 ×× 个人。

主要工作内容：

会前：

①会议通知；

②会场卫生；

③会标制作；

④核实出席会议的市委领导人员名单；

⑤打印、摆放主席台桌签；

⑥奖牌准备及受奖人员座次安排。

会中：

①茶水服务；

②照相、摄像；

③播放颁奖背景音乐；

④颁奖奖牌准备及传送。

会后：

①各级领导车辆安排；

②就餐安排；

③纪念品发放。

3. 组织组：负责安排专人接送领导；邀请电视台、报社等记者参加会议，并安排专人接送；信息宣传图片报送工作；督促前两组工作进度。

组长由 ××× 担任，成员 ×× 人。

×× 市人民检察院

2016 年 12 月 5 日

点评

范文《×× 市人民检察院 2016 年度总结表彰大会筹备方案》是一篇会议方案。

范文针对会议的相关情况进行了繁复、细致的安排。特别是“会务分工”充分体现出方案的繁复性和明确性。首先，把会议工作人员细分为三组；其次，分别对材料组、后勤组、组织组的工作再次进行了细致划分，特别是后勤组，对其工作人员在会前、会中和会后的具体工作都做了细致的安排。

范文的语言十分明确，没有使用任何模糊词，用的都是明确、精准的语言。会议的时间、地点，小组中由谁负责，组员多少人，都有明确的规定，充分体现了方案语言的明确性特点。

范文三

××股份有限公司首届职工运动会总体方案

一、运动会目的

进一步活跃公司员工的文化生活，加强企业精神文明建设和文化建设，激发公司全体干部职工发展创业的激情。

二、运动会主题

积极进取、勇创一流

三、大会组织机构及职责

（一）大会组织委员会名单

主任：×××

副主任：×××、×××

总裁判：×××

委员：×××、×××、×××

（二）大会仲裁委员会

1. 人员名单

主任：×××

委员：×××、×××

2. 职责

处理各种书面抗议及申诉，终审裁决竞赛纠纷；对规则和规程未曾涉及的问题作出裁决；对比赛中遇到的突发的情况，在保证比赛顺利进行的情况下，向主裁判提出改进意见。

（三）大会资格审查组

1. 人员名单

主任：×××

委员：×××、×××、×××

2. 职责

负责运动员参赛资格审查工作。

（四）组委会办事机构及成员名单、成员职责

1. 活动组

组长：×××

成员：×××、×××、×××、×××

职责：负责大会开、闭幕式策划、筹备、组织、彩排活动；负责运动会经费预算，印制奖状，购置奖品。

2. 竞赛组

组长：×××

成员：×××、×××、×××、×××、×××、×××

职责：负责运动员报名事宜，编制运动会秩序册；准备比赛使用的各类表格，收集、统计各部（组）的记录，安排比赛器材；培训运动会各项目裁判员；处理竞赛过程中有关技术性突发事件。

3. 宣传组

组长：×××

成员：×××、×××、×××

职责：负责运动会标、横幅及运动环境布置；审核开、闭幕式演出节目；负责运动会摄影、摄像工作；运动会宣传报道工作。

4. 裁判组

组长：×××

成员：×××、×××、×××

职责：维护赛场上的公正公平，保证各竞赛项目按规程顺利完成。

5. 后勤组

组长：×××

成员：×××、×××、×××

职责：负责运动会所需物资的采购、供应；准备参赛人员

及出席运动会领导伙食和现场饮品；负责运动会进行中伤病员的急救、护理等医务工作；负责运动会期间安全保卫工作及竞赛过程中秩序的维护。

四、运动会时间、地点

拟定于××月××日至××日在××体育场

五、比赛项目（略）

六、比赛方法

见附件

七、参赛单位

各办公室成为独立代表队。

八、运动会程序

1. 开幕式

2. 各项目按照流程表比赛

3. 闭幕式

九、奖励方法（略）

附件：

1.××股份有限公司首届职工运动会总章程

2.××股份有限公司首届职工运动会单项规程

点评

范文《××股份有限公司首届职工运动会总体方案》是一篇总体方案。总体方案一般是围绕某个事项，对其实施过程中的各个方面的工作作出总体的预测安排，一般涉及的内容比较广泛。这点从范文中可以看出：短短一篇方案，却围绕召开运动会九个方面的工作内容进行了安排，而且安排的过程非常详细具体。

范文的第三部分完美地体现了方案的繁复性和指导性特征。其中把筹备、举行运动会过程中涉及的所有工作人员都做了分组，详细列出人员名单，使工作人员都可以详细地掌握自己的工作内容，促进运动会的顺利进行。

第七节　经验分享

写好方案是写作计划性公文时比较难做到的，因为方案的写作不仅仅涉及文字表达，还涉及具体事项的组织和安排问题，影响长期计划或者规划的实施效果。方案制定者必须拥有长远眼光和领导魄力才能使方案符合相关计划或者规划的方向。

首先，制定者必须分清这个方案的内容属于哪一类，适合用什么样的语气、态度和结构方式来写。其次，再结合计划或者规划的任务、方向等，制订具体方案中的工作细节和要求。

方案比规划和计划更加单纯、具体，完成的时限性更强，所以内容上要比前两者更具体、详细和深入。

第五编 记事性公文

写作要领

记事性公文是指行政机关、企事业单位或社会团体在处理日常事务时所使用的，用于记录重要事项或者传达最新事件动态时所使用的叙议结合的公文，主要包括简报、消息和大事记三种。

记事性公文一般产生于机关、单位或团体的具体事务中，与机关、单位或团体的日常工作和中心工作联系紧密。所以记事性公文的写作目的非常明确，针对性很强，并且有特定的传播范围，一般在本机关、单位或团体内部传阅，或报送有关的上级机关，有些则可以对社会公开。

同行政公文相比，记事性公文没有严格的制发程序，一般不能单独成为正式的文件，因而不具有法定的权威性和行政指导性，也没有执行的强制性。记事性公文的作者也没有严格的限定，集体、组织和个人都可能成为其作者。

一、特点

记事性公文旨在传递信息、说明情况、交流经验、处理公务及解决实际问题等，主要有以下四个特点：

1. 客观性

记事性公文存在的目的就是记录事实，因此内容上具有客观性。事物的本来面目、客观的实际情况是记事性公文的写作基础。在此基础之上对客观情况进行恰当的概括或者分析来写作，绝不能凭个人的主观臆断或虚构的事实来写作。

2. 专题性

记事性公文和其他类型的公文比较，更偏重于反映和处理专题性的事务，综合性比较弱。在实际写作中，往往是就某专门问题或者新发生的事件进行总结、深入调查和汇集信息来制作简报、大事记；消息则是专于一事的深入反映情况或发掘问题。

3. 及时性

发布记事性公文要及时。记事性公文的内容侧重对最新的事件、知识、经验和意图的转达和传播，其中的问题、经验若是带有普遍性，传播开来，便会对其他机关或其他单位、团体产生启发作用。因此，要求发布迅速及时，让行文对象以最快的速度查知此事，而作出相应的反应。

4. 实效性

记事性公文的内容具有时效性。记事性公文是直接用来记录最新事件的，要注意实用，讲求效率。为此，记事性公文从主旨的确立到材料的选择都必须切合实际讲求效率。

二、结构

记事性公文没有国家明文规定的固定格式结构，写作起来比较灵活，用合理的结构准确、完整、有条理地表达出内容即可。

记事性公文最重要的是客观地反映事物的本来面目，因此一般采用纵向式的结构写作，按照事物本身的逻辑结构或者纵向历史发展历程来架构内容。特别是大事记，一般都是采用纵向结构行文。但是在实际写作中，有些特殊的事件需要横向结构行文，以便对同时期内的事情、问题进行比较和区分。

记事性公文的结构要严密，各部分要成为一个统一的整体，共同表达一个主旨或者主题；部分和部分之间不能互相矛盾也不能不相关联，也就是公文从内容到结构都要严密周全，避免因遗漏内容而表达不全。比如，写一篇大事记，要把这件事的历史发展方向表现在其中，中间不能有断层。

三、撰写要求

记事性公文存在的主要目的就是对一些领域内最新的事件做报道和沟通，主要有三个撰写要求。

第一，及时、客观地对新事件做了解和通报，便于沟通情况，联系工作。在工作的开展中，有许多事件需要有关机关、单位或团体共同了解，协同解决，消息、简报作为这种信息载体从而起到沟通情况的作用。

第二，公文还要集中、详尽地反映情况，说明问题，一篇公文中不能同时反映几个事件相关内容。只有这样才能使上下级或者平级不同机关、单位或团体之间及时地综合有关信息，找到解决问题的最佳途径。

第三，记事性公文要通过反映客观事件的发展形势，来介绍经验、预测事物发展方向或者揭露时弊，这样可以使公文起到统一认识，提高行文对象工作热情的作用。

四、写作经验

记事性公文的写作要注意以下三个方面的内容：

1. 写作记事性公文时要注意叙议结合

写作记事性公文一般采用叙议结合的方式，简明扼要、条理清楚地叙述事实。记事性公文不追求写得曲折波澜，只求平直地叙述清楚事件主旨。有的记事性公文还要对调查材料中得出的结论进行适当的分析、议论，但这种议论是画龙点睛式的，点到即止，无需展开论述或论证。聪明的作者甚至可以将自己的评论观点寓于描述事实的文字之中，用事实说话，不另外表述议论内容。

2. 材料的真实性是记事性公文写作的“生命”

记事性公文是向上级机关和有关机关、单位或团体或者社会大众传递信息、报告情况和揭示问题的。上级机关将依据这些信息、情况作出相应的决策，大众依公文内容认识、了解已发生的历史事实，或把握事件的动向。因此，写作中一定要保证公文中的材料真实可靠。

3. 记事性公文选用的材料还要具有新颖性

那些缺乏新意、尽人皆知的事件或过时的信息，都不应该作为记事性公文的写作内容。记事性公文所反映的问题、经验、观点或信息，只有具有新意，才能吸引行文对象的注意力，给予启发、借鉴。

第二十三章

简报

简报，顾名思义，即情况的简要报道。它是行政机关、企事业单位以及社会团体编发的用来反映情况、汇报工作、交流经验、沟通信息的一种公文。简报又称“工作通讯”“情况交流”“情况反映”“摘报”“内部参考”“动态”“简讯”或“要情”等。

简报是机关、单位或团体经常使用的文种。根据不同的标准，简报有多种分类：按照简报出刊的时间划分可以分为定期简报和不定期简报；按照简报的作用划分可以分为反映性简报和交流性简报；按照简报的保密程度划分可以分为“内部参考”简报和一般通行简报；按照简报的内容划分可以分为工作简报、会议简报和专题简报三种。

平时使用的简报多是按照内容标准划分的。

工作简报也称情况简报，主要反映某机关、单位或团体各方面的工作情况。如贯彻执行国家方针、政策，落实上级指示的情况；工作中的经验、教训、问题；先进事迹或错误倾向；等等。

会议简报是针对某些比较重要的会议的主题来撰写的，通过会议简报来反映会议从开幕到闭幕过程中的各种情况。特别是通过简报反映重要人物指示性的讲话及与会者对某些重要问题的一些比较一致的基本看法，摘录与会者有代表性的发言片断，也可以反映会场热烈活跃的气氛与效果，还可以撷取会间的花絮。

专题简报是指反映某机关、单位或学术领域就某一个专门问题的提出、研究情况的简报。如《市场动态》《学术动态》等都属于专题简报。

第一节 特点

简报适用于社会生活中政治、经济、军事、科技、文化、卫生、教育等各种领域中总结各个方面的工作，主要有以下三个特点：

1. 及时性强

简报的最大特点就是反应迅速及时。简报是具有新闻性的文种，追求时效性，要求发现、汇集情况快，迅速撰写成文，及时编制印发。“快”是简报的生命，若不抢时间及时反映情况，时过境迁，简报就会失去存在的价值。

2. 篇幅短小

这也是简报区别于其他报刊的最大特点。一期简报有的只登一篇文章，几段信息，或几篇字数最多不超过三千的文章，从而方便行文对象在短时间内阅读完，适应现代人快节奏的生活。因此，简报内容要求简洁，篇幅简短，用精练的语言表达主旨和意思；开门见山，直截了当。

3. 专业性强

与公开的报纸为满足各个阶层读者的需要内容广泛不同，简报的主办单位、发文目的、内容等都具有明显的专业性。比如《水利工程简报》《计划生育简报》《人口普查简报》《招生简报》，等等。这些简报都是由专人在主办单位组织下撰写，对专业性的知识进行说明，传递该专业的各种信息、情况、经验、问题或对策等。阅读简报，行文对象便很容易了解某专业、领域内工作的各方面情况，从而及时发现问题，并针对问题提出解决办法。

第二节　行文对象

与面向社会公开发行的报纸不同，简报一般用于编发机关管辖范围内各单位之间的工作交流，行文对象范围有限，相对人数较少。

有些简报的内容不宜甚至不能公开传播，特别是涉外机关和专政机关主编的简报，往往保密性极高；甚至有一些特殊的简报是专给某一级领导人看的，保密要求相当严格。这种简报的行文对象比一般简报更少，是相对确定的人。

简报的行文对象可以是上级机关、平级机关或者下级机关。当简报的行文对象是上级机关时，简报可以帮助上级机关及时了解下情，针对问题，作出正确的工作决策，指导下级机关解决问题。当简报的行文对象是平级机关时，简报可以起到加强联系、利于合作的作用。当简报的行文对象是下级机关时，能使下级机关及时了解上级机关的工作动态，及时掌握对上级机关的工作意图。

在写作简报的过程中，要根据具体的行文对象来确定简报使用何种语言和语气等；还要注意了解行文对象对简报内容的了解情况，有侧重、详略得当地编写内容，以便更好地达到反映情况、交流经验和传播信息的作用。

第三节　格式

简报不是正式的国家规定的公文，而是应实际工作需要产生的，但是在长期的公文写作过程中，它的写作格式也已经相对固定。其内容主要包括报头、正文和报尾三个部分。

1. 报头

简报的报头在简报首页的上方，约占全页的三分之一，用间隔线和正文隔开。简报的报头包括以下六项内容：

（1）简报名称。以较大的红字置于上端居中醒目的位置，如“工作简报”“××动态”等。

（2）简报的保密程度。不是所有简报的报头都有这项内容，不需要保密的简报可以不写；但是有的简报需要保密，可在简报名称上部左方印出“机密”“内部刊物，注意保存”等字样。

（3）简报的期数。简报的期数在简报名称的正下方，加上圆括号，比如“（第12期）”等，也可以省略。

（4）简报的编发部门。简报的编发部门写在报头的左下方，顶格书写，比如“××学院院长办公室”“××会议秘书处”等。

（5）简报的编印日期。简报的编印日期在报头的右下方，年月日要齐全，如“2007年2月22日”等。

（6）简报的编号。简报的编号在报头右上方，按期次编号，如“011”“012”“013”等，也可以省略。

2. **正文**

简报的正文又称简报报核，在间隔线以下，一般包括以下五项内容：

（1）按语

不是所有简报都要有按语，一般内容重要的简报才写按语。按语由简报的编发部门加写，目的是引导读者理解所编发简报主旨、了解编者意图。一般用“编者按”或者“编者的话”来提示内容为按语。

常见的按语涉及三方面内容：第一，说明性按语，交代简报文章的来源、出处，对转发外单位材料的更要交代清楚转发的原因和目的；第二，指示性按语，指示简报文章的中心内容，以帮助读者掌握文章的内涵，加深理解；第三，评价性按语，一般是表明编者对简报文章的评价，说明赞成或者反对的意见，引导读者分清是非，做好工作。

（2）目录

目录标注在按语的下方，居中标志“目录”字样，把简报内包含的文章的名称及其在第几页标示出来。若简报只有一篇文章，则不必标注“目录”。

（3）标题

每篇简报都必须有标题。标题可以是单行的，也可以是双行的。标题一般要求简明地概括正文内容，类似于新闻标题。简报文章的标题在目录下面，如果没有按语、目录，简报的标题写在间隔线以下居中位置。

（4）主体

简报主体的写法类似于新闻的写法，先在开头对主要内容进行概括（包括时间、地点、人物、事件等），然后具体叙述所反映的情况、关注的问题的内容。

根据简报的不同类型，简报主体的写作有多种写法：在内容的写作顺序上可以按时间顺序、逻辑顺序、思维顺序；在写作形式上有叙述式、概括式、归纳式、摘要式；在文章结构安排上，可以是纵式结构，也可以是横式结构。

（5）正文的署名

署名写在正文的右下方，加上圆括号。简报正文的署名可以是供稿部门的名称，也可以是供稿者的姓名。

3. 报尾

简报的报尾在最后一页的下三分之一处，用间隔线与正文隔开，一般包括两项内容。

（1）简报的发送范围。简报的发送范围分别按收文部门不同级别由高到低在正文左下方写明，一般采用“报××、××、××”“送××、××、××”“发××、××、××”的方式标明。

（2）简报的印发份数。简报的印发份数写在发送范围的右侧。

第四节　语体的特点

简报是对机关、单位或团体工作中最新出现的问题、经验、观点、信息的总结与反映。其内容重在反映新情况、新问题、新经验，因此其语体具有客观、平实、准确和简要的特点。

简报存在的意义就在于它能概括又有重点地反映情况，交流经验，沟通信息，汇报工作。无论是哪一种简报都要求语言符合客观实际、平铺直叙，准确地抓住要点、切中肯綮、概括分析客观情况。另外，简报中引用的数据必须准确可靠，分析判断切合实际。

简报，重在“简”，也就是简要、简洁。所以语言要简明扼要，杜绝冗言赘语，努力做到语言主旨鲜明、重点突出、文短意明。

第五节　遣词造句技巧

简报的语言重在反映最新的情况，沟通最新的信息，交流最新的经验。因此，在遣词造句方面要注意以下三方面：

第一，各种概念、结论运用准确。写到简报里的概念、观点或情况都是最新出现的，行文对象刚刚开始认识的，如果语言不够准确，特别是概念和结论不准确，很容易造成行文对象认识上的错误和理解上的偏差，给解决问题和了解情况造成困难。

第二，注意使用书面语，一般不使用口语化词语。简报内容都很重要、严肃，要保持文中用语的严肃性，尽量始终使用规范的书面词语，切忌使用口语化的词语，以免破坏文章的风格。

第三，善用修辞和句式搭配。使用排比可以使文章看起来整齐严密，结构严谨。在简报中，为突出简报简洁易懂的特点，可以多使用短句，适当使用长句。

第六节　范文解析

范文一

××市深入学习实践科学发展观活动工作简报

中共××市委深入学习实践科学发展观
活动领导小组办公室2009年6月11日学习实践活动
“解放思想、达成共识”成果专辑（四）

市发改委：把科学发展观的要求贯穿于发展改革工作的各个领域、各个环节，必须始终坚持以下共识：

一、解放思想是科学发展的前提。发展改革部门肩负着推动全市发展改革工作、促进经济社会又好又快发展的繁重任务。必须尊重人民群众首创精神，解放思想，勇于创新；增强科学发展、率先发展的责任意识，转型发展、转型升级的机遇意识，奋力开拓、锐意进取的创新意识，把科学发展观要求转化为推进发展改革工作的新思路、新机制、新举措。

二、（略）

三、（略）

市经委：就如何解决影响和制约我市工业经济科学发展的认识问题开展解放思想大讨论，达成了三大方面的共识：

一、围绕“建设服务型机关”，强化服务理念，实行六大转变。在工作理念上，从行政命令，具体监管向“真诚服务，科学发展”转变；在工作机制上，从上情下达，当好二传手，向“先行调研，然后决策”转变；在工作方式上，从注重行政管理向注重服务管理转变；在行政职能上，从以审批为主向注重编制产业规划、制定产业政策、优化产业结构和调控经济运行转变；在管理方法上，从直接管理企业，向注重通过行业协会、中介服务体系促进企业（行业）发展壮大转变；在扶持方向上，从单纯扶持大企业、重点企业向扶持重点优势行业和产业集群转变。

二、（略）

三、（略）

市财税局：通过在全局范围内开展广泛的解放思想大讨论活动，达成四大共识：

一是继续解放思想。紧密结合 ×× 市财税发展的实际，找差距、定措施、抓落实，促进我市财税事业健康、快速、持续发展。

二是切实转变理念。统筹做好生财、聚财、理财工作，既要落实各项减税轻费措施，支持企业发展，培植壮大地方财源，实现财力可持续增长，又要加强分析和征管，依法治税，应收尽收，为促进经济平稳较快增长提供财力保障。

三是主动服务大局。围绕市委、市政府“创业富民、创新强市”战略和“标本兼治、保稳促调”工作，更好地发挥参谋作用，落实市委、市政府赋予财税部门的各项工作责任，在服务发展大局中找准位置。

四是创新体制机制。废弃不适应科学发展的财税体制机制，通过体制机制创新为科学发展扫清障碍，大力推进服务理念、服务内容、服务方式和服务手段的全面创新，努力在促进经济结构转型升级、支持新农村建设、保障民生等方面积极发挥作用。

四、（略）

市规划局：达成促进规划工作科学发展的共识：（略）

市农业局：通过“解放思想见实效”行动，在以下三方面达成共识。（略）

市外经贸局：通过学习调研和广泛讨论，在开放型经济科学发展的重大问题上达成四个方面基本共识。（略）

市旅游局：（略）

市工商局：围绕助动经济、服务民生、和谐监管、提高素

质等问题，分层分类开展“解放思想大讨论”活动，达成了四点共识。（略）

保税区：以“四个打造”推动区域整合转型。（略）

××开发区：通过组织解放思想大讨论，达成以下共识——科学发展观集中体现了当今世界和当代中国的发展变化对党领导改革发展的新要求，是继续全面建设小康社会、实现建设有中国特色社会主义宏伟目标的思想武器和行动指南；××开发建设的实践和成果，有力地证明坚持走科学发展道路的重要性，也充分体现了科学发展观的本质和要求；在当前异常复杂严峻的形势下，××开发区既面临严峻挑战，也面临着发展机遇。

高新区：“六个必须”促进科学发展。（略）

××旅游度假区：通过广泛征求社会各界意见，达成科学发展的长期共识。一是坚持“一个目标”。将××建设成为国家级生态旅游度假区、长三角著名的休闲度假基地、华东地区重要的国际会议基地和国际性的高端总部经济基地。二是坚持“两个转轨”。针对××当前的实际和旅游市场的客观需求，实现开发建设从基础设施建设为主向基础设施与旅游功能性项目建设并重转轨，从观光型产品开发为主向观光型与休闲度假区产品开发并重转轨。三是坚持“三个理念”。将××新农村建设与旅游开发紧密结合，用景观的概念建设农村、用旅游的理念经营农业、用人才的观念培育农民。四是坚持“四项举措”。充分发挥××的生态资源优势，借鉴其他旅游度假区的先进经验，始终做到“以人为本、旅游为业、文化为魂、创意为先”。五是坚持“五个原则”、谋求“三项创新”。始终贯彻“规划为纲、基础先行、生态保育、先谋后动、打造精品”的指导原则，谋求“三项创新”——一是创新思维，用大发展、大管理、大营销的理念谋划××“一区三基地”建设；二是创新体制机制，探索创新××旅游度假区“一区一镇”模式下的管理、综合行政执法以及干部任用、项目推进、建设与监管、招商引资等体制机制；三是创新工作方法。

××加工区：通过组织解放思想大讨论，主要达成了三个方面的思想共识。（略）

××：经过解放思想大讨论，达成以下共识——

一是在发展规划上，坚持抓当前与谋长远相统筹。（略）

二是在工程建设上，坚持抓效率与重质量相统一。（略）

三是在招商引资上，坚持有所为与有所不为相协调。（略）

四是在投资环境上，坚持求创新与优服务相结合。（略）

五是在社会民生上，坚持抓发展与惠民生相一致。（略）

××报业集团：（略）

××联合集团：（略）

××国际经贸公司：在调整资产结构、转变增长方式上下工夫，在加强内部管理、内部挖潜上下工夫，在投资监督管理上下工夫，在加强托管企业管理和资产清理上下工夫，在全力参与建设××国际贸易展览中心的任务上下工夫。

××（集团）有限公司：高度重视海外招商引资项目的质量，加强规划和分析研究，大力引进科技含量高、无污染、可持续发展的项目，深化招商引资工作的科学发展内涵。

报：中央学习实践活动领导小组办公室，省委学习实践活动领导小组办公室，省委组织部、宣传部，市委常委、市人大常委会主任、市政协主席、副市长，市委学习实践活动领导小组成员

发：各县（市）区委，市直各单位党委（党组），市直企、事业单位，部分组织关系在甬（宁波的简称）的省部属单位党委（党组），各县（市）区委学习实践活动领导小组办公室，市级各新闻单位

中共 ×× 市委深入学习实践科学发展观活动领导小组办公室　2009 年 6 月 11 日印

（共印 300 份）

点评

范文《×× 市深入学习实践科学发展观活动工作简报》是一篇专题简报范文，围绕“深入学习实践科学发展观”这一主题展开主体内容的写作。

范文最大的特点在于每一部分都是用“达成共识……”的方式来叙述每一个单位的学习实践情况。每一部分分条式的表述内容，条与条之间内容界限明显、主旨相互独立，使得层次清晰，逻辑严谨。

范文的语言都相当的精练简洁，充分显示了简报语言的概括性和简洁性。比如“×× 旅游度假区：……”中使用了很多像“五个原则”“两个转轨”“三项创新”等高度概括性的语言，既点明主旨又点明数量，十分简约明确。

范文三

×× 有限责任公司二〇一六年第一季度工作简报

×× 有限责任公司管理部 2016 年 4 月 5 日

完善制度提高效益开拓市场

我公司今年第一季度的工作，总体上围绕提高经济效益为中心，完善管理制度为重点，扩大市场为目标，改善产品质量，建设企业文化开展的，各方面工作均取得预期效果。

一、集中力量，健全管理体系，完善管理制度，并积极组织落实

第一季度，我们组织人力，经过调查研究，制订了公司管理制度改革方案，对公司的效绩考核制度、日常工作汇报制度、生产事故责任制度……进行了全方位的完善，在此基础上，组织公司各部门层层组织落实，健全公司管理体系。目前，公司各项管理制度均已全面落实到位。

二、筹集资金购进最新生产设备，组织生产，经济效益得到大幅提高

第一季度，各分公司克服了 ××、×× 等困难，通过 ××、×× 等方式从各方筹集到资金 ×× 万元，购进最新 ×× 铲平生产设备，大大改善了产品 ××、×× 的质量，大大节约了生产一件 ××、×× 等产品的所需时间，提高了员工工作效率。三个月的时间，公司总产值实现了 ×××× 万元，完成公司年计划的 ×%，完成了过去需要半年才能完成的工作任务，大大提高了公司的经济效益。

三、稳定国内市场，开拓了 ××、×× 等国家和地区的海外市场

凭借越来越好的产品质量，公司建立了良好的企业形象，赢得了众多消费者的信赖和支持，稳定了国内市场。我公司派专员到 ××、×× 等国家和地区考察市场前景，目前，各专员均已完成工作，形成了对海外市场潜力的分析报告书面材料。根据调查结果，公司在各海外市场设立销售机构，开拓市场已经初见成效：在 ×× 国第一季度赢利 ×× 万元，在 ×× 国第一季度赢利 ×× 万元……公司将继续努力开拓其他海外市场。

四、狠抓产品质量，多创优质产品

年初，公司总部组织各分公司开展了“××”活动。按产品品种分类，制订了各种产品的质量标准，并汇编成册下发到

各分公司，落实产品生产标准化、科学化政策，积极稳定地提高产品质量。截至三月末，据统计，我公司有 × 种产品被评为“国家级的优质产品”，× 个产品被评为“部级优质产品”，× 个产品被评为“省级优质产品”。这大大提高了消费者对我公司的认可度和信赖度，必将为公司以后的发展带来莫大益处。

五、加强了企业文化建设工作

今年以来，从公司总部到各分公司都认真贯彻了中央 ×× 号文件，充分宣传了中共中央 ×× 大的精神，广泛开展了“××”活动，对公司员工进行社会公德教育和职业道德教育；广泛开展各种文化活动，丰富员工的业余生活，大大提高了公司员工的思想文化素质。

第一季度，我公司工作上存在的主要问题有：

第一，个别企业领导思想上满足现状，缺乏进取心，缺乏创新精神，思想跟不上形势；

第二，部分产品不良率仍维持在高水平，没有达到预期质量改良效果。

报：公司领导办公室、档案室

发：各部门

×× 有限责任公司管理部　2016 年 4 月 5 日印

（印 100 份）

点评

范文《×× 有限责任公司二〇一六年第一季度工作简报》是一篇工作简报。

范文开头点明了公司第一季度工作的重点内容，为展开下文做了铺垫。正文紧接着对简报开头的内容做了展开论述，逻辑严谨。

范文最大的特色在于论述完工作的重点内容之后，对第一季度中的工作不足做了简要论述，为后三个季度公司工作的开展指明了方向。

范文三

“××江干流开发与环境保护暨旅游业发展论坛”会议简报

××省教育厅人文社会科学重点研究基地

××学院旅游发展研究中心 ××××年××月××日

××××年度××省教育厅人文社会科学（旅游科学）课题立项评审会暨“××江干流开发与环境保护暨旅游业发展论坛”于××××年××月××到××日在××大学召开。

本次会议主管单位为××省教育厅科技处，由××省教育厅人文社会科学重点研究基地——××学院旅游发展研究中心主办，××大学承办，××、××工程学院协办，并得到了××基金会的资助，以及××省对外友协、××市外事台侨旅游局、××市环保局和××市旅游局等单位的大力支持。

来自省内外30余所高校和相关部门的参会代表共70余人参加了会议。××学院参会代表约20人，由院长×××教授率队参会。大会共收到参会论文××余篇，××余位代表就相关学术问题进行了大会发言和学术交流。会议期间大会组委会安排参会代表对××市区、××江干流与××市进行了实地参观考察。

在××××年度××省教育厅人文社会科学（旅游科学）

课题立项评审会上，×× 省教育厅科技处领导和旅游发展研究中心学术委员会成员就本年度申报课题（本年度共有 20 所高校申报“中心”课题 81 项，经资格审查后受理 76 项）进行了严格认真的审查。评审办法为：学术委员会无记名投票表决，校外学术委员监票并当场宣布票数，报 ×× 省教育厅科技处批复后公布。

参会代表一致认为此次会议取得圆满成功。经初步商定，×××× 年度旅游发展研究中心类似的会议定于 ×××× 年 ×× 月在 ×× 州举行，由 ×× 大学承办。

报：×× 省教育厅科技处，×× 学院旅游发展研究中心，×× 大学 ××、×× 工程学院协办，×× 基金会，×× 省对外友协，×× 市外事台侨旅游局，×× 市环保局，×× 市旅游局

发：×× 学院旅游发展研究中心各部门

×× 学院旅游发展研究中心　×××× 年 ×× 月 ×× 日印

（印 120 份）

点评

范文《“×× 江干流开发与环境保护暨旅游业发展论坛”会议简报》是一篇会议简报。范文对会议的内容做了概要的介绍，语言客观，句式使用恰当。在第三段对参与会议的人员及会议成果做了准确的报道，语言平实，没有使用任何渲染性、感染性的语言，始终忠实于会议本身。在范文中，多处使用长句，但是长句结构完整，句意明确，没有出现语病，这是值得我们学习的地方。

第七节　经验分享

在简报的写作中，要注意以下四点内容：

1. 内容要简明扼要

在形式上，简报刊登的文章要短小精悍，文短意丰，做到以有限的篇幅传播最多的信息。

2. 简报要内容新颖

简报既要反映工作中的各种新情况、新问题、新经验，更要角度独特，要善于抓住新人、新事、新动向。尤其善于捕捉那些带有倾向性、苗头性的情况，因为那是大家都比较关注的，很可能是事物发展的新动向。

3. 发报要迅速及时

在这个信息快速更新的时代，简报传播越是及时，信息的价值就越高。在收集信息、整理材料、编写报文、发送简报等各个环节都要有强烈的时间观念，要求快写、快审、快编、快发、快报，便于及时沟通交流信息。

4. 简报内容要真实可靠

简报最主要的作用是向上级机关反映情况，与同级机关沟通信息，让下级机关了解工作动态，它所提供的信息既反映着某机关、单位或团体的工作方向和进程，又影响着上级机关对工作状态作出判断。因此，简报所反映的内容必须真实可靠。

第二十四章

消息

消息，被称作狭义的新闻，以叙述为主要表现手法。消息是对新近发生和发现的具有社会意义的事实所做的迅速、简要的报道，是使用范围最广泛、最普遍的一种新闻性记事性公文文种，也是新闻报道类公文的主角。

按照不同的划分标准，消息有不同的分类。按消息的题材划分，有经济消息、会议消息、体育消息、人物消息和社会消息等；按消息内容的长短划分，有长消息、短消息、简讯、一句话新闻、标题新闻等；按消息来源的地域划分，有国际消息、国内消息、地方性消息等种类。本章的内容主要参考按照消息的内容和写作特点来对消息进行的划分，分为动态消息、综合消息、典型报道和消息述评四类。

1. 动态消息

它的主要特点在于，其报道对象是刚刚发生或正在发生的事实。动态消息是消息中报道量最大、时效最快，也是最受行文对象欢迎的文体。叙述事实是动态消息写作的基本特点，它主要向行文对象报道发生了什么事，只做陈述性的报道，并不做评论、追究事件原因等。动态消息一事一报，迅速及时地反映一个新动态、一件新鲜事和事物的新变化，以及行文对象感兴趣的新情况，多数带有突发性。动态消息涉及面广，篇幅简短，表述简洁明快，有很大的鼓动性和启发作用。报纸、电视中常见的简讯、快讯、短讯、一句话新闻、标题新闻等都属于动态消息。

2. **综合消息**

它概括地报道一个地区或一条战线的新情况，点面结合，反映全局。其中的事实，可以是同一时期发生的，也可以是一个时期内先后发生的。各条战线的形势、某项工作的成就、某一事态的社会反映，以及群众活动的规模、特点、趋向等最适合选用综合消息进行报道。

综合消息大致可以分为三类。第一是横向综合消息。它是对某一事件或事物，在相同时间不同空间情况的综合报道。其结构的基本形式是总分式，即在总导语后，并列若干具体新闻事实，有的还有总结性结尾。第二是纵向深度综合报道。它是对某一事件或事物，在相同空间不同时间情况的综合报道。它所综合的新闻事实往往内含递进关系，每增加一重事实，就反映着事物发展的一个阶段或者趋势，对主题的揭示也就加深一个层次。第三是纵横结合式综合消息。它是把纵向和横向综合在一起的报道方法，一般先综述成就或问题，然后从横向分别叙述，进而再从纵向剖析原因。这样的消息既能概括全局，又能显示出深度。

3. **典型报道**

它又叫经验性消息，用于报道某机关、单位或团体工作中的新做法、新成绩或者新经验，以便指导工作，推动全局。它融合了新闻事实与政策指导，主题突出，以叙述和夹叙夹议为主要表达方法。

4. **消息述评**

它主要是对当前形势的评述、工作成绩的综述、事物特点的概括、建设规模的反映、前进方向的指明。述评新闻写作时要综合全局，掌握大量有效材料、提炼其中的指导性见解。评述时要夹叙夹议、边叙边评。“叙”新近发生的事实，“议”对事实的分析和评论。

第一节　特点

消息作为最重要的新闻体裁记事性公文，拥有最多的行文对象。它一般采用直截了当的叙事方式来打动读者。消息的显著特点可以用四个字来概括，即新、短、快、活。

1. 新

消息的“新”是指其时间和内容上的“新”。时间上的新是指消息所报道的内容是最近发生的事情。西方报界称“今日的新闻是金子，昨日的新闻是银子，前天的新闻是垃圾”，突出了消息“新”这一特点的重要性。而内容的“新”则要求所发布的消息要对某些事情从新的角度进行新的发现和研究，即使这些事不是近期发生的，但新的研究也是具有价值和意义的。

2. 短

消息的“短”主要是指其篇幅的简短，写作消息时要做到文约旨丰，用简短的语言表达丰富的内容。新闻有六大要素，即时间、地点、人物、事件、原因和趋向，这是新闻写作的金科玉律，消息也不例外，而且要力求简短的篇幅中表述所有要素。随着新闻手段的现代化和行文对象需求的多样化，只突出某一个或某几个要素而达到相应报道目的的报道形式被灵活地运用到消息的写作中。多数消息只有三五百字，有的甚至只有一句话。

3. 快

在新闻记事性文体中，“快”是消息最高的要求，谁快，谁就掌握了新闻报道的主动，赢得了行文对象。现在的电台、电视台，特别是新兴的电脑网络，常用直播的形式，同步播出消息实况；滚动报道，就是为了以更快的速度将消息传播给行文对象，以满足行文对象的需要。

4. 活

这是消息最吸引行文对象的地方之一。消息的“活”要求内容生动活泼、引人入胜，要抓住最新鲜精彩的事实来写，并用最精彩的语言表达。消息要做到“色、香、声、味，呼之欲出”才能最大限度地吸引行文对象，从而赢得更多关注。

第二节 行文对象

消息主要宣传党和国家的方针政策，指导和推动实际工作；沟通最新情况，传播最新动态；宣传先进，兴利除弊；传播知识，丰富文化生活，等等。因此消息的行文对象十分广泛，既可以是公职人员，也可以是平民百姓；既可以是老人，也可以是青年。

在消息的写作中，既要保证内容的客观真实，又要力求语言的生动活泼、通俗易懂，使所有的行文对象都能对消息内容有一个自己的了解和判断。在行文中除了一些非用不可的专业术语，尽量不要使用过于专业或者生僻、晦涩的语言，以免给行文对象造成理解上的困难。

第三节 格式

消息一般由标题、消息头、导语、主体、结尾和背景材料六部分组成，一些标题新闻消息或一两句话的简明消息除外。

1. 标题

正如“文好题一半”一样，标题一定程度上代表消息整体的优劣。作为消息内容和主题的体现，标题要能满足读者选择信息、把握内容的需要。可以说标题是消息的眼睛，优秀的标题一定要醒目且引人入胜，并准确而深刻地揭示消息的主题。根据需要，消息的标题一般分为两类：

（1）单行标题。

这类标题的特点便是只有一句话，但却点明了消息的精髓所在，概括出其中心内容，让行文对象一看便知，比如“××力推农村废弃物能源化”等。

（2）多行标题。

与单行标题不同，多行标题通常具有信息量大，内容较为详尽的特点。重大事件和重要因素较多的消息的报道多用多行标题。除了正题，多行标题还有引题和副题。引题也称肩题、眉题。作为正题的引子和先导，引题常置于正题之前，是对主旨思想的揭示、原因的说明、相关背景的交代或者烘托某种气氛等。副题，也称子题、辅题。它是正题的辅助题，置于正题之后，是正题的后续，用来辅助说明情况，指出其内容范围，作为内容提要或说明主题来源或依据等。

多行标题的制作要注意区分虚实。实题是把消息中最主要的事实或基本内容浓缩成一句话，虚题是把消息所表达的主要意图扼要地表达出来。有实有虚，虚实结合，才是成功的多行标题，才能很好地发挥标题的作用。

2. 消息头

报纸上的消息头标在标题下方，正文之前。消息头是消息的标志，主要有“讯”和“电”两大类，一般写作“本报讯”，“××社×地××××年×月×日电”的形式。“讯”主要是通过邮寄或书面递交的形式向报社传递消息。报社通过自身的新闻渠道获得的本埠消息，一般都标明“本报讯”。若稿件是从外埠寄来的，应标明发布新闻的时间与地点，如“本报××××年8月17日专讯”。“电”，主要是指通过电报、电传或电话等形式向报社传递的消息，如“本报××××年6月24日专电”。带“电”字的消息头亦称电头。

3. 导语

导语的概念是消息所特有的，也是区别消息与其他文体的重要特征。导语紧接消息头进行书写。一般情况下，全文有几段的消息，第一段就是导语；全文只有一段的消息，第一句话就是导语。写作消息时，往往把最重要、最新鲜、最吸引人的内容放在开头作为导语，其他次要的内容则放到后面去写。这种组织安排材料的方法叫做“倒金字塔结构”，也叫“报章体”。导语常见的写法有四种：

（1）叙述式。在消息开头便简要地写明新闻最主要的事实，主要是对何人、何事的交代。

（2）结论式。一开始就交代结论或结果，或者对新闻事件进行评论，或者阐明消息内容的意义。

（3）描写式。对消息中记写的人、事物或环境、气氛等做简单的描绘。尽量使用生动形象的语言，唤起行文对象阅读的兴趣。

（4）评论式。消息开篇就对某一事件发表评论，接着再讲事件的经过和意义。

4. 主体

消息的主体承接导语，一方面对导语进行细致注释，另一方面对导语作补充。主体实际上是导语之后，进一步展开事件具体完整的实际过程及其原因、影响等。主体不但要展开导语里提到的主要事实，使之更加清晰、具体，还应该补充导语里没提到的次要事实，使消息的内容完整，来满足行文对象的阅读要求和好奇心。

常用的主体结构方式有两种：一种是以时间为线索安排材料，即按新闻事实发生、发展、结局的先后顺序来写；另一种是按逻辑关系来安排材料，如按因果关系、主次关系、并列关系、递进关系来写。

5. 结尾

写作消息对结尾要求不严，一般较短的消息不需要写结尾，主体写完了，全文就结束了。当然，有些较长的消息是需要有一个结尾的。常见的结尾方式有小结式、启发式、展望式、号召式等，具体要根据消息内容来定。

6. 背景

背景又称背景材料，是指消息事实发生的历史情况和环境条件。现实生活中，任何事件都是在特定的条件、环境和原因作用下发生的，只有把这些材料向行文对象介绍清楚，才能显现新闻的意义与价值。作为消息的从属部分，背景材料多数穿插在主体里，一般不独立成段，也有的在导语或结尾中点出。常用的背景材料有对比性材料、说明性材料和注释性材料三种。写作消息时，应选用和主要事实紧密联结，必不可少的背景材料，并不需要特意考虑安排。有一些简单的消息，人们一看就能明白，不需要背景材料。

第四节　语体的特点

消息是对新近发生的事件有角度、有侧重的报道，它的语体特点主要有准确、中肯、生动简洁和明快四个方面。

消息是对最新事实的报道或者评价，报道要准确，让人们在最短的时间内精准地掌握最新的情况。评价要中肯，抓住要点，扼要肯綮，切忌脱离实际空想乱谈。消息的价值就在于能吸引人们的好奇心，在语言的运用上，要力求生动简洁，用最形象生动的表达、最简洁明快的语气来吸引人们的注意力。

第五节　遣词造句技巧

消息的语言重在生动和真实。根据不同的消息，用词方面有不同的技巧。比如，报道新近事件情况的消息，词语要力求准确，与事实相符合；评价性消息中，词语评价要客观，符合事件的意义，反映事件的现状和发展趋势。

句式方面，消息多采用短句行文，短句容易理解，明快、节奏感强，行文对象容易接受。

修辞方面，消息语言要生动，就必须注意锤炼修辞，拟人、比喻、类比和排比等修辞方法的恰当运用可以使消息生动形象。

第六节　范文解析

范文一

×× 市加大打假力度

（本报讯记者 ××）近日，×× 市工商局、质监局、检验检疫局等多个部门调派精干人员，成立专项行动组，联合展开执法行动，加大对人民生活息息相关的商品的打击力度。此次行动共焚烧了标值 181 万元的假冒伪劣商品，捣毁制贩假冒伪劣窝点 30 余个。此次行动极大地打击了制假贩假不法分子的气焰，取得了打假行动的阶段性胜利。此次行动中，专项行动组深入到全市各商业企业、批发市场，建立起了从源头预防假冒伪劣商品的质量管理和保证体系，设立了长期的举报电话，通过媒体宣传鉴别假冒伪劣产品的技巧，举办假冒伪劣商品鉴别展览、保护消费者权益成果展示和抵制假货万人签名等活动，鼓励和动员消费者广泛地参与到“打假”的活动中来，成为监督商品质量的一道屏障。

在昨日的检查下，专项行动组在 ×× 商场对儿童服装质量进行了抽查。经查，×× 品牌儿童服装甲醛含量超标。专项行动组勒令商家立刻下架该品牌服装，并对查出的质量不合格的服装进行统一销毁。

点评

范文《×× 市加大打假力度》是一篇综合消息，格式规范，语言准确，简洁明快。

开篇，以直述打假的成果作为导语；接着，主体内容对导语中的成果进行展开，说明了打假所取得的具体成果，并对打假的意义进行了阐述，同时表明了工商局打假的决心。

范文二

我省首次大规模从村干部中考录公务员
×× 名村干部考上公务员

（本报 ×× 月 ×× 日讯记者 ××× 通讯员 ×××）当了八年村干部的 ×× 市 ×× 县 ×× 镇 ×× 村支书 ×××，今年考上了公务员。今年，共有 ×× 名像 ××× 一样的从基层岗位走上公务员岗位的干部。用他们自己的话说就是：基层干部有了奔头。

记者今天从省人事厅获悉，我省逐步完善公务员录用选用机制，加大了从基层选拔公务员的力度，大规模从优秀村干部中考录公务员。

省委、省政府近年来对基层干部队伍建设越来越重视，将其视为干部队伍建设的重点之一。不断出台了一系列对基层干部未来发展有利的政策措施。出台的《×× 省公务员招录办法》中，更是明确了要加大从优秀村干部中选拔公务员的具体办法和途径。今年，在省人事厅的统一部署下，我省增加了定向招录村干部的计划和岗位，对村干部考取公务员放宽学历、年龄等条件，最大限度地发挥其工作经验丰富的特点；并对全省报考公务员笔试合格的村干部单独制定面试试题进行面试。

据了解，我省近五年来，已经从各村干部中选拔了××名公务员，这项工作取得了一定的成绩，得到了上级领导的充分肯定。我省将继续探索从基层选拔公务员的途径和办法，进一步扩大从基层一线选拔优秀公务员的比例，本着“讲实际，重人才”的要求，让更多具有丰富工作经验的优秀村干部能够到更为广阔的空间施展才华，使我省干部队伍不断充满新的血液。

点评

范文《我省首次大规模从村干部中考录公务员　××名村干部考上公务员》是一篇动态消息，对“我省首次大规模从村干部中考录公务员”这一新近发生的事实做了时事报道。范文开篇引用一个基层干部的自述，以引起行文对象的阅读兴趣，接着对标题的内容展开叙述，对全省的情况做了详细的说明。

范文最大的特点就是语言的平实、准确、叙议结合，既对事实做了最客观的报道和评价，又能使行文对象从中思考以后公务员考试的发展方向。

范文三

×××等一行人到××走访慰问基层医疗机构

2016年8月××日，副省长×××带队，省医院副院长

×××、省疾控中心主任×××等一行人前往某地走访基层医疗机构。

一行人在当地听取了卫生院、血站、疾控中心、村卫生室等基层医疗机构对于上半年卫生医疗工作开展情况的汇报。副省长×××对当地工作给予了较高的评价，并希望各有关机构继续深入推进医疗体制改革；进一步做好疾病防控与救治、无偿献血、心理卫生健康等工作。用更高的医疗水平和服务质量，用“患者至上，为民服务”的服务理念，为群众营造一个良好的就医环境，使群众得到有效、及时的医疗服务。

点评

范文《×××等一行人到××走访慰问基层医疗机构》是一篇典型消息，对一行人的走访慰问工作做了及时、详尽的报道。

范文最大的特色在于层次明晰，语言简洁明确。虽然篇幅较短，但是使用具有明显标志性的词语，如“听取”“希望”等，使消息层次划分明确，一目了然。

第七节 经验分享

在消息的写作中要注意以下三个方面的内容：

1. 坚持实事求是的报道态度

真实是新闻的生命，尊重事实，用准确无误的事实说话，是新闻工作者最起码的职业素质。消息中的人物、事件、数字、引语等都必须完全真实，不能有任何夸大或缩小的成分，更不能凭空想象或歪曲。虚假不实的消息会给人们带来诸多误解和麻烦。

2. 善于用事实说话

报道新闻消息不仅要坚持客观、实事求是，更要善于用事实说话，要在选择事实和表现事实上下工夫。要选用典型事实，并采用各种表现手法力求生动形象地再现事实。议论可发可不发，发表议论时，力求能引起人们的思考。

3. 合理安排内容结构

按实际需要来进行选择，最大限度地突出中心和表现内容是结构安排的原则。消息的结构方式主要有倒金字塔结构、金字塔结构和混合式结构三种，其中最常用的是倒金字塔结构。金字塔结构通常把最重要或最精彩的事实放在最后，以增强行文对象的期待感，并采用“剥笋式”的方法层层深入，给人渐入佳境的感觉。混合式是以上两者的混合，它集合了这两种结构的优点，越来越受行文对象的欢迎。

第二十五章

大事记

大事记是行政机关、企事业单位、社会团体用来记载一定历史时期内发生的重要事件的历史资料性的特殊公文。大事记是按时间顺序，简要、系统地记录本机关和本单位主要活动的文字资料。它存在的意义是日后了解本单位的发展历史，或依此总结经验教训。

大事记从不同的角度可以分为多种类型。

按性质分，有机关、单位、团体工作大事记，国家、地区、系统大事记，专题性大事记，传记性大事记等。

按内容分，有综合性大事记（反映某个国家、某个地区、某个机关、某个单位各方面大事）和专门性大事记两种类型。

按体裁分，有条目式大事记和表格式大事记两种类型。

按名称分，有大事年表、大事记述、大事年谱、月表等类型。

按编写形式分，有的以时系事（即按年、月、日逐条记述），有的以事系时（以问题为主，每一个问题再按年、月、日时序分别记述）。

第一节　特点

大事记，顾名思义是对重大事件的记载，所以它的主要特点是史料性、客观性、摘要性和概括性。

1. 史料性

大事记是对行政机关、企事业单位、社会团体或者某一活动的历史或纵向的发展情况的客观记载，因此其内容具有史料性。比如《中国共产党大事记（1919—2008）》中就记载了中国共产党从1919年到2008年之间党内所发生的值得铭记的大事。

2. 客观性

大事记不像消息，可以任意发表评论，叙议结合，而是单纯地记述。大事记力求最客观地反映纵向或者横向的事件，通过这个客观事件反映出社会或某个组织的发展趋势，其价值就在于客观的记载。

3. 摘要性

大事记的内容具有摘要性。大事记是对一段时间内发生事件的记录。记录来源既可以是个人总结，也可以是在这段时间内重要文件和会议、报道等的摘要。

4. 概括性

大事记仅仅是一种以要点记录的形式所做的公文，内容不要求细致、具体，能概括出已发生的事实供日后参考即可。

第二节　行文对象

大事记的行文对象具有不确定性，具体的行文对象要根据具体的发文机关来定。但是无论对于哪一个机关、单位或团体来说，“大事”都是指一定时间、一定范围内发生的具有重要意义、涉及面广、影响深远和有一定历史价值的事件。这些“大事”都是需要行文对象知道或者铭记的。

大事记的内容可能包括自然、地理、经济、文化、业务工作等各方面，可能涉及专业知识。这时，在写作中，不需要考虑行文对象的认识接受能力，只要保持自身的概括性、理论性、专业性即可。

大事记的行文对象既可以是上级机关、平级机关也可以是下级机关，更可以是辖区范围内的人员。所以大事记只要在概括记载事件的基础上，尽量做到明白清晰，使行文对象能准确地了解即可。

第三节　格式

大事记就是就某些事件的概括记载，格式比较单一、固定，主要包括标题和主体两个部分。

1. 标题

大事记的标题主要有下面四种形式。

（1）由发文机关＋时间＋文种构成，比如《××市人民政府八月份大事记》等。

（2）由发文机关＋事由＋文种构成，比如《××省人民医院医学大事记》等。

（3）由发文机关＋文种构成，比如《××省人民政府大事记》等。

（4）由事由＋文种构成，比如《中国科技发展大事记》等。

2. 主体

大事记的主体一般由时间和事件两部分组成。

（1）每件大事要年、月、日齐备，所有大事按时间顺序依次排列。对时间不确切的事件，应尽力进行考证。大事记条款，严格按照大事发生的先后顺序排列，先排有确切日期的大事，后排接近准确日期的大事，日期不清者附于月末，月份不清者附于年末。

（2）事件主要是指重要工作活动和重大事件。具体内容涉及以下五个方面：党和国家方针政策贯彻执行中所产生的重大反响和出现的重大问题；上级机关到本机关、单位参加重大活动，或检查、指导工作并作出重大决策或重要部署、指示等；

本机关、单位的重要工作或重大事件等；机关、单位机构设置、体制变动、重要人事调动等机构和组织变动情况；机关、单位重要会议和重大活动，包括内务和外事活动等。

第四节 语体的特点

大事记首先可以为本机关、单位的工作总结、工作检查、工作汇报、工作统计和上级机关掌握情况提供系统的、轮廓性的材料。其次，大事记的史料价值，可以起到录以备查的作用。因此，大事记的语体要求平实、明确、客观和简要。

大事记一般是纯客观事实的记录，不要求有评价和思想倾向蕴含其中。因此，其语言不需要感染力强，也不需要具有鼓舞性，只要平实、客观、明确就可以。

简要是大事记语体的又一特点，“记”强调一个记录，但是这个记录不是具体的，而是简要的概括性记录，力求做到每个字、词、句都是必不可少的，少字则缺意，多字则赘余。

第五节 遣词造句技巧

大事记重在记录史实，在词语上，特别是年、月、日的写作和数字的记录方面，力求做到精准，用精准的语言，清楚地再现事实。比如“1989 年 5 月 24 日至 28 日，中美第 5 轮复关问题双边磋商在北京举行，磋商取得实质性进展，复关谈判有望在 1989 年底结束”中，“24 日至 28 日”“第 5 轮”“复关谈判有望在 1989 年底结束”这些词句使用都很准确，甚至预测中都把具体年份写出来，没有用模糊的“复关谈判有望在 ×××× 年内实现”的表达方式。

在句式的选用上，尽量选用短句。大事记的每一段记录都是简短的，使用短句来行文，可以使其看起来更加整齐、清晰，节奏感强，也便于行文对象查看，寻找要点。

第六节　范文解析

范文一

辉煌 95 年·大事记
中国共产党大事记

1921 年 7 月 23 日，中国共产党第一次全国代表大会举行，宣告中国共产党成立。

1922 年 7 月 16 日—23 日，党的二大举行。大会明确提出反帝反封建的民主革命纲领，制定第一部《中国共产党章程》。

1923 年 6 月 12 日—20 日，党的三大举行。大会决定采取党内合作的形式同国民党建立联合战线。

1925 年 1 月 11 日—22 日，党的四大举行。大会明确提出无产阶级在民主革命中的领导权问题和工农联盟问题。

1927 年 8 月 1 日，南昌起义打响了武装反抗国民党反动派的第一枪。

1927 年 8 月 7 日，八七会议召开，确定实行土地革命和武装起义的方针。

1927 年 10 月，毛泽东率秋收起义部队到达井冈山，开始创建农村革命根据地的斗争。至 1928 年 2 月，井冈山革命根据地初具规模。

1929 年 12 月下旬，古田会议召开，确定了人民军队建设的基本原则。

1931 年 11 月 7 日—20 日，中华苏维埃第一次全国代表大会在瑞金举行，宣告中华苏维埃共和国临时中央政府成立。

1934年10月中旬，中央红军开始长征。

1935年1月15日—17日，遵义会议召开，事实上确立了以毛泽东为核心的党中央的正确领导。

1935年12月，瓦窑堡会议召开，确定了抗日民族统一战线的策略方针。

1936年10月，红军三大主力胜利会师。

1937年9月，国共两党实现第二次合作，以国共合作为主体的抗日民族统一战线正式形成。

1938年9月29日—11月6日，党的扩大的六届六中全会在延安召开，提出了马克思主义中国化的命题。

1942年2月上旬，整风运动在全党普遍展开。

1942年5月，中共中央在延安召开文艺座谈会。

1945年4月23日—6月11日，党的七大举行，制定党的政治路线，确立毛泽东思想在全党的指导地位。

1946年6月26日，全国解放战争正式开始。

1949年1月31日，北平和平解放，辽沈、淮海、平津三大战役胜利结束。

1949年3月5日—13日，党的七届二中全会在西柏坡召开。大会提出“两个务必”，着重讨论党的工作重心由乡村向城市实行战略转移的问题。

1949年9月21日—30日，中国人民政治协商会议第一届全体会议举行，通过《共同纲领》。

1949年10月1日，中华人民共和国中央人民政府成立。

1950年10月19日，中国人民志愿军入朝作战。

1953年1月1日，我国开始执行第一个五年计划。

1954年9月15日—28日，第一届全国人民代表大会第一次会议举行，通过第一部《中华人民共和国宪法》，人民代表大会制度作为我国的根本政治制度正式建立。

1956年9月15日—27日，党的八大举行，正确分析了国内主要矛盾和主要任务。

1962年1月11日—2月7日，七千人大会召开，初步总结“大跃进”中的经验教训，强调加强民主集中制，切实贯彻调整国民经济的方针。

1966年，“文化大革命”全面发动。

1976年10月6日，中共中央政治局一举粉碎“四人帮”，“文化大革命”结束。

1978年5月11日，《光明日报》以特约评论员名义发表《实践是检验真理的唯一标准》一文。此后，关于真理标准问题的大讨论在全国展开。

1978年12月18日—22日，党的十一届三中全会召开，实现了新中国成立以来党的历史上具有深远意义的伟大转折。

1982年9月1日—11日，党的十二大举行，系统总结党的建设的经验，提出建设有中国特色的社会主义。

1987年10月25日—11月1日，党的十三大举行，阐述了社会主义初级阶段理论，提出了党在社会主义初级阶段的基本路线，制定了“三步走”发展战略。

1992年10月12日—18日，党的十四大举行，明确社会主义市场经济体制的改革目标，确立邓小平建设有中国特色社会主义理论在全党的指导地位。

1997年7月1日，中国政府对香港恢复行使主权。

1997年9月12日—18日，党的十五大举行，大会把邓小平理论确立为党的指导思想，提出党在社会主义初级阶段的基本纲领。

1999年12月20日，中国政府对澳门恢复行使主权。

2002年11月8日—14日，党的十六大举行。大会提出全面建设小康社会的奋斗目标，把“三个代表”重要思想确立为党的指导思想。

2007年10月15日—21日，党的十七大举行，将科学发展观写入党章。

2009年9月15日—18日，党的十七届四中全会召开，通过《关于加强和改进新形势下党的建设若干重大问题的决定》。

2012年11月8日—14日，党的十八大举行，确定了全面建成小康社会和全面深化改革开放的目标。

2012年11月29日，中共中央总书记习近平在国家博物馆参观《复兴之路》展览时阐述了"中国梦"的深刻内涵，提出"实现中华民族伟大复兴，就是中华民族近代以来最伟大的梦想"。

2012年12月4日，中共中央政治局召开会议，审议并一致同意中央政治局关于改进工作作风、密切联系群众的八项规定。

2013年11月9日—12日，党的十八届三中全会举行。全会审议通过了《中共中央关于全面深化改革若干重大问题的决定》。

2014年10月20日—23日，党的十八届四中全会举行，全会审议通过了《中共中央关于全面推进依法治国若干重大问题的决定》。

2015年10月26日—29日，党的十八届五中全会召开，全会审议通过了《中共中央关于制定国民经济和社会发展第十三个五年规划的建议》。

点评

范文《中国共产党大事记》是一篇标准的以时为线的大事记。

范文在行文中严格地以时间为顺序，"××日至××日"都写得很明确，语言非常精准。这是一篇标准的大事记，值得我们借鉴、学习。

范文二

××有色集团2010年大事记

时间	大事件	备注
2010年1月31日	××有色集团公司与××地区座谈会在××市举行。	×××写作了《××有色集团××地区有色矿产资源整合与开发方案》，就有色集团“十一五”最后一年及“十二五”前两年在××地区的矿业整合与开发向××地委、人大、行署、政协作了专题报告
2010年2月2日	在自治区旅游工作会上，××铜矿被国家旅游局正式授予“全国工业旅游示范点”称号，成为××乃至西北地区首家有色矿山全国工业旅游示范点	
（略）	（略）	（略）

2010 年 8 月 2 日—15 日	集团公司党委书记、董事长 ××× 率有关部门人员赴 ×× 州，对 ×× 金矿、×× 铝厂和有色地质 ×× 队开展了工作调研	
（略）	（略）	（略）
2010 年 11 月 15 日	集团公司副总经理 ××× 一行到 ××× 金矿检查指导深入学习实践科学发展观活动开展情况	
（略）	（略）	（略）

点评

范文《×× 有色集团 2010 年大事记》是一篇典型的表格式的综合性机关工作的大事记。以表格的形式记录大事，清楚明白，一目了然。表格中“备注”一栏，方便工作人员把重要事件中需要行文对象注意及认真对待的事情标注清楚。大事记中，连续一段时间内发生的事情可以在同一时期概括说明，像范文中“2010 年 8 月 2 日—15 日”的写法。

第七节　经验分享

大事记的写作中，要注意以下四个方面的内容：

1. 内容要真实

大事记的写作必须坚持客观求实的原则。尊重史实，反映事实真相是大事记的最大价值。大事记中与事件或活动有关的人、事、时、地、数字等的描写都必须真实准确，不能凭主观臆断或者道听途说去编造，否则大事记就会失去其客观价值。特别是时间的写作上，力求具体到日，清楚明晰地再现事件发生的时间线索。

2. 内容要完整

首先，要按时间发展的先后顺序依次编写大事记，不能间断。其次，不要遗漏应该记载的事件与活动。再者，尽管每条大事记文字极其简短，但其所载的要素应力求齐全，包括有关事件或活动的起因、过程，涉及的部门、人员及结果等，都要完整地再现。

3. 主题要突出

大事记要记载“大事”“要事”，突出其重要性，不能事无巨细地将所有事项都写进去，必须突出重点。所谓重点，是指本机关、单位或团体在贯彻执行党和国家的方针政策中所采取的重大部署、措施，以及所做的决定、决议；全国、全省、全市以及全县的大事、要事在本机关、单位或团体的反映；本机关、单位或团体召开的重要会议情况；本机关、单位或团体的组织变动情况，诸如主要领导人的调动、任免、奖惩等人事情况，内部组织机构设置的变动，人员编制的变化，等等；本机关、单位或团体颁发的和上级机关对本地区发布的重要指示、决定、规定、通知等文件；本机关、单位或团体在工农业生产、城乡建设、财政贸易、文教卫生等方面取得的重大成就以及科技方面的重大发明创造；本机关、单位或团体主要党政领导人参加的重大活动，重要的外事活动和出访；上级领导来本机关、单位或团体进行检查、指导工作的情况；本地区发生的重大事故及后果，气象的重大变化、严重的自然灾害及对其善后处理的情况，重大的社会动态以及其他需要记载的事项。

4. 记载要及时

编写大事记，最好做到迅速、及时，力求“当日事当日记”，逐日进行记载，以免日后补记出现纰漏。特别是对那些持续时间较长的重要会议或重大活动，应在结束之时及时作出综合记载，不可拖延迟缓，否则容易造成大事记内容的不准确。

商洽性公文

写作要领

商洽性公文，又称“函”，是指不相隶属的平等主体之间为了达成合作、协作、委托等意向而进行协商洽谈时使用的公文。

“函”有公函和便函的区分。公函是机关、单位或团体之间在公务活动往来中使用的正式公文；便函也适用于单位、机关或团体之间的公务往来，与公函的最大区别在于没有正式的格式要求，对标题、发文字号等事项要求不严格，只需要在文中写明发文机关名称、成文时间，然后加盖公章即可。

“函”主要包括商洽函、问复函、请批函和知照函四种。

一、特点

1. 形式灵活，适应性强

“函”虽然主要用于平行机关、单位或团体和不相隶属的机关、单位或团体之间的交往，但有时也可用于上下级机关之间的交往。比如一些一般性、事务性的询问和答复，就不一定用规范性强的请示和批复，而可以用形式简单灵活的函。所以，函在很多情况下都可以使用，具有很强的适应性。

2. 务实性强

“函”是一种方便的公文，很多机关用函来解决事情，方便快速，可以省去很多正式公文的呈送、下发程序，有很强的务实性。

3. 平等沟通

“函”主要用于不相隶属的机关、单位或团体之间互相商洽工作、询问和答复问题，要求体现双方平等沟通的关系，这是“函”最特别的地方。在向有关主管部门请求批准，双方又不是隶属关系的时候，不能使用请示和批复，只能用函，并且函的姿态、措辞、口气也跟请示和批复大不相同，同样要体现平等性和沟通特点。

4. 单一针对性

“函”的内容必须单一，一份函只能写一件事项。函不需要在原则、意义上进行过多的阐述，不重务虚重务实，只要对询问的事项作出有针对性的陈述和要求即可。

二、结构

“函”的结构要求主题突出，详略得当，层次分明。

首先，结构作为函的骨架，包括的内容很全面，但是在内容安排上又要有轻有重，有繁有简，详略得当，突出主题。这样，收函机关、单位或团体在看到函后就能很快把握要针对什么问题作出答复，或明白自己在工作中需要注意什么地方。

其次，要做到层次分明。“函”的内容是一事一函，一般篇幅短小，在行文中一方面要合理地安排段落划分。同时，段落之间的内容不能相互包含，纠缠不清。另一方面段落之间的逻辑规律要合理，段落之间有明显的先后顺序或者轻重侧重；段落的安排还要与公文开头遥相呼应，增加函的逻辑严谨感，使收函机关、单位或团体能以最快的速度理解函的内容。

三、撰写要求

“函”的撰写要求很简单，做到一事一函，简洁明了。“函”

就是为了方便不相隶属但是工作上有联系的机关、单位或团体之间协调工作，互相知照事项而产生的，因此力求简约、简洁，从而最快地达到目的，提高办事效率。

这里我们讲的是公函的写作。在撰写公函的时候要注意按照规定的格式来写，灵活是内容的特点，格式要做到规范。

四、写作经验

在函的写作中要注意以下三点内容：

第一，注意“函”与“请示”“批复”等正式的公文的区别。函是向没有隶属关系的业务主管机关请求批准有关事项，以方便工作的。除非情况特殊，否则不能向隶属机关使用函。

第二，在写作中要求开门见山，直奔主题。无论去函还是复函，都不要转弯抹角，切忌空话、套话和空泛的议论；要直接明了，主旨鲜明突出，态度明确。

第三，语言使用要规范得体，体现出函的用语特色。发函要使用平和、礼貌、诚恳的语言，体现对主管机关的尊重、谦敬。对级别低的机关、单位或团体要平和、不倨傲，对平行机关、单位或团体和不相隶属的机关、单位或团体要友善、平等。切忌在函中使用生硬、命令性的语言。

第二十六章

商洽函

狭义的商洽函是发函主体就合作、协作或委托等事宜，向另一个平等的、不相隶属的主体所发出的一种联系函，其目的主要是商谈事宜。广义的商洽函也包含了请批函、知照函等请求批复、知照事项等的联系函。因此，商洽函主要的写作目的便是洽谈公务、表达请求、提出请示、给予意见、事项告知等。

第一节　特点

商洽函作为一种工作联系函，适用于很多情况。因此，商洽函使用的范围广、频率高，具有广泛性、行文多向性、用语谦敬性的特点。

1. 广泛性

商洽函的广泛性，首先是其应用范围的广泛。商洽函的内容没有固定的限制，任何洽谈公务、表达请求、提出请示、给予意见、事项告知的情况都可使用。其次是其使用主体的广泛。它的使用不受级别高低、组织大小的限制，收发函件的主体均以比较平等的身份进行联系。

2. 行文多向性

很多文书都是固定的上行文或下行文。而商洽函的行文可以是上行文，也可以是下行文，但大多数商洽函为平行文。

3. 用语谦敬性

不论什么类型的函，用语皆得注重谦恭有礼，尊重行文对象，力求得到行文对象更多的理解和支持。

第二节　行文对象

商洽函的使用主体具有广泛性，适用于各种级别的行政机关、企事业单位和社会团体，因而其行文对象也具有广泛性，可以是任何行政机关、企事业单位或社会团体等。

商洽函是就某一事项进行商洽的函件，具有很强的针对性。因此，在行文时要紧紧围绕所要商谈事项展开，需重点突出，不可冗杂，让行文对象可以有针对地对问题作出快速的回应。

第三节　格式

商洽函具有一函一事的鲜明特点，因此篇幅短小，结构简单，旨在用最简洁精练的语言表达最全面的内容。商洽函主要包括标题、正文和落款三个部分。

1. 标题

商洽函的标题一般由发文机关 + 商洽事由 + 文种构成。比如《中国科学院 ×× 研究所致 ×× 大学商洽建立全面协作关系的函》等。有的情况也可在标题处省去发文机关，只包括事由 + 文种，比如《关于商洽委托代培涉外秘书人员的函》等。

2. 正文

商洽函的正文通常由开头、主体和结语三个部分构成。

（1）开头。

这部分主要是对写作缘由、背景和依据的介绍。通常，去函的开头是对上级机关有关指示精神的领会说明，并结合发文机关的实际情况和需要，表达或是疑惑或是困难等内容。

复函开头有两种写作方法：第一，直接引用来文的标题及发文字号；第二，简述来函的主题。紧接开头，可以“现将有关问题复函如下”一类承启语引出主体内容、答复意见等。

（2）主体。

主体要详述需要商洽、询问、答复、请求批准、联系或答复审批及告知的事项，是商洽函主要内容的阐述。如果去函或复函的事项比较单一，主体可与写作缘由结合为一段，否则，需要分条阐述。

（3）结语。

商洽函结语的写作要根据具体的文种区分。比如，对于只是告知行文对象事项而不需要回复的函，结语常用“特此函告”“特此函达”等。如果是要求行文对象回复的，则要写明“盼复”“望函复”“请即复函”等。而请批函则要以“请批准”“请大力协助为盼”“望能同意”等语句表明函的内容。

3. 落款

落款包括发文机关和成文日期两部分内容。为了体现发文机关的严谨和慎重，机关名称要用全称或规范化的简称，成文日期要用汉字写清楚年、月、日，并加盖公章。

第四节 语体的特点

商洽函是一文一函，并要做到行文平实，直奔主题，语言使用规范得体。

1. 平实、准确

商洽函旨在快速明了表达中心意思，并得到行文对象迅速的回复。因此，切忌转弯抹角，避免空话、套话和空泛的议论，要简练准确地表达中心思想。

2. 规范得体

发函要使用平和、礼貌、诚恳的语言，对主管机关要尊重、谦敬；对级别低的机关、单位或团体要平和；对平行机关、单位或团体和不相隶属的机关、单位或团体要友善。切忌使用生硬、命令性的语言，并要注意谦辞、敬辞的规范使用。

第五节　遣词造句技巧

商洽函的语言重在简洁、明白。在遣词造句方面，要做到以下三点内容：

1. 明确清楚

行文中可使用“就以下事项与贵单位进行商洽”之类的表述。标示性语言的运用可以使函件内容指向更明确，便于行文对象迅速把握事项。

2. 多用短句，少用修饰语

短句的特点是简洁明了、明白易懂。在陈述事件的时候使用短句便于行文对象理解，并迅速作出反应。另外，要尽量剔除修饰语，突出核心事件。

3. 礼貌用词

礼貌的用词可增加行文对象对发文机关的好感，应合理使用。在使用礼貌用词时，要注意态度的不恭维、不逢迎，并注意敬辞、谦辞的正确使用。

第六节　范文解析

范文一

关于商洽合作出版《建党 90 年》大型画册的函

×× 美术学院教务处：

在中国共产党建党 90 周年之际，我出版社决定出版展示中国共产党光辉历程和伟大成就的大型史诗画册《建党 90 年》。《建党 90 年》大型画册是一部重要出版物，已得到新闻出版总署和中宣部领导的认可。

由于缺乏专业的美术编辑，因此商洽同贵院合作出版，由贵院抽调优秀学生组成美编组进行创作事宜，我社提供相应的资金支持。希望贵院和我社能通力合作，在建党 90 周年之际隆重推出这一大型出版物作为献礼。

是否慨允，恳请函复为盼。

×× 出版社（印章）

×××× 年 ×× 月 ×× 日

点评

范文虽然篇幅短小，但逻辑清楚、中心突出，既陈述了合作原因、具体内容和合作方式，又表达了强烈的合作愿望，语言流畅，首尾连贯。“贵院”“恳请函复为盼”这类谦敬词的使用，也很好地体现了商洽函的语体特征，是一篇商洽函的佳作。

范文二

关于访问学习的函

致 ×× 股份有限公司：

敬启者

我公司为 ×× 公司（简称：××）。

通过贵我两方 2016 年 4 月份的合作，我公司领导层认识到我公司与贵公司存在的差距。因此，我公司拟定了访问贵公司的计划，希望可以通过访问学习贵公司的管理模式、先进理念，以提高我公司人员素质，促进贵我双方在未来的发展中深入、广泛地开展合作。

不知贵公司意见如何，请函告。

公司名称：×× 公司

通信地址：×× 市 ×× 路 ×× 号

邮编：××××××　　Email：×××××

联系人：××× 经理　　电话：×××××××××

2016 年 6 月 5 日

点评

范文《关于访问学习的函》是一篇企业之间希望相互学习、谋求建立合作关系的函，语言简洁，表意清晰。寥寥数语便将访问学习的目的、合作意向和自身情况介绍等表达清楚，简洁明了。

第七节　经验分享

在商洽函的写作中，针对商洽的事项和行文对象，要注意以下三点内容：

第一，准确把握商洽事项。发文机关能否准确掌握事项直接影响着函件的质量。准确掌握核心事件可以使函件内容更加清楚明白，准确性更强。

第二，用语得体。函件的用语代表着发文机关的态度，行文对象的情绪也很容易受到函件态度的影响。因此，语句的得体选择十分重要，既要谦恭有礼、尊重对方，又要保持双方地位的平等。

第三，语言要凝练、准确、严密、肯定，避免产生歧义。此外，文字不能空泛、空洞，内容要充实完整。

第二十七章

问复函

问复函又称复函，适用于答复不相隶属机关、单位或团体的业务问题，或上级机关的办公部门、业务职能部门答复相关机关的请示事项时使用。

第一节　特点

问复函的特点与商洽函的特点基本一致，具有使用广泛性、行文多向性、用语谦敬性的特点（具体要求请参照商洽函的特点），此处需要特别强调的是问复时效性和针对性。

1. 时效性

问复函的时效性特点最为突出，回复应该迅速、及时。像对待其他公文一样，及时处理函件，是保证工作、活动正常进行的前提。

2. 针对性

问复函的针对性强，发文机关请求解决什么问题就回答什么问题，文中避免与复函不相关的其他事项。

第二节　行文对象

问复函的行文对象具有针对性，是提出要求的函件的发文机关。因此，在行文中，要针对具体的行文对象，选择合适的语言，既礼貌又态度明确地给予答复。

第三节　格式

问复函有比较通用和固定的格式，主要包括标题、正文和落款三个部分。

1. 标题

同商洽函标题的写作规范相同，问复函的标题也是由发文机关＋行文缘由＋文种构成。当然，也可省去具体的发文机关。

2. 正文

问复函正文的写作可参考商洽函，唯一明显的区别是问复函的事项一般单一，格式较商洽函更为固定。

（1）开头。

开头对复函的目的和根据进行说明。通常可写作“××××年××月××日贵单位来函收悉”或“××字××号函悉”，紧接着以“现将有关事项函复如下”等承接语引起下文。

（2）主体。

主体是问复函的核心部分。在问复函的主体要用简洁得体的语言将行文对象的回复、意见、缘由等说清楚，讲明白，确保行文对象接到函后能快速了解来函的意图，准确作出反应。这一过程对问复函有一个要求便是答复事项要有针对性。

（3）结尾。

结语可以说是整个函件的点睛之处了，此处要用礼貌性的语言作出答复，是给予支持、帮助，还是合作，或是提出希望和要求。

（4）结束语。

复函的结束语比较简单，用“此复”“特此函复”等惯用语均可。

3. 落款

落款，包括发文机关和成文日期。这里，发文机关也要写全称或规范化的简称，成文日期也要用汉字写清楚年、月、日，并加盖公章。

第四节　语体的特点

问复函同样是一文一函，同样要求语言平实，态度明朗。问复函的语体特点同商洽函，但作为一种对来函的回复，也应特别注意以下两点内容：

1. 平实

用语平实的第一个表现是内容表达要直陈，忌转弯抹角、半藏半掩，宜开门见山、直奔主题。平实的第二个表现便是表达的简洁易懂，宜通俗而忌晦涩。平实的目的是为了使发文机关能迅速了解复函的态度，最快作出应对。

2. 态度明朗

问复函的目的就是针对发文机关的建议表达自己的观点，因此态度必须明朗，不可迂回，以免造成理解上的困难和错误。

第五节　遣词造句技巧

问复函的语言重在简洁、明了。在遣词造句方面，要做到以下三点：

第一，明确清楚。行文中可使用“经过研究，现函复如下”等具有标志性的语言使函件内容指向性明确，便于行文对象迅速把握重点。

第二，运用肯定或者否定的词语。肯定或者否定的语言可以让发文机关迅速把握复函的态度。

第三，礼貌用词。用词礼貌是最基本的要求，不论对发文机关的建议作出怎样的决定都不可使用不礼貌的词语。

第六节　范文解析

范文一

××× 公司关于同意 ×× 公司访问学习的函

×× 公司：

你公司关于到我公司访问学习的函（×× 函〔2016〕13 号）收悉。我公司行政部门征求了公司董事会意见后，决定同意贵公司到我公司访问学习。

现答复如下：

1. 原则上同意贵公司于 9 月中旬到我公司访问学习；

2. 请贵公司尽速将访问学习人员数量和人员职位等相关信息函告我公司行政部。

特此函复。

××× 公司行政部

2016 年 7 月 3 日

点评

范文《××× 公司关于同意 ×× 公司访问学习的函》是一篇回复对方商洽事项答复函。范文针对性强，态度诚恳，表述严谨，行文规范。

正文开头引述对方来函标题及发文字号，以做复函缘由，继而用“现答复如下”一语过渡到复函主体部分。

主体部分既对对方公司的来函要求做了正面的回应，又表达了自己的态度和要求。

范文三

对××省××××年工资指导线方案的复函

人社部函〔××××〕××号

××省人力资源社会保障厅：

你厅《关于上报审核〈××省××××年企业工资指导线〉的请示》（×人社厅发〔××××〕××号）收悉。经研究，现函复如下：

一、根据××××年国民经济和社会发展计划的总体安排及企业工资分配宏观调控的要求，结合××××年宏观经济形势预测和你省经济社会发展的实际情况，经综合平衡，对你省××××年工资指导线审核意见为：

（一）企业货币工资增长上线为×%；

（二）企业货币工资增长基准线为×%；

（三）企业货币工资增长下线为零增长。

企业支付给在法定工作时间内提供了正常劳动的职工工资不得低于当地最低工资标准。

上述工资指导线适用于企业在岗职工工资分配。

二、在当前经济形势下，请你省进一步加强对企业工资分配的宏观调控，指导企业结合生产经营和经济效益状况，通过工资集体协商等民主程序，合理确定职工工资水平。

三、请在工资指导线颁布后一个月内将工资指导线文本报我部备案。

特此函复。

中华人民共和国人力资源和社会保障部

××××年××月××日

点评

范文《对××省××××年工资指导线方案的复函》是答复下级问询请示函件的复函，态度明确诚恳，表述严谨。

正文开头引述对方来函标题及发文字号，以做复函缘由，继而用“经研究，现函复如下”一语过渡到主体。主体虽然简短，但是对请示的工作做了十分明确的说明。

第七节　经验分享

在问复函的写作中，针对发文机关所提的事项和行文对象，要注意以下三点内容：

第一，及时回复。及时地回复可保证工作的顺利接洽，同时也是礼貌的一种体现，尤其在下级机关对上级机关函件的回复上更需注意。

第二，行文简洁明确。文中用语要把握分寸，在答复明确的基础上做到语气平和有礼。上级机关对下级机关的复函，不要倚势压人或强人所难；下级机关对上级机关的复函，也不必逢迎恭维、故作客套。

第三，精练。与去函相比复函更需要精练。首先，要明确态度；其次，如果来函中细节问题较多，则必须对来函细节事项一一回复。

第二十八章

请批函

请批函是机关、单位或团体向不相隶属的主管部门请求批准业务或者事务方面的具体事项的文书。请批函又分请求批准的函和批准回复的函。

第一节　特点

请批函具有以下三个方面的特点：

1. 时效性

请批函较强的时效性表现在，针对本机关、单位或团体当前工作中出现的不能自行做主解决的具体事项向有关主管机关请批，待主要机关作出及时答复之后能迅速付诸实施。

2. 单一性

请批事项具有单一性，即一函一事。请批函的单一性，一是体现对该事项的重视，二是方便行文对象及时准确地了解函件的中心意图，及时作出批复。

3. 平等性

请批函的发文机关与收文机关不相隶属，但是发文机关要想实施一些具体工作还是需要收文机关批准的。这种情况下，请批函必须体现出一种平等沟通的态度，不能过于谦卑。

第二节　行文对象

请批函的行文对象是写作机关的“不相隶属的机关”，即在行政或组织上，发文机关与收文机关没有领导与被领导的关系。当二者发生了工作联系，出现了涉及工作的某方面的事务，其中有些事务不是本机关、单位或团体就有决定权的，所以不同系统中的各个部门需要使用函来沟通。比如某一个职业技术学校需要新建一个职业技能鉴定所，这时教育系统本身没有这方面职权，就需要发请批函向市人力资源和社会保障局请求批示。所以说请批函的行文对象比较广泛，只要是不相隶属的机关之间发生工作联系，就有可能用到。这也是请批函广泛性的体现。

虽然请批函行文对象广泛，但只要做到语言清楚、主题鲜明，把请批事项叙述清楚，保证行文对象能清楚正确地理解自己的意思，从而及时作出批复即可。

第三节　格式

请批函主要包括标题、正文和落款三个部分。

1. 标题

简洁地说，请批函的标题可由发文机关 + 事由 + 文种构成，也可省去发文机关，只包括事由 + 文种两个部分。

2. 正文

请批函的正文包括主体和结尾两个部分。

（1）主体。这一部分要求用简洁得体的语言把请批的事项及原因表达清楚，使行文对象接到函后能明了来函的意图，准确作出判断。

（2）结尾。结尾即结束语的写作，一般用礼貌性的语言请求行文对象作出答复，比如“可否，请予函复”等。

3. **落款**

由发文机关和成文日期组成。发文机关写全称或规范化简称。成文日期要用汉字写清楚年、月、日，并加盖公章。

第四节　语体的特点

请批函是不相隶属的机关之间就相关工作事项请求批复的文件，语体特点主要表现在以下三个方面：

1. **请示性**

无论是请求批准还是请求回复函，行文要注意语气的平实、态度的恳切，但要不卑不亢，不能语气生硬，或者有诸多客套，更不能低声下气。

2. **程式化**

请批函虽然形式灵活，但是在公文长期的写作实践中已经形成了相对固定的框架结构。无论是标题用语、文首用语还是结束用语都带有模式化的色彩。

3. **明确简约**

请批函要特别注意语言的明确和简约。清楚明白地阐述工作中需要解决的问题、请批的主题即可，以便行文对象抓住请批重点，及时作出批复。

第五节　遣词造句技巧

请批函用语重在清楚明白地阐述请批事项，明确表达请求指示的态度。因此，遣词造句方面重在表达请求批准的语气和清楚直接的请示目的。

在开头语中，重点使用表达行文目的、依据或者原因的词语。比如“为了”“关于”“由于”“对于”等，使目的表达明确、理由充分。特别是要写清楚自己工作中的现状，使行文对象明白自己的困难所在，以及批准所请求事项的必要性。

在句子使用上要多使用短句。使用长句时切忌结构不完整，表达不清楚。请批函是很讲求时效性的，所以文辞不能过于繁冗，力求简洁明了。此外，不要使用生僻字和不常用的词语。

第六节　范文解析

范文一

关于请求解决我县农业用水指标的函

市水库管理局：

今年我县发生大面积持续性干旱，县属6座中小型水库有3座已枯竭，另外3座水位线也已达到近十年来最低，供水量已远远不能满足我县农田灌溉的需要，对我县的农业生产和经济发展造成严重威胁。因此，我县请求市水库管理局为我县输送5000万立方米的紧急农业用水，以保证我县农业生产顺利进行。

恳请函复为盼。

××县人民政府

××××年××月××日

点评

范文《关于请求解决我县农业用水指标的函》是一篇请求批准的函。正文开门见山，直陈该县遭受了严重的旱灾，水资源严重枯竭，危害到农业生产，并且影响了县的经济发展。这些理由使得请求具有了正当性和迫切性。紧接着马上提出了请求的具体要求，就是输送 5000 万立方米的水，救济农业，就显得合情合理，理据充分。

范文二

关于调派人手的请批函

×× 公司人事部：

生产部第三组于本周一新增三条生产线，生产任务不断加重，上周人事部调往生产三组的十四名组员已全部培训完毕投入生产线进行生产，但是仍不能完成工作任务。根据生产三组现在的生产任务和每个组员的工作量来判断，生产三组还需要七名新的组员。生产三组请求增加七名新人。

可否，请予函复。

×× 公司生产部行政组

×××× 年 ×× 月 ×× 日

点评

范文《关于调派人手的请批函》是一篇短小精悍、语言简约的请批函。范文只一百多字，却对工作中遇到的困难和请求事项作出了明确表述，语言相当简练、明确。此外，范文的格式规范，内容完整，是一篇相当优秀的函作。

第七节　经验分享

在请批函的写作中，要注意以下两方面的内容：

第一，请批函是平行文，用于不相隶属的机关、单位或团体之间的事务往来。其行文对象的行政级别可能高于、低于或平行于发文机关。因此行文语气多为商请，结尾处使用“当否，请予批准”“请予批准为荷”等语句，既显商洽又做请示。

第二，请批函的内容只限于请批具体事项，局限于工作事务和业务方面的问题，就本机关、单位、团体无权决定的事项向有关部门报批；属于涉及财务、人事、政务等方面的重大事项则不能使用函作为公文行文。

第二十九章

知照函

知照函是告知不相隶属机关有关事项的函。主要用于一些机关和行政部门就某些事项作出相关决定和规定后，对其他工作中涉及此事项，但是不相隶属的相关部门作出知照。

第一节　特点

知照函具有单一性和广泛性两个鲜明的特点。

1. 单一性

严格遵循函文一函一事的原则。一个知照函中，只能就一个事项作出知照；但是可以就这个事项的不同方面作出具体阐述。知照函的单一性同样是对该事项重视的体现，以及确保知照对象能及时准确把握相关内容和要求。

2. 广泛性

广泛性是指知照函在实际工作中使用广泛。知照函没有内容和行文对象的限制，因此可以广泛运用于各种需要的情况。

第二节　行文对象

知照函的行文对象与前面三个函是一样的，是与发文机关不相隶属但有工作联系的机关。

由于知照函的内容涉及一些行文对象所不知道的新决定、新内容，所以在写作中，要比其他同类函件详细、具体，使行文对象充分理解知照内容的含义。

第三节　格式

知照函的格式也是比较固定的，像其他函件一样，也包括标题、正文和落款三个部分。

1. 标题

知照函的标题一般包括发文机关 + 事由 + 文种三项内容，有时也可以只由事由 + 文种构成。两者都是规范的写作格式。

2. 正文

正文是知照函的主要内容所在。知照函要在正文处用详细、具体的语言把作出的决定和要求告诉行文对象，使行文对象接到函后能快速了解来函的内容，准确作出反应。

正文内容多采用分条列项的方式叙述，层次分明，条理清楚。

3. 落款

由发文机关和成文日期组成。发文机关写全称或规范化简称。成文日期要用汉字写清楚年、月、日，加盖公章。

第四节　语体的特点

知照函的内容一般具有很强的针对性，是对相关机关、单位或团体就新出台的政策、新做的决定等进行知照。因此知照函的语体特征一般表现为简洁、明确、平实。

知照函发函的目的在于使相关机关知道新的政策、新的决定或具体事项，以便于工作中注意或者遵守。所以知照函的语言要简洁明白，使行文对象一目了然，不能有表述不清、重复罗唆的地方。知照函是告知性的公文，只要求知照，不做号召鼓舞或者批评。因此，语言力求平实、明确，用最通俗易懂的书面语言把事项表达清楚即可，不需要写得多么精彩华丽。

第五节　遣词造句技巧

知照函的目的在于详细具体地告知行文对象新的事项，因此其语言侧重明确，易理解。在行文中不能使用双关语或者容易让行文对象产生歧义的语言，多使用词义单一的词语。

句式安排上，对长短句、整散句的使用要合理斟酌。短句和长句的使用效果有很大不同：短句表意简约明快，灵活多变，清楚明晰；但是长句表意周密严谨，明确精细。因此，在使用中，要注意两者的合理配合。充分运用短句，适当点缀长句，从而使知照函语意连贯，一气呵成，错落有致，逻辑清晰。

第六节　范文解析

范文一

国家环境保护总局办公厅函

环办函〔2006〕176号关于征求

《注册核安全工程师执业资格关键岗位和职责》意见的函

各省、直辖市环境保护局（厅），人事部、公安部、国防科工委、卫生部办公厅，中核集团、广核集团，中国工程物理研究院，中国电力投资有限公司，环保总局核安全中心，各地区监督站：

根据人事部和国家环境保护总局发布的《注册核安全工程师执业资格制度暂行规定》（人发〔2002〕106号），我局组织编制了《注册核安全工程师执业资格关键岗位和职责》，对核安全审评、核安全监督、民用核设施操纵与运行、核质量保证、辐射防护、辐射环境监测及其他与核安全密切相关的工作领域等执业范围中的关键岗位和职责做了规定。

现将《注册核安全工程师执业资格关键岗位和职责》（征求意见稿）印发你单位征求意见，请认真研究后于2006年4月30日前书面函复至国家环境保护总局注册核安全工程师执业资格办公室。

联系方式：

国家环境保护总局注册核安全工程师执业资格办公室

地址：北京海淀区红联南村×号（100088）

电话：（010）82212×××-6

传真：（010）62258×××

Email：×××@263/net

附件：1. 注册核安全工程师执业资格关键岗位和职责

2. 关于《注册核安全工程师关键岗位和职责》编制说明

二〇〇六年四月六日

点评

范文《国家环境保护总局办公厅函》是一篇格式规范、内容详细具体的征询意见的知照函。函开头点明了发布此函的原因和目的，把所有收函单位的须知事项都列在了函中，内容全面而明确。

范文二

取消订单的知照函

×××经理：

我方××月××日致贵方函谅悉，函中曾重点强调我方第××号订单按时完成之重要，请贵方务必将货物于××月

××日前运达订单指定地。现时间已过，但尚未接到贵方任何通知资料，除取消订单外，我方别无选择。因我方顾客坚持交货日期不能延迟，此决定实出无奈，至感遗憾。

××公司

××××年××月××日

点评

范文《取消订单的知照函》是一篇企业之间常用到的业务往来知照函。范文严格遵守了知照函的写作要求：首先，仅对取消订单这一件事情进行了知照；其次，语言平实谦和。范文说明了取消订单的原因，表达了一方对取消订单的遗憾之处，也为以后的继续合作留了余地。

第七节　经验分享

知照函的写作中，要注意以下三个方面的内容：

第一，书写过程严格按照公函的格式来完成。

第二，函的内容专一、集中。知照函是对一个新的事项的知照，内容要紧紧围绕该事项进行，不能脱离主题，掺杂进其他内容。

第三，行文中语气平和。无论何种收文机关，行文都要注意语气平和有礼，不要倚势压人，提出的要求也不要强人所难。

第七编 合约性公文

写作要领

合约性公文，是指行政机关、企事业单位、社会团体之间，为了统一计划、分工负责地完成双方或多方就某些问题通过协商取得一致性意见的事项而签订的实用型公文。这类公文一般用于与经济有关的事务之中，主要包括意向书和合同两种。

一、特点

合约性公文要求写作规范、得体。合约性公文由于多与经济事务相关，一经签订便产生法律效力，以避免经济活动中的不法行为给合约签订方带来经济损失。合约性公文主要具有以下四个特点：

1. 格式固定

合约性公文只有标题即合约性公文的名称是根据实际情况确定的，正文的格式是相对固定的，一般分为三部分或四部分。开篇，点明协议的宗旨和目的；中间，写协议的内容，行文多为条款式；结尾，写双方单位名称、代表署名和签字日期等。

2. 内容直述直说

合约性公文只在篇首稍加叙述合约成文过程，其余内容都是直言陈述、说明，不转弯抹角，没有评论。清楚明白地陈述与主题相关的事项，内容尽量做到条理化；可分段叙述，但必须先后有序，主次分明。

3. 语言通俗易懂

合约性公文是实用型公文,公文的内容需要合约各方签字，并且需要各方执行。所以，文字必须通俗易懂，才能保证合约在执行中顺利落实。

4. 遵守操作规程

合约性公文一般是双方或多方商定好的内容，写作人员根据商定内容起草，然后，各方共同研究修改，在协商一致的基础上，方能签字认可。这个过程比较复杂，有时需要几个反复。在每一次的反复中，写作人员都必须按照规程来行事，不能省略任何步骤。

二、结构

合约性公文的结构要条理清楚，前后连贯。其结构主要是横向结构，有分部式和总分条文式两种结构表现形式。

1. 分部式

分部式结构通常是把公文分成几大部分，每部分是一个单独的层次，叙述一个独立的内容和要求。每部分可以用小标题或序号标示的形式列出，做到眉目清楚，条理清晰。小标题既可以是概括该部分中心的主旨句，也可以是提示该部分内容范围的句子。分部式结构容量较大，眉目清楚、头绪分明，最适用于内容多、篇幅长的合约性公文。写作时一定要注意前后各部分在时间上、过程上的逻辑安排，以及各部分间的逻辑联系。

2. 总分条文式

总分条文式是合约性公文用得最多的一种外部结构形式，最常见的合同多采用这种形式。总分条文形式在开篇部分（即引言或导言部分）做综述，或说明写作目的、依据、原因，或概述情况，或阐明主旨，摆出结论。中间部分则分条文叙述有关内容，每条或说明执行事务需要注意的事项，或围绕主旨阐述一个问题，或提出某一项要求、措施、办法，等等。条文的层级结构一般写作如下方式：第一层为“一、”，第二层为“（一）”，第三层为“1.”，第四层为“（1）”。若是只有一个层次，则以“一、”“二、”这类数码为序数展开公文，结构清晰明了，前后连贯。

三、撰写要求

合约性公文的契约性质决定了公文在撰写过程中要注意以下五个要求：

1. 平等互利

平等互利是合约关系的基础，强调合约的内容对双方或多方都是有利的，不能牺牲一方的利益来成就其他方。

2. 协商一致

协商一致是指合约性公文建立在双方或多方意志自由的基础上。合约的内容要经过协商，取得各方一致同意之后才能确定，不能任意修改或者增删内容。

3. 等价有偿

合约性公文一般与经济事务有关，要符合价值规律的要求，遵循等价有偿的原则。这样才能使协作顺利进行，并提高合作各方的积极性。

4. 合法

公文的内容以及行文过程要合乎法律法规的规定，不能利用合约来做违法的事情。

5. 简明准确

合约性公文要求言简意赅，用最简明的语言阐明公文的内容。语言明确，避免使用可能出现歧义的语言，使缔结合约的各方一览而知其意。

四、写作经验

合约性公文本质上是一种契约性质的公文，签订之后就会产生法律效力，约束签订各方。因此公文的内容必须遵守国家法律法规、政策，符合国家规章制度要求。任何单位和个人签订的合约性公文的内容都必须是法律法规、政策允许范围内的事情。另外，公文中提出的措施要切实可行，内容中包含的要求、标准、目标和任务都是在现有的社会条件下可以完成的。

合约性公文在制定的过程中要集思广益，深入调查研究，反复讨论；不能以一方为主导，不顾其他方的合法利益。

合约性公文在初次成文之后，签署之前要进行仔细的核对检查，确保公文中的数据和重要标准等正确无误，与签约各方商定的方案相符，不能出现任何纰漏。

第三十章

合同

《中华人民共和国合同法》规定："合同是平等主体的自然人、法人、其他组织之间设立、变更、终止民事权利义务关系的协议。"由此可见，合同是两方或多方当事人之间在处理某事项时，为了明确各自的权利和义务而订立的，各方执以为凭的契约性文书。简单地说，合同就是双方或者多方当事人（两人或者多人）明确各自权利和义务的文书。根据不同的划分标准，合同有多种分类。

1. 无偿合同和有偿合同

（1）无偿合同。无偿合同是指合同各方中一方向另一方给付某种利益，另一方却无需支付任何报酬而取得该利益的合同。典型的无偿合同有赠与合同等。

（2）有偿合同。与无偿合同不同，有偿合同中一方为履行合同规定的义务而给付另一方某种利益时，另一方为此也需要支付相应的代价的合同。租赁合同是常见的有偿合同。

2. 单务合同和双务合同

（1）单务合同。单务合同是指在合同中只有一方负有义务，而另一方只有利益没有义务的合同。比如无偿保管合同等。

（2）双务合同。双务合同是指合同双方互相负有义务，待合同履行后共同得到利益的合同。比如买卖合同等。

3. 要式合同和不要式合同

（1）要式合同。要式合同是指经国家法律法规规定的，或各方当事人约定的采取特殊形式订立的、书面的合同。比如劳动合同等。

（2）不要式合同。不要式合同是指并无法律法规明文规定的，没有特定形式的合同。合同当事人可以采取任何形式，比如口头或者书面形式等。比如收藏字画买卖合同等。

4. 主合同和从合同

（1）主合同。主合同的特点是能独立存在，且不依赖于任何其他文书。

（2）从合同。从合同又称附属合同。它不能独立存在，需要依赖于其他合同的存在而存在。

第一节　特点

合同是社会生活中最常见、使用最多的合约性公文，主要有以下三个特点：

1. 合法性

合同必须严格按照国家法律法规、政策签订。无论是签订合同的主体的资格，还是合同签订的手续都有法律法规的明文规定，任何人不能违背。

2. 约束性

签订合同是一种民事法律行为，一旦合同依法签订，便具有了法律效力，会对各方当事人产生严格的约束力，违反合同将承担相应的法律责任。

3. 双务性

双方基于合同产生的权利义务是相互、对等、等价有偿的。任何一方都不能违反权利义务相一致的原则。

第二节　行文对象

合同是签订各方当事人之间确定权利义务关系的凭证，所以它的行文对象非常明确，就是合同的各方当事人和执行合同内容的实施人员。

合同的内容是各方当事人经过反复协商后一致确定的，所以其行文对象对内容很了解。但即便如此，为了保证合同其他实施人员快速、有效地执行合同，合同的内容要详细、具体，以便于能完全落实合同的内容，达到签订合同的目的。

第三节　格式

合同具有固定的写作格式和规范，一般包括标题、正文和结尾三个部分。

1. 标题

合同的标题是对合同性质及合同签订双方的说明，一般由事由＋文种组成。比如，“购销合同”“贷款合同”“劳务输出合同”等。

订立合同的各方单位要写全称，并在称呼后用括号标注甲方、乙方。

2. 正文

正文的开头要写明订立合同的依据和目的。比如，“为了……，经双方协商……以资共同恪守”等。

合同的中间部分是具体的协议内容，一般包括以下五个方面：

（1）合同标的。

标的就是当事人双方权利和义务所指向的实物、货币、劳务、科研成果等对象。比如，买卖合同中的标的是指卖方交付的出卖物，借贷合同中的实物、货币是借贷合同的标的。这里要明确一点，任何没有标的物或是标的物不明确的合同，都是无法执行的。

（2）数量和质量。

数量是计量标的的标准，质量是指产品或劳务等的优劣程度。只有明确的数量、质量标准，双方的权利和义务才能确定。

（3）价款或酬金。

这是一方取得另一方产品或劳务时所支付的代价，通常以货币数量来计算。价格如果是有国家规定的，则按国家规定执行；若国家未规定，则由当事人双方拟定。这一过程中要体现等价有偿原则。

（4）期限、地点和方式。

期限指履行合同的时间，即合同具有法律效力的期限。过期合同不再具有法律效力。地点是当事人履行合同规定义务的地方。方式则是指双方履行义务的方式、方法。比如，运货方式、结算方式等。

（5）违约责任。

经各方协商同意，合同签订后便具有了法律效力。一旦违约，则需要承担相应的经济法律责任，严重的还要负刑事责任。

合同正文的结尾要标示出合同的有效期，以及合同的份数和保存方式（哪些人执有合同）。

3. 结尾

合同的结尾包括署名和日期。署名就是签订合同双方的签字、签章；日期通常标示在签章下方，是对合同成立日期的说明。

第四节　语体的特点

合同是一种法律约束力很强的公文，它的语体特点可概括为准确、稳定、简练和平实。

第一，合同中多是要求双方执行的事项，因此无论是数据还是词语都力求准确无误，以免影响合同的履行。

第二，合同是在固定的时间段内被履行的，其语言的稳定性直接影响着合同各方对合同内容的落实。因此要确保合同语言的稳定性，尤其是在时间、数量、范围等内容上的表述。要确保合同履行期内各因素的稳定，避免由此产生的问题。

第三，合同是对某一事项各方面的具体明确的规定，涉及内容繁多，语言的简洁凝练，可以使合同内容不繁冗、不拖沓，从而指向明确、方便执行。

第四，合同是各方约定的具体的执行文件，语言表述无需带有感情色彩，整体使用直陈方式，进行陈述、说明，交代清楚具体事宜即可。

第五节　遣词造句技巧

合同写作忌辞藻华丽、行文奇特，语言应朴实无华、措辞准确、严肃正规，并注意以下三点要求：

首先，用词准确。合同中的每个词都必须概念明确、所指清楚，避免模棱两可、词意含混、界限不清词语的使用。

其次，专业术语的使用要恰当。虽然合同措辞要严肃正规，但也不可过分专业。一般的术语要选择易被人们接受的、通俗浅显的。对于不常见且晦涩难懂的术语，应做必要的解释或说明，以免合同执行中出现因理解错误而产生的问题。

最后，表示数量、方位、时间等的词语应力求准确、具体。此类表达最好定量、定向、定时、定位。一般不使用“上下”“左右”，以及“大约”“或许”“基本上”“差不多”等含糊笼统的词句，这样不利于合同的履行。

第六节　范文解析

房屋租赁合同

订立合同双方：

出租方：__________（以下简称甲方）

承租方：__________（以下简称乙方）

根据《中华人民共和国合同法》及有关规定，为明确甲乙双方的权利义务关系，经双方友好协商一致，签订本合同。

第一条　甲方将自有的坐落在______市______街______巷______号房屋______间，建筑面积____平方米、使用面积______平方米，类型______，结构等级______，完损等级______，主要装修设备______，出租给乙方做______使用。

第二条　租赁期限及终止合同情形

租赁期共______年，甲方从______年______月______日起将出租房屋交付乙方使用，至______年______月______日收回。

乙方有下列情形之一的，甲方可以终止合同，收回房屋。

1. 擅自将房屋转租、分租、转让、转借、联营、入股或与他人调剂交换的。

2. 利用承租房屋进行非法活动，损害公共利益的。

3. 拖欠租金______个月。

合同期满后，如甲方仍继续出租房屋的，乙方拥有优先承租权。

租赁合同因期满而终止时，如乙方确实无法找到房屋，可与甲方协商酌情延长租赁期限。

第三条 租金和租金交纳期限、税费和税费交纳方式

甲乙双方议定月租金______元，按年交，由乙方在每年的______月______日交纳给甲方。先付后用。甲方收取租金时必须出具收租金凭证。无收租金凭证乙方可以拒付。

甲乙双方按规定的税率和标准交纳房产租赁税费，交纳方式按下列第______款内容执行：

1. 有关税法按××部发〔××〕号文件规定比例由甲乙方各自负担。

2. 甲乙双方议定。

第四条 租赁期间的房屋修缮和装饰

修缮房屋是甲方的义务。甲方对出租房屋及其设备应定期检查，及时修缮，做到不漏、不淹、三通（户内上水、下水、照明电）和门窗好，以保障乙方安全正常使用。

修缮范围和标准按城建部〔××〕号通知执行。

甲方修缮房屋时，乙方应积极协助，不得阻挠施工。

出租房屋的修缮，经甲乙双方商定，采取下述第______款办法处理：

1. 按规定的维修范围，由甲方出资并组织施工。

2. 由乙方在甲方允诺的维修范围和工程项目内，先行垫支维修费并组织施工，竣工后，其维修费用凭正式发票在乙方应交纳的房租中分______次扣除。

3. 由乙方负责维修。

4. 甲乙双方议定。

乙方因使用需要，在不影响房屋结构的前提下，可以对承租房屋进行装饰，但其规模、范围、工艺、用料等均应事先得到甲方同意后方可施工。对装饰物的工料费和租赁期满后的权属处理，双方议定：工料费由______方承担，所有权属______方。

第五条 租赁双方的变更

1. 如甲方按法定程序将房产所有权转移给第三方时，在无约定的情况下，本合同对新的房产所有者继续有效。

2. 甲方出售房屋，须提前三个月以书面形式通知乙方，在同等条件下，乙方有优先购买权。

3. 乙方需要与第三人互换用房时，应事先征得甲方同意，甲方应当支持乙方的合理要求。

第六条　违约责任

1. 甲方未按本合同第一、二条的约定向乙方交付符合要求的房屋，负责赔偿_______元。

2. 租赁双方如有一方未履行第四条约定的有关条款的，违约方负责赔偿对方_______元。

3. 乙方逾期交付租金，除仍应补交欠租外，并按租金的_______%，以天数计算向甲方交付违约金。

4. 甲方向乙方收取约定租金以外的费用，乙方有权拒付。

5. 乙方擅自将承租房屋转给他人使用，甲方有权责令停止转让行为，终止租赁合同。同时应交纳违约金，违约金标准以约定租金的_______%计，以天数为单位由乙方向甲方支付。

6. 本合同期满时，乙方未经甲方同意，继续使用承租房屋，按约定租金的_______%，以天数计算向甲方支付违约金后，甲方仍有终止合同的权利。

上述违约行为的经济索赔事宜，甲乙双方议定在本合同签证机关的监督下进行。

第七条　免责条件

1. 房屋如因不可抗拒的原因导致损毁或造成乙方损失的，甲乙双方互不承担责任。

2. 因市政建设需要拆除或改造已租赁的房屋，使甲乙双方造成损失，互不承担责任。

若因上述原因而终止合同，租金按实际使用时间计算，多退少补。

第八条　解决争议的方式

本合同在履行中如发生争议，双方应协商解决；协商不成时，任何一方均可向房屋租赁管理机关申请调解，调解无效时，向市工商行政管理局经济仲裁委员会申请仲裁，也可以向人民法院起诉。

第九条　其他约定事宜

（略）

第十条 本合同有效期限

______年______月______日至______年______月______日。

第十一条　本合同未尽事宜，甲乙双方可共同协商，签订补充协议。补充协议报送市房屋租赁管理机关认可并报有关部门备案后，与本合同具有同等效力。

第十二条　本合同一式 4 份，其中正本 2 份，甲乙方各执 1 份；副本 2 份，分别送市房管局、工商局备案。

出租方（签名或盖章）：×××	承租方（签名或盖章）：×××
法定代表人（签名）：×××	法定代表人（签名）：×××
单位联系地址：××××××	单位联系地址：××××××
电话：×××××××××	电话：×××××××××
委托代理人（签名）：×××	委托代理人（签名）：×××

点评

范文《房屋租赁合同》是一份租赁合同。租赁合同属于双务的、有偿的要式合同。

范文标题由合同事由和文种组成。导言指出了订立合同的双方，以及订立合同的目的。正文共十二条，其中前十条为主体，阐明了双方协商约定的各自承担的法律责任、享有的权利、解决争议的方式以及合同的有效期限。第十一、十二条是正文的结尾，是对未尽事宜的解决方式、执合同者及合同的备案单位的说明，使合同的履行得到完善。合同的结尾详细列出订立合同双方的基本情况，使合同的内容更加完整。

范文格式规范、语言明晰、条款具体、行文周密，详尽地阐述了房屋租赁合同的所有内容。

范文二

赠与合同范文

赠与人：

受赠人：

第一条　赠与财产的名称、数量、质量和价值

一、名称：（略）

二、数量：（略）

三、质量：（略）

四、价值：（略）（赠与的财产属于不动产的，该不动产所处的详细位置及状况）

第二条　赠与目的（略）

第三条　本赠与合同（是 / 否）是附义务的赠与合同

所附义务是：（略）

第四条　赠与物（是 / 否）有瑕疵

瑕疵是指赠与物的（略）

第五条　赠与财产的交付时间、地点及方式（略）

第六条　合同争议的解决方式

本合同在履行过程中发生的争议，由双方当事人协商解决；协商不成的，按下列第______种方式解决：

（一）提交 ×× 仲裁委员会仲裁。

（二）依法向人民法院起诉。

第七条　本合同未作规定的，按照《中华人民共和国合同法》的规定执行。

第八条　本合同经双方当事人签字盖章后生效。

第九条　其他约定事项：（略）

赠与人（签字或盖章）：×××

住所：××××××

法定代表人（签字或盖章）：×××

居民身份证号码：××××××××××××××××××

委托代理人（签字或盖章）：×××

电话：×××××××××

受赠人（签字或盖章）：×××

住所：××××××

法定代表人（签字或盖章）：×××

居民身份证号码：××××××××××××××××××

委托代理人：×××

电话：×××××××××

签约地点：

签约时间：　　年　　月　　日

点评

范文《赠与合同范文》是赠与合同模板，既可以指导此类合同的写作，又使人容易掌握具体合同的性质。赠与合同有“单务”与“双务”的区分。如果合同第三条中为“是”，则合同是附义务的，也就是双务合同。反之，则是单务合同。

第七节　经验分享

合同写作时要注意合同内容合法和合理，才能保证该合同切实可行。

1. 合法

合法即符合法律法规、政策等的要求规定。这样才能保证合同在实施过程中不会因法律法规方面的阻碍而无法顺利实施。

2. 合理

第一，合同的内容要完善，即条款内容齐全、周密、严谨，规定具体，避免出现漏洞或产生歧义。这也是合同成文的基础。第二，内容的表达要恰当。语言力求准确，切忌含混不清，前后矛盾；标点、数字、标的的单位都要准确无误，不能有丝毫马虎，避免因此而造成合同一方或多方的损失。

合同的格式一般都是国家的明文规定的。下面列举几种常见的合同模板，以做参考。

（1）一般抵押合同范本

合同编号：____________________

合同签订日期：________________

合同签订地点：________________

抵押人（以下称甲方）：____________________

抵押权人（以下称乙方）：____________________

为确保____________号合同（以下简称主合同）的履行，甲方愿意以自有财产作抵押。乙方经审查，同意接受甲方的财产抵押。甲乙双方经协商一致，按以下条款订立本合同：

第一条　甲方用作抵押的财产（详见抵押财产清单）。

第二条　本合同项下抵押财产共作价（大写）人民币万元整，抵押率为_______，实际抵押额为_______万元整。

第三条　甲方应妥善保管抵押物，在抵押期间负有维修、保养、保证完好无损的责任，并随时接受乙方的检查。

第四条　抵押财产中的________必须由甲方办理财产保险，并将保险单交乙方保存。

第五条　在本合同有效期内，甲方不得出售和馈赠抵押财产；甲方迁移、出租、转让、再抵押或以其他任何方式转移本合同项下抵押财产的，应取得乙方书面同意。

第六条　抵押财产意外毁坏的风险承担（略）

第七条　本合同项下有关公证、保险、鉴定、登记、运输、保管等费用由甲方承担。

第八条　本合同生效后，如需变更合同条款，应经抵押人同意并达成书面协议。

第九条　本合同有效期内，甲方如发生分立、合并，由变更后的机构承担或分别承担本合同项下义务。甲方被宣布解散或破产，抵押财产由乙方提前处分，以所获价款优先受偿。

第十条　出现下列情况之一时，乙方有权依法定方式处分抵押财产。

1. 主合同约定的偿债期限已到，债务未依约偿还或所延期限届满仍不能偿还。

2. 债务人被宣告解散、破产。

3. 债务人死亡而无继承人履行合同。

处理抵押财产所得价款，不足以偿还债务和费用的，乙方有权另行追索；价款偿还债务还有余的，乙方应退还给甲方。

第十一条　主合同债务人按期偿还债务的，抵押权终止。经抵押登记的财产，乙方应偕同甲方到登记机关办理核销登记。

第十二条　本合同生效后，甲乙任何一方不得擅自变更或解除合同，需要变更或解除合同的，应经双方协商一致，达成书面协议。协议未达成前，本合同条款仍然有效。

第十三条　违约责任：

1. 因甲方保管不善，造成抵押财产毁损，乙方有权要求甲方恢复抵押财产原状，或提供经乙方认可的抵押财产。

2. 甲方违反本合同第五条规定，擅自处分抵押财产的，乙方视情况要求甲方恢复原状，并可提前收回主合同项下的债权，并可要求甲方支付该债权总额________%的违约金。

3. 甲方隐瞒抵押财产存在共有、产权争议、被查封、被扣押或已经设定过抵押权权限等情况而给乙方造成经济损失的，应予赔偿。

4. 甲乙任何一方违反本合同第十二条规定，应向对方支付主合同项下被担保总额________%的违约金。

5. 本合同有效期内，未经抵押人同意，变更主合同条款或转让主合同项下的权利义务的，甲方可自行解除本合同。

第十四条　争议解决方式：

凡因本合同引起的或与本合同有关的任何争议，双方应友好协商解决。协商不成，应提交中国国际经济贸易仲裁委员会，按照申请仲裁时该会实施的仲裁规则进行仲裁。仲裁裁决是终局的，对双方均有约束力。

第十五条　双方商定的其他事项（略）

第十六条　本合同由甲、乙双方法定代表人或主要负责人签字并加盖单位公章，经登记后生效。

第十七条　本合同正本一式份，甲、乙双方各执份。

甲方（签字或盖章）：______________

授权代表（签字或盖章）：______________

________年________月________日

乙方：（签字或盖章）______________

授权代表（签字或盖章）：______________

________年________月________日

附：

抵押财产清单：（略）

抵押人名称：________________________

地址：______________________

电话 / 传真：__________________

抵押物名称：（略）

规格：______________________

单位：______________________

数量：______________________

账面原值：____________________

抵押现值：____________________

折扣率：_____________________

抵押价值：____________________

存放地点：____________________

保险单：_____________________

原值：______________________

净值：______________________

保险号码：____________________

起止时间：____________________

这是一般动产抵押的合同，像不动产抵押要签订其他格式的合同。

（2）承揽合同范本。

合同编号：____________________

定做人：_____________________

承揽人：_____________________

签订地点：____________________

签订时间：____________________

第一条　承揽项目

承揽项目名称及内容（略）

计量单位 数量或工作量（略）

报酬：______________________

单价：__________________________

金额：__________________________

合计人民币金额（大写）：__________

第二条　技术标准、质量要求：

第三条　承揽人使用的材料由__________提供。材料的检验方法、时间及提出异议的期限（略）

第四条　定做人提供技术资料、图纸等的时间、办法及保密要求（略）

第五条　承揽人发现定做人提供的图纸、技术要求不合理的，应在__________日内向定做人提出书面异议。定做人应在收到书面异议后的_________日内答复。

第六条　定做人（是/否）允许揽项目中的主要工作由第三人来完成；可以交由第三人完成的工作是（略）

第七条　定做人协助承揽人的事项与要求（略）

第八条　工作成果交付的期限、方式及地点（略）

第九条　工作成果验收标准、期限（略）

第十条　承揽人对工作成果质量负责的期限及条件（略）

第十一条　定做人应在_________年_________月_______日前向承揽人（预付材料费/交付定金）（大写）_________。

第十二条　结算方式及期限（略）

第十三条　定做人未向承揽人支付报酬的，承揽人（是/否）可以留置工作成果：

第十四条　本合同解除的条件（略）

第十五条　违约责任（略）

第十六条　合同争议的解决方式：本合同项下发生的争议，由双方当事人协商解决；也可以由当地工商行政管理部门调解；协商或调解不成的，按下列______种方式解决。

（一）提交______仲裁委员会仲裁。

（二）依法向______人民法院起诉。

第十七条　其他约定事项

定做人（签字或盖章）：____________________
住所：____________________
法定代表人（签字或盖章）：____________________
委托代理人（签字或盖章）：____________________
电话：____________________
邮政编码：____________________

承揽人（签字或盖章）：____________________
住所：____________________
法定代表人（签字或盖章）：____________________
委托代理人（签字或盖章）：____________________
电话：____________________
邮政编码：____________________

（3）委托合同（范本）。

合同编号：____________________
委托人：____________________
签订地点：____________________
受托人：____________________
签订时间：____________________

第一条　委托人__________委托受托人__________处理事务。

第二条　受托人处理委托事务的权限与具体要求（略）

第三条　委托期限自______年______月______日至______年______月______日止。

第四条　委托人（是/否）允许受托人把委托处理的事务转委托给第三人处理。

第五条　受托人有将委托事务处理情况向委托方报告的义务。

第六条　受托人将处理委托事务所取得的财产转交给委托人的时间、地点及方式（略）

第七条　委托人支付受托人处理委托事务所付费用的时间、方式（略）

第八条　报酬及支付方式（略）

第九条　本合同解除的条件（略）

第十条　违约责任（略）

第十一条　合同争议的解决方式：本合同在履行过程中发生争议，由双方当事人协商解决；协商不成的，按下列第______种方式解决。

（一）提交__________仲裁委员会仲裁。

（二）依法向__________人民法院起诉。

第十二条　其他约定事项（略）

第十三条　本合同未作规定的，按《中华人民共和国合同法》的规定执行。

委托人（签字或盖章）：____________________

住所：____

法定代表人（签字或盖章）：_______________

电话：_______________________________________

开户银行：__________________________________

邮政编码：__________________________________

监制部门（签字或盖章）：_________________

受托人（签字或盖章）：____________________

住所：_______________________________________

法定代表人（签字或盖章）：_______________

电话：_______________________________________

开户银行：__________________________________

邮政编码：__________________________________

印制单位：__________________________________

第三十一章

意向书

意向书是双方或多方就某一事项做初步协议后，关于协议内容的一种文书。它发生于正式合同签订或达成具体协议、形成具体条约之前。意向书可以为正式签订其他合约性文书奠定基础，是“协议书”或“合同”的先导，多适用于经济技术领域的合作。

第一节　特点

意向书不具有合同所拥有的完全法律效力，但是对于缔结意向的签约方也有一定的约束力。这样的性质使它拥有以下三个特点：

1. 平等协商性

虽不等同于合同，但意向书同样是由签约的双方或多方基于平等协商而形成的，任何一方都不能主导或强制执行。

2. 行文灵活性

意向书的行文较为灵活。在协商的过程中双方或各方都可以随时提出修改、增加或删减条款的要求，语句、措辞和表达方式也不必像合同那样严格、严谨。

3. 内容较为简略

意向书只是表明双方或多方进行合作的一种意向，所以内容较合同来说要简略、概括一些，不似合同的条款那么详尽、具体。

第二节　行文对象

意向书是合同或者协议达成之前的先行文件。与合同相比，它的行文对象范围更为狭窄，只针对有签订协议或合同意向的各方。

由于意向书的内容是各方事先共同商定好的，行文对象对此非常了解，所以在意向书的行文中无需大篇幅解释其具体内容，只要说明主题，并列出各方暂时没有确定、仍需继续协商的主要内容即可。这样可以加快意向书的签订进程，方便各方在今后的协商中有所侧重。

第三节　格式

意向书一般包括标题、正文和落款三个部分。

1. 标题

意向书的标题要求简明扼要，可直接写《意向书》，也可写《关于 ×××× 的意向书》。

标题下要标明立约单位，用单位名称全称。

2. 正文

意向书的正文分导语、主体和结尾三部分。

（1）导语。

说明订立意向书的缘由、主要内容和要达成的目的等。

（2）主体。

主体部分按次序分条列出双方就某事达成的意向条款。

（3）结尾。

写明意向书的份数和报送的单位。

3. 落款

写签署意向书单位的名称全称和代表人姓名，并加盖公章，写明签署日期。

第四节　语体的特点

意向书是达成具体合同或意见之前的意向性的先行文书，它的语体特点主要有概括、平实和弹性三方面。

1. 概括

意向是有合作愿望的各方在没有确定具体合作事项之前的协商中达成的初步协议。意向书作为该初步协议的写作文书，只要做到概括各方的每一个意向即可，不需要详细地写明具体事项。

2. 平实

与合同相类似，意向书的语言要求平直、朴实，直接陈述主题。语言表达准确，少用模糊词。

3. 弹性

意向书的语言要尽量准确、言简意赅，但对于仍未确定的事项，语言表达要有弹性，从而为进一步的协商奠定基础。

第五节　遣词造句技巧

意向书的表达要求主旨明确、公正、平实。首先，要做到用词准确、协商的数据准确，切忌词意含混、界限不清。其次，意向书中涉及具体的数量、方位、时间等内容时，要在简练概括的基础上尽量具体，避免使用模糊、范围不清和数量不定的词语。但是，在没有明确数据的情况下可以使用约定俗成的数量表述方式。

第六节　范文解析

范文一

联办宝石鉴定班意向书

×× 大学（以下简称甲方）和 ×× 省宝玉石协会（以下简称乙方）于 ×××× 年 ×× 月 ×× 日在 ×× 地就联合举办宝石鉴定班的问题进行了初步协商。基于各自的资源优势和共同为中国培养宝石鉴定人才的意愿，双方经过平等协商，达成如下意向：

一、宝石鉴定班由甲乙双方共同举办，为中国宝石鉴定业培养专业人才。由此产生的荣誉和经济收益由双方共同享受。

二、甲方提供宝石鉴定班的场地和一切硬件设施，负责教学活动的安排和招生工作；乙方负责提供师资、编写课程、指导实验和就业推荐等。

三、鉴定班初期投资额约二十万元，包括教学仪器、设备、宣传广告和招生费用等，由甲方全额出资；聘请教师、推荐就业的资金由乙方负责。

四、收取的学费和对外提供鉴定服务收取的服务费双方五五分成。

五、从 7 月 1 日起，双方各派若干代表组成筹备小组，负责筹建工作。

六、双方合作中遇到的有关具体问题可随时进行协商。

七、本意向书一式四份，双方各执两份。

甲方（签字或盖章）：××××

乙方（签字或盖章）：××××

甲方代表（签字或盖章）：×××

乙方代表（签字或盖章）：×××

××××年××月××日

点评

范文《联办宝石鉴定班意向书》是一份关于双方联办一个机构的意向书，结构完整，表达明确。首先，导语部分指出了双方单位名称、初步协商的事项和合作的指导思想；接着，以“……达成如下意向”引出意向书主体。

主体部分对合作的一些重要内容做了比较明确的规定，如硬件方面的投资由甲方负责、教师的聘用由乙方负责，双方五五分成等；同时，又留有余地，提出“遇到有关具体问题可随时进行协商”，颇能体现意向书的性质。

范文二

开发新产品合作意向书

××通讯技术有限公司（甲方）与××科研所（乙方），经双方协商同意，确立共同开发新产品合作意向：

一、双方合作开发新产品的范围。

1. 移动通讯设备。

2. 新型蜂窝式网络交换机。

二、双方权利和义务。

1. 甲方负责提供项目设想和科研资金，监管项目的进展和资金使用情况。

2. 乙方负责提供人力支持和技术支持。

3. 新产品的专利权归属甲方。乙方可以将其作为科技成果进行宣传。

4. 双方确定具体的负责人员，保持常态沟通。

三、利润分配方式。

双方本着互惠互利、利益共享的原则进行合作。凡经乙方研制开发完成的新产品，甲方投放市场后所获得的利润，以一财年为周期结算，持续五年，甲方享有七成，乙方享有三成；五年后销售所得利润，归甲方完全所有。

四、各条款相关细则待双方进一步签订合同后实施。

五、本意向书一式四份，各执两份。

甲方（签字或盖章）：×× 通讯技术有限公司

代表（签字或盖章）：×××

联系地址：××××××

电话：×××××××××

时间：×××× 年 ×× 月 ×× 日

乙方（签字或盖章）： ×× 科研所

代表（签字或盖章）：×××

联系地址：××××××

电话：×××××××××

时间：×××× 年 ×× 月 ×× 日

点评

范文《开发新产品合作意向书》是一份双方合作开发新产品的意向书。范文标题由项目名称和文种构成，是比较正式的写法。在点明签订意向书的单位后，用惯用的承接语导出本文的主体。主体包括合作的范围、双方的权利和义务、利润分配方式等内容，同时也约定了相关条款的细则待正式合同签定后实施。结尾是双方代表的签字及通联信息等常规化内容，是一份标准的意向书。

第七节　经验分享

意向书的写作，应注意以下三个方面的内容：

1. 严肃认真，忠实于洽谈本身

一般情况下意向书是依据意向洽谈会议记录整理而成的。所达成的意向是洽谈双方在洽谈会议中协商过，并基本达成一致的意见。因此，意向书的撰写既不能随意编造，也不能添加非会议记录的内容，而是要严格遵循记录整理，并保证洽谈双方都认可。

2. 内容应分条叙述

意向书的内容仅仅是达成的初步意向，并不十分周全和严密。如果需要，还会在以后的洽谈中修改、增添。因此，在写作时要分条列出，以便内容修改。

3. 语言准确、表述清楚

虽然意向书是合同或者协议的雏形，但并不能因此而过多使用模糊或者有歧义的语言，而要做到语言准确、表达清楚。否则，会给进一步协议或者合同的签订带来不必要的麻烦。

参考文献

[1] 刘锡庆、朱金顺 . 写作通论 [M]. 北京：北京出版社，1983.

[2] 李景隆主编 . 应用写作 [M]. 北京：中央广播电视大学出版社，1983.

[3] 于成鲲、喻蘅等编著 . 应用文大全 [M]. 上海：学林出版社，1984.

[4] 阚雪涛主编 . 干部应用文写作 [M]. 沈阳：辽宁大学出版社，1989.

[5] 中国现代写作研究会等主编 . 管理写作例文精讲 [M]. 哈尔滨：哈尔滨船舶工程学院出版社，1990.

[6] 林柏麟主编 . 管理写作学 [M]. 太原：山西教育出版社，1990.

[7] 赵福君 . 学术论文写作指导 [M]. 沈阳：辽宁大学出版社，1991.

[8] 温韫主编 . 公文写作 [M]. 沈阳：辽宁教育出版社，1991.

[9] 李若庭、刘耀业主编 . 机关公文写作 [M]. 沈阳：辽宁教育出版社，1991.

[10] 戴世宁等主编 . 经济应用文写作 [M]. 沈阳：辽宁教育出版社，1992.

[11] 邱宣煌主编 . 财经应用文写作 [M]. 大连：东北财经大学出版社，1992.

[12] 赵福君编著 . 国内涉外实用经济文书精讲 [M]. 沈阳：辽沈书社，1993.

[13] 张文忠等编著 . 新编机关实用文书写作 [M]. 北京：蓝天出版社，1994.

[14] 赵福君主编 . 经济应用文书 [M]. 北京：知识出版社，1995.

[15] 赵福君编著．经济应用文书写作 [M]. 北京：知识出版社，1996.
[16] 臧少平编著．常用应用文写作 [M]. 北京：新时代出版社，1996.
[17] 陈家生主编．写作 [M]. 北京：高等教育出版社，1999.
[18] 姚善义、穆丽媛编著．写作，北京：北京燕山出版社，1999.
[19] 孙春浸主编．公文写作 [M]. 珠海：珠海出版社，2000.
[20] 陈功伟编著．公文写作精要 [M]. 广州：广东人民出版社，2000.
[21] 陈少夫主编．应用写作教程 [M]. 广州：中山大学出版社，2001.
[22] 张庆儒．公文处理学 [M]. 北京：中国档案出版社，2001.
[23] 陆雅慧等编著．新编应用写作 [M]. 呼和浩特：远方出版社，2002.
[24] 马正平编著．高等写作学引论 [M]. 北京：中国人民大学出版社，2002.
[25] 孙春旻、赵文彤编著．文秘写作 [M]. 西安：西北大学出版社，2002.
[26] 陈果安主编．实用写作教程 [M]. 长沙：中南大学出版社，2002.
[27] 于冰主编．大学写作 [M]. 大连：辽宁师范大学出版社，2003.
[28] 邹家梅主编．新编应用写作（修订版）[M]. 广州：暨南大学出版社，2003.
[29] 王光祖、杨荫浒主编．写作 [M]. 上海：华东师范大学出版社，2003.
[30] 王耀发．公务员实用写作 [M]. 北京：九州出版社，2003.
[31] 徐云浩主编．简明经济应用写作 [M]. 北京：高等教育出版

社，2004.
[32] 岳海翔主编、陈风平参编 . 公文写作教程 [M]. 北京：高等教育出版社，2005.
[33] 翁儒林编著 . 最新公文处理规范与实务 [M]. 北京：蓝天出版社，2005.
[34] 张建主编 . 应用写作 [M]. 北京：高等教育出版社，2005.
[35] 赵福君、由薇编著 . 当代写作 [M]. 北京：高等教育出版社，2007.
[36] 金常德编著 . 应用文写作 [M]. 北京：清华大学出版社，2007.
[37] 范浩鸣等编 . 最新公务文书写作全编 [M]. 北京：气象出版社，2008.
[38] 杨霞编 . 公文写作规范与例文分析 [M]. 北京：北京大学出版社，2009.
[39] 夏晓明等编著 . 应用文写作 [M]. 上海：复旦大学出版社，2010.

附录

党政机关公文处理工作条例

（中办发〔2012〕14号　2012年4月16日）

第一章　总　则

第一条　为了适应中国共产党机关和国家行政机关（以下简称党政机关）工作需要，推进党政机关公文处理工作科学化、制度化、规范化，制定本条例。

第二条　本条例适用于各级党政机关公文处理工作。

第三条　党政机关公文是党政机关实施领导、履行职能、处理公务的具有特定效力和规范体式的文书，是传达贯彻党和国家的方针政策，公布法规和规章，指导、布置和商洽工作，请示和答复问题，报告、通报和交流情况等的重要工具。

第四条　公文处理工作是指公文拟制、办理、管理等一系列相互关联、衔接有序的工作。

第五条　公文处理工作应当坚持实事求是、准确规范、精简高效、安全保密的原则。

第六条　各级党政机关应当高度重视公文处理工作，加强组织领导，强化队伍建设，设立文秘部门或者由专人负责公文处理工作。

第七条　各级党政机关办公厅（室）主管本机关的公文处理工作，并对下级机关的公文处理工作进行业务指导和督促检查。

第二章　公文种类

第八条　公文种类主要有：

（一）决议。适用于会议讨论通过的重大决策事项。

（二）决定。适用于对重要事项作出决策和部署、奖惩有关单位和人员、变更或者撤销下级机关不适当的决定事项。

（三）命令（令）。适用于公布行政法规和规章、宣布施行重大强制性措施、批准授予和晋升衔级、嘉奖有关单位和人员。

（四）公报。适用于公布重要决定或者重大事项。

（五）公告。适用于向国内外宣布重要事项或者法定事项。

（六）通告。适用于在一定范围内公布应当遵守或者周知的事项。

（七）意见。适用于对重要问题提出见解和处理办法。

（八）通知。适用于发布、传达要求下级机关执行和有关单位周知或者执行的事项，批转、转发公文。

（九）通报。适用于表彰先进、批评错误、传达重要精神和告知重要情况。

（十）报告。适用于向上级机关汇报工作、反映情况，回复上级机关的询问。

（十一）请示。适用于向上级机关请求指示、批准。

（十二）批复。适用于答复下级机关请示事项。

（十三）议案。适用于各级人民政府按照法律程序向同级人民代表大会或者人民代表大会常务委员会提请审议事项。

（十四）函。适用于不相隶属机关之间商洽工作、询问和答复问题、请求批准和答复审批事项。

（十五）纪要。适用于记载会议主要情况和议定事项。

第三章　公文格式

第九条　公文一般由份号、密级和保密期限、紧急程度、发文机关标志、发文字号、签发人、标题、主送机关、正文、附件说明、发文机关署名、成文日期、印章、附注、附件、抄送机关、印发机关和印发日期、页码等组成。

（一）份号。公文印制份数的顺序号。涉密公文应当标注份号。

（二）密级和保密期限。公文的秘密等级和保密的期限。涉密公文应当根据涉密程度分别标注“绝密”“机密”“秘密”和保密期限。

（三）紧急程度。公文送达和办理的时限要求。根据紧急程度，紧急公文应当分别标注“特急”“加急”，电报应当分别标注“特提”“特急”“加急”“平急”。

（四）发文机关标志。由发文机关全称或者规范化简称加“文件”二字组成，也可以使用发文机关全称或者规范化简称。联合行文时，发文机关标志可以并用联合发文机关名称，也可以单独用主办机关名称。

（五）发文字号。由发文机关代字、年份、发文顺序号组成。联合行文时，使用主办机关的发文字号。

（六）签发人。上行文应当标注签发人姓名。

（七）标题。由发文机关名称、事由和文种组成。

（八）主送机关。公文的主要受理机关，应当使用机关全称、规范化简称或者同类型机关统称。

（九）正文。公文的主体，用来表述公文的内容。

（十）附件说明。公文附件的顺序号和名称。

（十一）发文机关署名。署发文机关全称或者规范化简称。

（十二）成文日期。署会议通过或者发文机关负责人签发的日期。联合行文时，署最后签发机关负责人签发的日期。

（十三）印章。公文中有发文机关署名的，应当加盖发文机关印章，并与署名机关相符。有特定发文机关标志的普发性公文和电报可以不加盖印章。

（十四）附注。公文印发传达范围等需要说明的事项。

（十五）附件。公文正文的说明、补充或者参考资料。

（十六）抄送机关。除主送机关外需要执行或者知晓公文内容的其他机关，应当使用机关全称、规范化简称或者同类型机关统称。

（十七）印发机关和印发日期。公文的送印机关和送印日期。

（十八）页码。公文页数顺序号。

第十条　公文的版式按照《党政机关公文格式》国家标准执行。

第十一条　公文使用的汉字、数字、外文字符、计量单位和标点符号等，按照有关国家标准和规定执行。民族自治地方的公文，可以并用汉字和当地通用的少数民族文字。

第十二条　公文用纸幅面采用国际标准A4型。特殊形式的公文用纸幅面，根据实际需要确定。

第四章　行文规则

第十三条　行文应当确有必要，讲求实效，注重针对性和可操作性。

第十四条　行文关系根据隶属关系和职权范围确定。一般不得越级行文，特殊情况需要越级行文的，应当同时抄送被越过的机关。

第十五条　向上级机关行文，应当遵循以下规则：

（一）原则上主送一个上级机关，根据需要同时抄送相关上级机关和同级机关，不抄送下级机关。

（二）党委、政府的部门向上级主管部门请示、报告重大事项，应当经本级党委、政府同意或者授权；属于部门职权范围内的事项应当直接报送上级主管部门。

（三）下级机关的请示事项，如需以本机关名义向上级机关请示，应当提出倾向性意见后上报，不得原文转报上级机关。

（四）请示应当一文一事。不得在报告等非请示性公文中夹带请示事项。

（五）除上级机关负责人直接交办事项外，不得以本机关名义向上级机关负责人报送公文，不得以本机关负责人名义向上级机关报送公文。

（六）受双重领导的机关向一个上级机关行文，必要时抄送另一个上级机关。

第十六条　向下级机关行文，应当遵循以下规则：

（一）主送受理机关，根据需要抄送相关机关。重要行文应当同时抄送发文机关的直接上级机关。

（二）党委、政府的办公厅（室）根据本级党委、政府授权，可以向下级党委、政府行文，其他部门和单位不得向下级党委、政府发布指令性公文或者在公文中向下级党委、政府提出指令性要求。需经政府审批的具体事项，经政府同意后可以由政府职能部门行文，文中须注明已经政府同意。

（三）党委、政府的部门在各自职权范围内可以向下级党委、政府的相关部门行文。

（四）涉及多个部门职权范围内的事务，部门之间未协商一致的，不得向下行文；擅自行文的，上级机关应当责令其纠正或者撤销。

（五）上级机关向受双重领导的下级机关行文，必要时抄送该下级机关的另一个上级机关。

第十七条　同级党政机关、党政机关与其他同级机关必要时可以联合行文。属于党委、政府各自职权范围内的工作，不得联合行文。

党委、政府的部门依据职权可以相互行文。

部门内设机构除办公厅（室）外不得对外正式行文。

第五章　公文拟制

第十八条　公文拟制包括公文的起草、审核、签发等程序。

第十九条　公文起草应当做到：

（一）符合党的理论路线方针政策和国家法律法规，完整准确体现发文机关意图，并同现行有关公文相衔接。

（二）一切从实际出发，分析问题实事求是，所提政策措施和办法切实可行。

（三）内容简洁，主题突出，观点鲜明，结构严谨，表述准确，文字精练。

（四）文种正确，格式规范。

（五）深入调查研究，充分进行论证，广泛听取意见。

（六）公文涉及其他地区或者部门职权范围内的事项，起草单位必须征求相关地区或者部门意见，力求达成一致。

（七）机关负责人应当主持、指导重要公文起草工作。

第二十条 公文文稿签发前，应当由发文机关办公厅（室）进行审核。审核的重点是：

（一）行文理由是否充分，行文依据是否准确。

（二）内容是否符合党的理论路线方针政策和国家法律法规；是否完整准确体现发文机关意图；是否同现行有关公文相衔接；所提政策措施和办法是否切实可行。

（三）涉及有关地区或者部门职权范围内的事项是否经过充分协商并达成一致意见。

（四）文种是否正确，格式是否规范；人名、地名、时间、数字、段落顺序、引文等是否准确；文字、数字、计量单位和标点符号等用法是否规范。

（五）其他内容是否符合公文起草的有关要求。

需要发文机关审议的重要公文文稿，审议前由发文机关办公厅（室）进行初核。

第二十一条 经审核不宜发文的公文文稿，应当退回起草单位并说明理由；符合发文条件但内容需作进一步研究和修改的，由起草单位修改后重新报送。

第二十二条 公文应当经本机关负责人审批签发。重要公文和上行文由机关主要负责人签发。党委、政府的办公厅（室）根据党委、政府授权制发的公文，由受权机关主要负责人签发或者按照有关规定签发。签发人签发公文，应当签署意见、姓名和完整日期；圈阅或者签名的，视为同意。联合发文由所有联署机关的负责人会签。

第六章　公文办理

第二十三条　公文办理包括收文办理、发文办理和整理归档。

第二十四条　收文办理主要程序是：

（一）签收。对收到的公文应当逐件清点，核对无误后签字或者盖章，并注明签收时间。

（二）登记。对公文的主要信息和办理情况应当详细记载。

（三）初审。对收到的公文应当进行初审。初审的重点是：是否应当由本机关办理，是否符合行文规则，文种、格式是否符合要求，涉及其他地区或者部门职权范围内的事项是否已经协商、会签，是否符合公文起草的其他要求。经初审不符合规定的公文，应当及时退回来文单位并说明理由。

（四）承办。阅知性公文应当根据公文内容、要求和工作需要确定范围后分送。批办性公文应当提出拟办意见报本机关负责人批示或者转有关部门办理；需要两个以上部门办理的，应当明确主办部门。紧急公文应当明确办理时限。承办部门对交办的公文应当及时办理，有明确办理时限要求的应当在规定时限内办理完毕。

（五）传阅。根据领导批示和工作需要将公文及时送传阅对象阅知或者批示。办理公文传阅应当随时掌握公文去向，不得漏传、误传、延误。

（六）催办。及时了解掌握公文的办理进展情况，督促承办部门按期办结。紧急公文或者重要公文应当由专人负责催办。

（七）答复。公文的办理结果应当及时答复来文单位，并根据需要告知相关单位。

第二十五条　发文办理主要程序是：

（一）复核。已经发文机关负责人签批的公文，印发前应当对公文的审批手续、内容、文种、格式等进行复核；需作实质性修改的，应当报原签批人复审。

（二）登记。对复核后的公文，应当确定发文字号、分送范围和印制份数并详细记载。

（三）印制。公文印制必须确保质量和时效。涉密公文应当在符合保密要求的场所印制。

（四）核发。公文印制完毕，应当对公文的文字、格式和印刷质量进行检查后分发。

第二十六条　涉密公文应当通过机要交通、邮政机要通信、城市机要文件交换站或者收发件机关机要收发人员进行传递，通过密码电报或者符合国家保密规定的计算机信息系统进行传输。

第二十七条　需要归档的公文及有关材料，应当根据有关档案法律法规以及机关档案管理规定，及时收集齐全、整理归档。两个以上机关联合办理的公文，原件由主办机关归档，相关机关保存复制件。机关负责人兼任其他机关职务的，在履行所兼职务过程中形成的公文，由其兼职机关归档。

第七章　公文管理

第二十八条　各级党政机关应当建立健全本机关公文管理制度，确保管理严格规范，充分发挥公文效用。

第二十九条　党政机关公文由文秘部门或者专人统一管理。设立党委（党组）的县级以上单位应当建立机要保密室和机要阅文室，并按照有关保密规定配备工作人员和必要的安全保密设施设备。

第三十条　公文确定密级前，应当按照拟定的密级先行采取保密措施。确定密级后，应当按照所定密级严格管理。绝密级公文应当由专人管理。

公文的密级需要变更或者解除的，由原确定密级的机关或者其上级机关决定。

第三十一条　公文的印发传达范围应当按照发文机关的要求执行；需要变更的，应当经发文机关批准。

涉密公文公开发布前应当履行解密程序。公开发布的时间、形式和渠道，由发文机关确定。

经批准公开发布的公文，同发文机关正式印发的公文具有同等效力。

第三十二条　复制、汇编机密级、秘密级公文，应当符合有关规定并经本机关负责人批准。绝密级公文一般不得复制、汇编，确有工作需要的，应当经发文机关或者其上级机关批准。复制、汇编的公文视同原件管理。

复制件应当加盖复制机关戳记。翻印件应当注明翻印的机关名称、日期。汇编本的密级按照编入公文的最高密级标注。

第三十三条　公文的撤销和废止，由发文机关、上级机关或者权力机关根据职权范围和有关法律法规决定。公文被撤销的，视为自始无效；公文被废止的，视为自废止之日起失效。

第三十四条　涉密公文应当按照发文机关的要求和有关规定进行清退或者销毁。

第三十五条　不具备归档和保存价值的公文，经批准后可以销毁。销毁涉密公文必须严格按照有关规定履行审批登记手续，确保不丢失、不漏销。个人不得私自销毁、留存涉密公文。

第三十六条　机关合并时，全部公文应当随之合并管理；机关撤销时，需要归档的公文经整理后按照有关规定移交档案管理部门。

工作人员离岗离职时，所在机关应当督促其将暂存、借用的公文按照有关规定移交、清退。

第三十七条　新设立的机关应当向本级党委、政府的办公厅（室）提出发文立户申请。经审查符合条件的，列为发文单位，机关合并或者撤销时，相应进行调整。

第八章　附　则

第三十八条　党政机关公文含电子公文。电子公文处理工作的具体办法另行制定。

第三十九条　法规、规章方面的公文，依照有关规定处理。外事方面的公文，依照外事主管部门的有关规定处理。

第四十条　其他机关和单位的公文处理工作，可以参照本条例执行。

第四十一条　本条例由中共中央办公厅、国务院办公厅负责解释。

第四十二条　本条例自2012年7月1日起施行。1996年5月3日中共中央办公厅发布的《中国共产党机关公文处理条例》和2000年8月24日国务院发布的《国家行政机关公文处理办法》停止执行。